Beltz Taschenbuch 3

Über dieses Buch:
Lasst Kinder lernen! Versucht nicht, ihnen etwas beizubringen, einzutrichtern! Ohne didaktisches Korsett lernen sie meist freier, fröhlicher, tüchtiger. Aber Lehrpläne bleiben. Und Schule soll etwas leisten.
Wie können LehrerInnen sich in diesen Widersprüchen zurechtfinden, entschieden und guten Gewissens handeln, verantwortlich planen? Wie können sie sich mit den diversen Erziehungswissenschaften verständigen – ohne gemeinsame Sprache, geteilte Erfahrungen, gegenseitiges Vertrauen?
Das »Lernen im Dreifachen Dialog« bietet ein Modell, das den Wirrwarr lichtet. Ausgehend von einem schlichten Beziehungs-Dreieck lassen sich pädagogisch-didaktische Situationen gründlich aufklären und vernünftig entwerfen. Im Trubel wirklichen Unterrichts, im komplexen Diskurs der zugeordneten Theorien und im Gespräch auf der unsicheren Brücke zwischen beidem hilft die Besinnung auf den Dreifachen Dialog, zu entscheiden:

- Welchen Aspekt des Ganzen schauen wir an?
- Was ist dort wichtig? Wovon genau reden wir?
- Was wollen wir nun im Zusammenhang des Ganzen tun?

In erzählten Beispielen eigener Schulpraxis zeigt Ute Andresen, aus welchen Erfahrungen als Grundschullehrerin das Modell gewonnen wurde. Sie regen an, leichthändig ähnlich lebendigen Unterricht zu inszenieren.

Die Autorin:
Ute Andresen war fast 25 Jahre lang Grundschullehrerin in München. Sie meint, es sei Unrecht, wie Kinder in der Schule viel zu oft für dumm gehalten, wie ihnen die Zeit gestohlen und die Wahrnehmung verstellt wird, wie sie mit Banalem und Falschem verwirrt und von sich selbst abgelenkt werden. Was sie schreibt, stärkt die Kraft, diesem Unrecht zu wehren.
1992 ging sie nach Thüringen, um ihre Erfahrungen mit Kindern, StudentInnen und KollegInnen dort zu teilen. Seither lebt sie im Spagat zwischen Erfurt und München.
Im Beltz Verlag veröffentlichte sie bisher »So dumm sind sie nicht – Von der Würde der Kinder in der Schule«, »Das zweite Schuljahr« und »Versteh mich nicht so schnell – Gedichte lesen mit Kindern«.

Ute Andresen

Ausflüge in die Wirklichkeit

Grundschulkinder lernen im Dreifachen Dialog

BELTZ
Taschenbuch

Quellenhinweise:
Seite 257 und Seite 301
aus: Sempé's Volltreffer

Beltz Taschenbuch 3
Originalausgabe

Lektorat: Claus Koch
Umschlaggestaltung: Federico Luci, Köln
Umschlagabbildung: Kinderzeichnung · Archiv Ute Andresen
Satz: Satz- und Reprotechnik GmbH, Hemsbach
Druck und Bindung: Druckhaus Beltz, Hemsbach
Printed in Germany

ISBN 3 407 22003 0

Inhalt

Träume und Erwartungen

Wenn der Erzieher verstanden hat, dass
die Wahrheit des Kindes von der seinen verschieden ist,
und dass er mit Demut und Einfachheit
dieser Wahrheit zum Ausdruck verhelfen kann,
dann hat er seine wirkliche soziale Rolle verstanden.

Élise Freinet

Wie die Schule entstanden ist

Es war einmal, lange vor unserer Zeit, in einem kleinen Dorf eine Familie: Vater Rund, Mutter Rund und die beiden Kinder. Es war eine glückliche Familie. Sie hatten genug zu essen, denn Gott schenkte ihnen ein fruchtbares Land. Die Welt stand in Frieden und Wohlstand da. Sie hatte ihr glitzerndes Kleid an und alle, wirklich alle waren glücklich.

Doch eines Tages begannen die beiden Kinder zu streiten. Da sie nichts zu tun hatten, war das für die beiden schön, sich böse Wörter an den Kopf zu schmeißen. Für Vater und Mutter Rund war das schrecklich, denn sie liebten beide Kinder, und sie wollten keinem von ihnen die Schuld geben. Deswegen hörte der Streit nicht auf.

Nach vielen Monaten kam eine junge, schöne Frau vorbei. Sie hörte das Schreien der beiden Kinder. Da ging sie zu ihnen und fragte, was denn los sei. Als sie hörte, dass die Kinder nur deswegen miteinander stritten, weil ihnen langweilig war, nahm sie die beiden und sagte:

»Ihr müsst nicht miteinander streiten, denn wenn ihr miteinander streitet, dann endet ihr so wie Sonne und Mond.«

»Wie Sonne und Mond?« fragten die Kinder. »Das verstehen wir nicht.«

Da setzten sie sich an den Fluss, und die Frau begann zu erzählen.

»Vor langer, langer Zeit war immer Tag. Sonne und Mond machten so viel Licht und hatten so viel Spaß, dass sie immer leuchteten. Doch eines Tages stritten sie genauso wie ihr, und von da an leuchtete die Sonne am Tag hell und schön, und wenn der Mond zu ihr kam und sich entschuldigen wollte, löschte sie ihr Licht und verschwand. Der Mond stand dann alleine da, und weil er über die Situation sehr traurig war, leuchtete er auch nicht mehr. Deswegen gibt es Tag und Nacht.«

Die beiden Kinder wurden sehr nachdenklich. Sie wollten nicht mehr streiten. Lieber hörten sie der Frau zu und lernten was von ihr. Von da an kam die Frau jeden Tag zu der Familie Rund und brachte den beiden Kindern etwas bei.

Ihr könnt euch ja vorstellen, dass sich das bald in jeder Familie herumsprach, und da wollten natürlich alle Kinder diese Frau kennenlernen. Aber das Haus der Familie Rund war für so viele Kinder viel zu klein. Alle Häuser waren für so viele Kinder zu klein.

Da sprach Gott in der Nacht zu der jungen Frau:

»Ich werde dir ein großes Haus geben und noch viele schöne Frauen wie dich schaffen, dann könnt ihr allen Kindern gleichzeitig etwas beibringen.« So geschah es dann auch.

Jeden Morgen kamen die Kinder in das große Haus, die kleinen in ein Zimmer, die mittleren in ein Zimmer und die großen in ein Zimmer. Die Frauen brachten ihnen Lesen und Schreiben und Rechnen bei und erzählten ihnen viele Geschichten. Den ganzen Tag. Die Eltern konnten in der Zeit arbeiten und ihre Sachen erledigen, ohne dass die Kinder ihnen im Weg waren. Von da an lebten die Familien wieder glücklich zusammen.

Das war natürlich lange vor unserer Zeit. Denn der Krieg und die Welt, die jetzt nicht mehr in ihrem glitzernden Kleid dasteht, hat vieles verändert. Leider auch die Schulen und die Lehrer.

Pauline, 12 Jahre

Ohne bewusst gelernt zu haben

Der durch Jahre vorausgeworfene Schatten des ersten Schultags verdichtete sich. Eines Tages nach Weihnachten sagte meine Mutter zu mir: »Wenn das Frühjahr kommt, mußt du in die Schule. Ein ernster Schritt, der getan werden muß. Du mußt einmal stillsitzen lernen. Und überhaupt mußt du lernen und lernen, weil auf andere Weise nur ein Taugenichts aus dir werden kann.

Also du mußt! du mußt! du mußt!«

Ich war sehr bestürzt, als mir diese Eröffnung gemacht wurde. Daß ich erst etwas werden solle, da ich doch etwas war, begriff ich nicht. War ich doch völlig eins mit mir! Nur immer so weiter zu sein und zu leben war der einzige, noch fast unbewußte Wunsch, in dem ich beruhte. Freiheit, Stille, Freude, Selbstherrlichkeit: warum sollte man etwas anderes wollen? Die kleinen Gängelungen der Eltern störten diesen Zustand nicht. Wollte man mir dieses Leben wegnehmen und dafür ein Sollen und Müssen setzen? Wollte man mich verstoßen aus einer so vollkommen schönen, mir so vollkommen angemessenen Daseinsform?

Ich begriff diese Sache im Grunde nicht.

Etwas auf eine andere Weise zu lernen als die, welche mir halb bewußt geläufig war, hatte ich weder Lust, noch fand ich es zweckmäßig. War ich doch durch und durch Energie und Heiterkeit. Ich beherrschte den Dialekt der Straße so wie ich das Hochdeutsch der Eltern beherrschte. Erst heute weiß ich, welch eine gigantische Geistesleistung hierin beschlossen ist und daß sie, geschweige von einem Kinde, nicht zu ermessen ist. Spielend und ohne bewußt gelernt zu haben, hantierte ich mit allen Worten und Begriffen eines umfassenden Lexikons und der dazugehörigen Vorstellungswelt.

Ob ich mich nicht wirklich vielleicht ohne Schule schneller, besser und reicher entwickelt hätte?

Vielleicht aber war das Schlimmste ein Seelenschmerz, den ich empfand. Meine Eltern mußten doch wissen, was sie mir antaten. Ich hatte an ihre unendliche, uferlose Liebe geglaubt, und nun lieferten sie mich an etwas aus, ein Fremdes, das mir Grauen erzeugte. Glich das nicht einem wirklichen Ausstoßen? Sie gaben zu, sie befürworteten es, daß man mich in ein Zimmer sperrte, mich, der nur in freier Luft und freier Bewegung zu leben fähig war, – daß man mich einem Bösen alten Mann auslieferte, von dem man mir erzählt hatte, was ich später genügsam erlebte: daß er die Kinder mit der Hand ins Gesicht, mit dem Stock auf die Handteller oder, so daß rote Schwielen zurückblieben, auf den entblößten Hintern schlug![1]

Gerhart Hauptmann

1 Gerhart Hauptmann: Abenteuer meiner Jugend. Berlin 1966, S. 24f

Nichts als meine Aufgabe

Als ich fünf Jahre alt war, wurde ich zur Schule gebracht. Daß solch ein Begebnis auf ein Kind stets einen Eindruck macht, ist natürlich, die Frage aber ist, was für einen. Die kindliche Neugierde verfängt sich in den unterschiedlichen verwirrten Vorstellungen davon, was dies eigentlich zu bedeuten habe. Daß dies auch bei mir der Fall gewesen ist, darf man wohl voraussetzen. Der Haupteindruck jedoch, den ich empfing, war ein ganz andrer. Ich kam in die Schule, wurde dem Lehrer vorgestellt und bekam nun meine Aufgabe für den nächsten Tag: die ersten zehn Zeilen in Balles Lehrbuch, die ich auswendig lernen sollte. Jeder andre Eindruck war nun aus meiner Seele weggewischt, nichts als meine Aufgabe stand lebendig vor ihr. Ich hatte als Kind ein überaus glückliches Gedächtnis. Schnell hatte ich also meine Lektion gelernt. Meine Schwester hatte mich mehrmals abgehört und versichert, ich könne sie. Ich ging zu Bett, und bevor ich in Schlaf fiel, überhörte ich mich selbst noch einmal; ich fiel in Schlaf mit dem festen Vorsatz, die Lektion am nächsten Morgen noch einmal zu überlesen. Ich erwachte um fünf Uhr morgens, ich kleidete mich an, ergriff mein Lehrbuch und las noch einmal. Noch in diesem Augenblicke steht alles so lebendig vor mir, als wäre es gestern gewesen. Es war mir, als müßte der Himmel einstürzen, wo ich meine Lektion nicht lernte; auf der andren Seite war mir, als ob sogar, wenn der Himmel einstürzte, diese Katastrophe mich keinesfalls dispensieren würde von dem mir einmal Auferlegten, von dem Lernen meiner Lektion. In jenem Alter wußte ich über meine Pflichten nur gar wenig Bescheid, ich hatte sie ja noch nicht in Balles Lehrbuch kennengelernt, ich hatte nur eine einzige Pflicht: die, meine Lektion zu lernen; dennoch kann ich meine gesamte ethische Betrachtung des Lebens von diesem Eindruck herleiten. Ich kann über so einen fünfjährigen Knirps lächeln, der eine Sache mit dieser Leidenschaftlichkeit anpackt, dennoch versichre ich dir, ich habe kein höheres Verlangen, als daß ich in jedem Lebensalter meine Arbeit mit der gleichen Energie, dem gleichen ethischen Ernst anpacken möge wie damals. Daß man in seinem späteren Leben von dem, was man zu tun hat, eine klarere Vorstellung sich erwirbt, ist wohl wahr, die Hauptsache aber ist doch die Energie …[1]

Sören Kierkegaard

1 Sören Kierkegaard: Entweder/Oder, Zweiter Teil. In: Sören Kierkegaard, Gesammelte Werke 2. und 3. Abteilung. Eugen Diederichs Verlag, Düsseldorf 1957, S. 284f.

Eine kleine Hand

Die schöne Schulmappe hing schon alle Nächte am Stuhl vor dem Bett. Ein trockener Schwamm baumelte heraus. In der Mappe waren die Schiefertafel und die schönen Griffel. Der erste Schultag! Ehe wir fortgingen, meinte Mutti, sollte ich nochmal im Bett nachsehen, ob ich etwas vergessen hätte. Da fand ich eine kleine Katze aus Sammetfell, und inwendig klapperten Schokoladenplätzchen!

Nun marschierten Mutti und ich schon die Straße entlang. »Wo ist denn das Schulhaus?« fragte ich unzählige Male. Endlich sagte sie: »Siehst du das große rote Haus? Das ist das Schulhaus.« Irgendetwas war seltsam mit Mama. Sie umpreßte so krampfhaft meine Hand. »Was ist denn, Mutti?« Ich blickte zu ihr auf. Ihre Augen standen voll Tränen. Schnell flüsterte sie: »Nun habe ich kein kleines Mädel mehr zu Hause. Nun bringe ich dich auch zur Schule, du, mein Liebling. Es war so schön, wenn ich dich immer bei mir hatte. Hast mir so schön geholfen.« Mir wollte auch gerade weinerlich werden, aber da wurde ich abgelenkt, denn von allen Seiten strömten kleine Mädchen und Mamas in das Schulgebäude – und wir mit ihnen.

Wie unsere Schritte hallten! Wie kühl es im Gebäude war. Eine Tür wurde geöffnet. Ein Fräulein rief: »Hier herein, bitte!« Mütter und Kinder zogen in einen leeren Klassenraum. »Diese Wände sind ganz weiß«, wollte ich Mama leise sagen, aber Fräulein rief laut: »Aufpassen, bitte! Die Mütter dort rückwärts Aufstellung nehmen; alle Kinder auf diese Seite! D a s Kind soll vortreten, dessen Namen ich aufrufe. Habt ihr es verstanden?« –

»Ja, ja!« schrien wir vergnügt. »Ich fange an: Buchstabe A.« – Sowie Fräulein einen Namen rief, trat ein kleines Mädchen vor. Das gefiel mir. Ich war neugierig, wie jedes Mal das betreffende Kind aussehen würde. »Jetzt kommt Buchstabe B.« Else Bate – ein artiges kleines Mädchen trat vor. »Reihe dich bei den Kindern mit A an. Weiter: Charlotte Berend.« – »Waas?« dachte ich, »noch eine, die so heißt wie ich!« Größte Neugierde erfaßte mich, wie die aussähe. Aber sie kam nicht. Ich ärgerte mich. Fräulein auch. Mit lauter Stimme rief sie zweimal den Namen. Zu meiner Verwunderung trat Mama mit rotem Gesicht vor und wies auf mich. »Diese da?« fragte die Lehrerin und faßte mich bei den Schultern. »Heißt du Charlotte Berend?« – »Ja«, nickte ich, »ich auch!« Ich wollte gern erklären, wie seltsam das sei, aber sie sagte mit klarer Stimmer: »Du scheinst ja ein ganz besonderer Dummlack! Geh rüber, reih dich an!« Alle lachten. Eine Weile konnte ich gar nichts hören – da war wieder jenes Wort »dumm«. Was ich gedacht hatte – war dumm! Verwirrt war ich, beschämt. Eine kleine Hand schob sich in meine. Kätes Hand. Ich hatte eine Schulfreundin.[1]

Charlotte Berend-Corinth

1 Charlotte Berend-Corinth: Als ich ein Kind war. Hamburg 1950. Zitiert nach: Gerhard Möbus: Die Abenteuer der Schwachen. Berlin 1955, S. 58ff

Und dann beginnt die Schule

Aber gerade darin besteht ja die schlimmste
und gefährlichste Vergewaltigung an einem Kind,
dass man es bittet, eine Sache genau so zu verstehen,
wie sie der Lehrer versteht.

Leo N. Tolstoi

Geh du deinen Weg

Eine Grundschule in Deutschland am ersten Tag des neuen Schuljahres. In der Turnhalle wird gesungen:

Ein Kind, das wollt zur Schule gehn.
Es denkt: Die Schule ist doch schön.
Fiderallala, fiderallala, fiderallalalala.

Mehr als zweihundert Menschen, große und kleine, viele festlich gewandet, sitzen und stehen beisammen und singen kräftig zu einer altbekannten Melodie einen neuen Text. Viele halten ein Textblatt in der Hand. Wenn man genau hinschaut, tun aber grad die, auf die es an diesem Tag ankommt und für die das Lied spricht, bei der Singerei gar nicht recht mit: die Erstklässler, I-Dötzchen, Frischlinge, Schulanfänger. Zwar kennen sie die Melodie von der Vogelhochzeit, aber den Text, der da jetzt gesungen wird, kennen sie nicht. Sie haben auch kein Blatt in der Hand, sie können ja nicht lesen. Nur wenn am Ende jeden Verses das *Fiderallala* dahergehüpft kommt, könnten sie einstimmen. Manche versuchen es zaghaft. Es singt sich nur nicht leicht mit beklommenem Gemüt. Und auch den unbefangen Frohgemuten ist nicht nach singen zumute. Sie müssen mit ihren Nachbarn tuscheln oder einer Freundin zunicken. Auch sie hören kaum, denken nicht mit, was das Lied von ihnen sagt. Es geht über sie hinweg. Schulanfang! Der erste Tag! Endlich!

Die letzte Nacht war für die meisten Schulneulinge unruhig.

Am Abend schläft es lang nicht ein.
Es fragt sich: Wie wird's morgen sein?
Fiderallala, fiderallala, fiderallalalala.

So singen die Mütter, Väter, Opas, Omas, die LehrerInnen und der Rektor. Jetzt ist morgen! Gleich werden sie es wissen, die Kinder, die jetzt noch bei der Mama auf dem Schoß kuscheln, sich an Opas Hand klammern, wichtig die kleine Schwester hüten, erwartungsvoll nach vorne schauen, sich ganz dicht neben ihrem Kindergartenfreund halten. Gleich werden sie wissen, welcher der drei neuen Klassen sie zugewiesen wurden, welches ihre Lehrerin sein wird, mit welchen der vielen Kinder sie in eine Klasse sortiert worden sind. Gleich wird der Knoten, der alle in Spannung hält, sich lösen. Hoffentlich fängt kein Kind zu weinen an, weil die beste Freundin aus unverständlichen Gründen in die andere Klasse gehen muss! Hoffentlich kann jedes Kind die trostreiche Mama loslassen! Alles soll gutgehn! Die Lehrerinnen lächeln angestrengt, der Rektor dröhnt jovial.

Das Lied nimmt sich der Sorgen der Neulinge an, die diese selbst wahrscheinlich gar nicht so genau erkennen und benennen könnten.

Wer sitzt bei mir? Komm ich mal dran?
Ob ich auch alles richtig kann?
Fiderallala, fiderallala, fiderallalalala.

Können sie denn schon Sorge haben, nicht wahrgenommen, nicht angenommen, nicht gehört zu werden, zu versagen? Sie erwarten doch, dass aus den Hoffnungen und Vorstellungsbildern von selbstständigem Lernen und einverständigem Tun fassbare, gegenwärtige Wirklichkeit wird. Wie die aussieht und sich lebt, das können sie noch nicht wissen, das werden sie erst ergründen müssen. Aber sie sind entschlossen, das Neue zu wagen. Oder sie wissen, dass sie es werden wagen müssen, auch wenn sie grad jetzt lieber wieder in den Kindergarten zurückflitzen möchten.

Als vorne die Namen von Listen gelesen werden, geht ein Kind nach dem anderen dorthin, wo es sich mit seiner künftigen Klasse sammeln soll. Manches wirkt wie benommen.

Als die Lehrerinnen mit ihren Schäfchen die Halle verlassen, drängen die Eltern hinterher, munter schwatzend, bedrückt schweigend, aufmerksam still. Gleich werden sie sehen, wo das Liebste für die nächste, eine lange Zeit seinen Platz in der Schule findet, ob die Freundin daneben zu sitzen kommt, ob der Blick nach vorn frei und Tafel und Lehrerin nicht zu weit weg sind. Wie stehen die Tische? Frontal? In Gruppen? Hat das Kind schon gleich den falschen Platz erwischt, wenn es in seiner Gruppe halb von der Tafel abgewandt sitzt? Man muss dafür sorgen, dass seine Startposition günstig ist! Soll doch ein anderes Kind auf einem der ungünstigen Plätze sitzen! In dem Gewimmel besorgter Eltern gehen die Kleinen fast unter. Da ist die Lehrerin klug beraten, wenn sie die Großen möglichst bald hinausschickt, um mit den Kindern etwas zu tun, was ihre Erwartung erfüllt, dass es nun mit dem Lernen losgeht, dass sie selbst unter den Großen und im Ernst der Schule angekommen sind.

Das Lied ist aus. Und was kommt nun?
Wir fangen an! Wir woll'n was tun!
Fiderallala, fiderallala, fiderallalalala.

Die so ungleichen Schultüten müssen mit den Eltern hinaus aus der Klasse! Das eigene Berufsleben der Kinder soll beginnen, möglichst unverzuckert und ohne dass vor jedem Kind auf dem Tisch ausgestellt liegt, was seine Eltern sich an Geschenken zu diesem Anlass leisten können! Wie die Lehrerin mit den Schultüten umgeht, entscheidet darüber, ob aus der häuslichen Ungleichheit der Kinder schon am ersten Schultag die Ungerechtigkeit der Schule werden kann. Wenn sie nicht mit den Eltern über die Köpfe der Kinder hinweg redet, erspart sie ihnen eine Missachtung, die sie nicht verstehen, nur dumpf erleiden könnten. Sie sollte sich nicht scheuen, von den Eltern, die noch nicht loslassen mögen, dies zu verlangen. Sie muss jetzt die Kinder in ihrer ernsthaften Hoffnung, selbstständig zu sein und zu lernen, was die Schule bietet und verlangt, annehmen.

Loslassen lernen

Die Eltern draußen sollen nicht vor der Klassentür stehenbleiben, sie sind viel zu laut für ein Schulhaus, in dem gearbeitet wird. Sie sollen warten, wo sie nicht stören. Und wenn sie klug sind, dann reden sie jetzt nicht über ihre Kinder, über deren Hoffnungen und Ängste, sondern über das komische Gefühl im eigenen Bauch und die Mühe, die sie haben, das Kind loszulassen, wegzugeben an eine Institution, über die man soviel Negatives liest und hört. Sie haben in der letzten Zeit getan, was sie nur konnten. Das Kind sollte sich auf die Schule freuen und gut ausgerüstet sein für sein Leben dort. Aber nun müssen sie alles so hinnehmen, wie es dem Kind zugefallen ist. Auch wenn sie sich in den Elternbeirat wählen lassen, auch wenn sie sich kundig machen in Schulrecht und Schulreform: Sie können gegen den Willen der Schule, vor allem gegen den Willen dieser einen Person, die jetzt soviele Stunden der Woche zuständig ist für ihr Kind, die Klassenlehrerin, nichts bewirken in Bezug auf die Bedingungen des eigentlichen Unterrichts.

Aber das ahnen engagierte Eltern nur, wenn sie das erste Kind zur Schule bringen. Wissen werden sie es erst, wenn sie einmal mit einem gutgemeinten, vielleicht sogar einem wirklich segensreichen Vorschlag aufgelaufen sind. Wenn sie trotz Diplomatie und Nachdruck die Lehrerin nicht haben überzeugen können, dass es gut wäre, sie änderte ihre Haltung, ihre Routine, ihre Redeweise, ihre Aufgaben- und Testpraxis gemäß den Ideen, die den Eltern so sehr einleuchten. Sie beruft sich auf ihre langjährige Erfahrung, auf all die Kinder, die schon durch ihre Hände gegangen sind, auf die Sorgen früherer Eltern, die irgendwann glücklich verstummt seien. Und sie weist auf diejenigen Kinder und Eltern in dieser Klasse, die doch ganz offenbar zufrieden seien mit dem, was sie anbiete und fordere.

Plötzlich finden sich dann engagierte Eltern, die möchten, dass die besonderen Interessen und Empfindlichkeiten ihres Kindes aufmerksamer und rücksichtsvoller beachtet werden, im Abseits der Selbstzweifel wieder: Haben sie ihr Kind etwa nicht ausreichend schulreif gemacht? Wurde es nicht genügend gefördert und trainiert, nicht ausreichend abgehärtet, um sich in der Schule bewähren zu können? Stellt das Kind mit seinen Problemen seinen Eltern ein schlechtes Zeugnis aus? Ist es womöglich gar nicht ausreichend, also normal gut begabt? Niemals vorher ist es so offensichtlich und beständig mit anderen Kindern verglichen worden, wie es sich in der Schule bald ankündigt.

Bisher konnten sie vielleicht sagen: »Für mein Kind tu ich alles!«, mit gutem Gewissen und stolz auf die eigene Leistung. Nun sagt das Kind: »Lass mich!« Und wohlmeinende Freunde raten: »Halt dich zurück! Halt dich raus!« Wenn das harsch und deutlich gesagt wird, tut es weh. Und gleichzeitig sieht man sich doch verantwortlich gemacht für das, was in der Schule mit den Kindern geschieht oder an ihnen versäumt wird. Direkt als Mutter oder Vater, die um das eigene Kind, sein Wohlergehen und Fortkommen besorgt zu sein haben. Indirekt als BürgerInnen, denen es nicht gleichgültig sein darf, ob unsere Schulen ihre Aufgaben erfüllen.

Manche Mütter treiben es mit dem Hüten und Schonen und Polstern und Füttern entschieden zu weit! Der Gang zur Schule wird wie eine Expedition in wüste Gefilde betreut. Dem Kind wird täglich der Ranzen zur Schule getragen. Es wird dort in der Garderobe ausgepellt und an seinen Platz begleitet. Dort werden ihm die Hausaufgaben herausgesucht und samt dem Federmäppchen bereitgelegt. Und nach dem Unterricht wird es gar mit seinem Lieblingsjoghurt auf dem Schulflur erwartet und bekommt ihn gleich reingelöffelt. Allein heimgehen? Nie und nimmer! Wen wundert's, dass so ein überbehütetes Wesen immerzu vergisst, was es zu tun hat oder mitbringen soll? Die Mama wäre ja unglücklich, wäre arbeits- und bedeutungslos, wenn es selbst für sich sorgen wollte, die Mama loslassen, auch innerlich, frei stehen und gehen und ohne sie zurechtkommen! Beide müssen einander loslassen, soll das Kind seinen eigenen Weg in die Schule gehen.

Andere Mächte

Der elterlichen, meist mütterlichen Überbehütung muss die Lehrerin wehren, aber nicht, um die Kinder nun ihrerseits fest in den Griff zu nehmen und zu dem zu kneten, was der Ehrgeiz der Eltern aus ihnen gemacht haben will. Sie soll sie auch nicht dem Regiment einer außengeleiteten Grundschule unterwerfen, die ihr eigenes Wirken an den Erwartungen künftiger »Abnehmer« ausrichtet, die gut abgerichtete Schulwechsler oder Schulabgänger geliefert haben wollen.

Die Schule hat ja ihren eigentlichen Auftrag von den Kindern selbst. Ihrer wachsenden Selbstständigkeit, ihrem Lernwillen und ihrer Menschlichkeit ist sie verpflichtet. Das heißt auch, dass sie den Übergang des Einzelnen von den »Lebenswelten« in die »Systeme« vorbereiten, anbahnen, in der Schule selbst bekömmlich lebbar machen muss. Darin lässt sich eine wesentliche Aufgabe der sich reformierenden, d.h. beständig den sich verändernden Verhältnissen anpassenden Schule heute fassen. Als »Systeme« sind etwa »die technisch-ökonomisch-bürokratischen Großstrukturen der Gesellschaft« zu sehen, als »Lebenswelt« »die persönlichen und familiären Kreise des alltäglichen Daseins.«[1]

Die Schule definiert ihre Aufgabe vom Auftrag der Kinder her, wenn sie jungen Menschen dabei helfen will, zu lernen, »sich mit Erkenntnis, mit übernommener Verantwortung und auch mit Widerstandswillen in den Umbrüchen der Zeit zu be-

1 Andreas Flitner: Reform der Erziehung. Impulse des 20. Jahrhunderts. Erweiterte Neuausgabe. Piper Verlag, München/Zürich 1999, S. 266

haupten«. Damit gerät sie vom ersten Schultag an in Widerspruch zu unterschiedlichen Ansprüchen von Eltern. Die einen erwarten von ihr vor allem eine Förderung der durchsetzungsstarken Karrieretauglichkeit ihres Kindes, ungeachtet dessen, dass alle anderen Eltern den gleichen Anspruch stellen könnten. Andere wollen, dass man ihr Kind vor allen Dingen nicht kränkt oder drückt. Noch andere erwarten die Förderung einer fügsam gefassten Leistungsbereitschaft, damit das Kind sich marktgängig verhalten könne und so Erfolg habe. Wieder andere verlangen, die Eigenart und den Eigenwillen ihres Kindes zu dulden, auch wenn die sich als Egoismus, Herrschsucht und Rücksichtslosigkeit zeigen und gar keine echten Stärken sind. Aber damit geraten wir schon in den Bereich elterlicher Neurosen, die hier nicht diskutiert werden können.

Die Schule ist von Aufgaben und Problemen, die sich aus der Differenz zwischen »Lebenswelten« und »Systemen« ergeben, vielfach und verwirrend unklar betroffen. Die daraus entstehenden Spannungen werden im Raum und im Umkreis der Schule kaum einmal bewusst wahrgenommen und allgemein unterschätzt, ob sie nun an Kindern, Eltern oder LehrerInnen zerren. Aus diesen Spannungen quellen Ängste, die beklemmenden, unverstandenen Schulängste der Kinder, der Eltern und der LehrerInnen. Gute Schulen und gelungener Unterricht sind immer auch diesen Ängsten abgetrotzt und gegenläufigen Kräften abgerungen. Sie sind zerbrechliches, schwankendes Glück, zart und zäh sich sträubend gegen den eisernen Kamm übergeordneter Bildungsinstanzen, die geflissentliche Unterordnung oder »technisch-ökonomisch-bürokratische Großstruktur« frisieren wollen, wo heutige Kinder gedeihen sollen.

Die nun siebzigjährige Grundschule und die Kinder und Lehrer in ihr bekamen vor dreißig Jahren einen Schutzwall zur Verteidigung gegen engstirnige Bewahrer und zukunftssüchtige Verzwecker: den Arbeitskreis Grundschule. In diesem Verband hat ein Gruppe erfahrener Kinderfreunde unlängst Empfehlungen zur Gestaltung der Grundschule erarbeitet, 1996 veröffentlicht und klare Prinzipien gesetzt.[2] Die Grundschule muss »nicht nur eine Unterrichtseinrichtung, sondern auch eine sozialpädagogische Institution« sein. Wie die Kinder verpflichtet sind, in die Schule zu kommen, ist die Schule »zur umfassenden Sorge für die Persönlichkeitsentwicklung der Kinder« verpflichtet. »Diese Sorge umfasst die Bildung und Erziehung der Kinder und schließt ihre physische und psychische Gesundheit mit ein.«

Daraus ergibt sich ein dreifacher Bildungsauftrag: a) ein erzieherischer Auftrag, b) ein staatsbürgerlicher Auftrag und c) der Unterrichtsauftrag. Die Grundschule soll a) »Lernen in der Gemeinschaft mit anderen möglich machen« b) »Demokratie erfahrbar machen« und c) »Aneignung der Welt ermöglichen«.[3] Das ist aber nicht nacheinander zu erledigen, auch nicht nebeneinander. Die drei Aufträge sind ineinander verschränkt. In allen Schulsituationen geht es zugleich um Leben und Lernen, die Grundschule muss immer zugleich noch Lebenswelt und auch schon System sein. Das zu zeigen, entfalten die erfahrenen, fleißigen Kinderfreunde auf zweihundertsiebzig Seiten das Geflecht der Abhängigkeiten und Notwendigkeiten im Gebäude der Grundschule. Man sollte das Buch zur Pflichtlektüre für alle Grundschuleltern machen, mindestens für die mit dem Privileg einer Bildung, die ihnen erlaubt, so etwas zu lesen. Für LehrerInnen, Schulverwalter und -politiker und Erziehungswissenschaftler sowieso. Einmal sollten sie das Ganze der Grundschule sehen, dann könnten sie sich wieder auf ihren Spezialblickwinkel beschränken, weiser nun hoffentlich, weniger beschränkt interessiert, kooperativer und tatkräftiger – zum Nutzen der Kinder.

»Mit dem Schulanfang beginnt das Kind seinen Weg im Schulsystem. ... Unter ungünstigen Bedingungen kann der Schulbeginn zu einer ›Bruchstelle‹ in der Biographie werden:

2 Gabriele Faust-Siehl, Ariane Garlichs, Jörg Ramseger, Hermann Schwarz, Ute Warm: Die Zukunft beginnt in der Grundschule. Empfehlungen zur Neugestaltung der Primarstufe. Frankfurt a.M. und Reinbek 1996

3 a.a.O., S. 14f

Schlechte äußere Bedingungen … können dazu führen, dass manche Kinder schon am Anfang am liebsten wieder weglaufen würden.«[4] Aber nicht nur ungünstige Bedingungen in der Schule können Ursache von Fluchtwunsch und Verweigerung sein. Es gibt wohl für jedes Kinderverhalten in der Schule verschiedene, auch einander widersprechende Gründe. Darum entstehen unablässig neue Missverständnisse, Projektionen, Fehldeutungen und damit Unsicherheit und quälender Streit, die oft unterdrückt und verschleppt werden, weil den miteinander für die Kinder verantwortlichen Erwachsenen die bitter nötige Gesprächskultur fehlt.

In all diese verdeckten und verleugneten Zusammenhänge gerät ein Kind am Schulanfang. Es ist realistisch, wenn es sich zaghaft und beklommen zurückhält, wo die Erwachsenen versuchen, ihre Scheu vor dem großen Erziehungsapparat, dem sie ihr Kind übergeben müssen, fröhlich singend zu übertünchen. Sie singen sich die Schule zur Lebenswelt für das Kind, und das muss sie auch sein, damit sie es dort lassen und immer wieder hinschicken können.

Manche Kinder strotzen nur so vor lebensfrohem Lerneifer und wollen gerne alles tun, was ihnen aufgegeben wird. Sie fordern immer neue Aufgaben oder suchen sie sich selbst. Manche Kinder sind so sehr von Lebensproblemen gebeugt und verschreckt, dass sie Aufgaben scheuen, ihnen ausweichen müssen. Sie brauchen liebevolle Aufmerksamkeit und Stützung, auch wohldosierte Forderung, vor allem entschiedene Stärkung jedes eigenen Lernimpulses, um nicht in der Haltung erlernter Hilflosigkeit[5] depressiv zu erstarren. Verwöhnte und überbehütete

4 a.a.O., S.139

5 Das im Tierexperiment entwickelte, inzwischen von Sozialhilfe, Psychotherapie und Feminismus adaptierte Konzept der »erlernten Hilflosigkeit« wartet immer noch darauf, in seiner Bedeutung für die Habitualisierung von Versagen durch die Schule breit erkannt zu werden. Martin E. Seligman: Erlernte Hilflosigkeit. Taschenbuchausgabe mit einem aktualisierenden Anhang von Franz Petermann. Weinheim 1999 (1. Auflage 1975)

Kinder verstehen nicht, dass die Lehrerin etwas von ihnen erwarten und verlangen muss, dass gerade dies ihre besondere Aufgabe ist. »Du kannst aber doll schimpfen!« bekam eine Lehrerin von so einem Herzepopperl zu hören, als sie freundlich sagte, es müsse die Aufgabe, an der die andern schon arbeiteten, nun auch beginnen. Sie hatte nicht geschimpft, nicht einmal die Stimme erhoben. Es war ihr nur ernst mit dem, was sie verlangte. Und das spürte das Kind als störenden Druck und Zwang.

Geliebte Unbequeme

Eigentlich sollten Kinder lange vor der Schule gelernt haben, sich in alltägliche Notwendigkeiten zu schicken, auch wenn sie unbequem sind. Viele bekommen aber erst in der Schule Gelegenheit, einen gelassenen Umgang mit dem alltäglichen *Du musst!* der gewöhnlichen Pflichten zu gewinnen, dazu eine Haltung der neugierigen, tatkräftigen Bereitschaft gegenüber Aufgaben, die sie sich nicht ausgesucht haben, die aber in der Gruppe, zu der sie nun gehören, als angemessen gelten.

Die Schule hält viele Aufgaben bereit, die Kinder sich nicht suchen würden, weil sie in von ihrer Entwicklung nicht zwingend geboten sind, sondern sich im Hinblick auf die Bedingungen des gegenwärtigen Lebens in unserer Gesellschaft oder aus den etablierten Schullehrgängen ergeben. Man kann sie nicht aus eigener, innerster Notwendigkeit wählen. Man weiß oft auch nicht im Voraus, ob man einer Aufgabe gewachsen ist. Und man weiß oft nicht, was man gewonnen haben wird, wenn man mit der Aufgabe am Ende ist. Das begreift man zum Beispiel bei einem Vers, den man auswendig lernen soll, erst, wenn man ihn gelernt hat und bei passender Gelegenheit hervorziehen und vortragen kann. Auswendiglernen ist Mühe, die man gerne lassen möchte. Auswendigkönnen ist toll! Das lernt man, indem man sich der Aufgabe des Auswendiglernens unterzieht.

Wenn man schon aus Erfahrung weiß, dass es beim aufgegebenen und absichtlichen Lernen und Üben meistens zunächst einmal mühsam bergauf geht, oft durch Unklarheit wie durch Gestrüpp, dass man sich anfangs manchmal geradezu plagen muss und vielleicht gar nicht weiß, ob man es schaffen wird bis über den Berg zäher Mühe zum Lern- oder Übungsziel und in die Klarheit, dass man aber, wenn man nicht aufgibt, irgendwann die eigene Tüchtigkeit sich regen und wachsen spürt, bis man gar deutlich Können erlebt und ein eigenes Werk vor sich hat und einfach glücklich ist, wenn man dies schon erlebt hat, häufiger, vielleicht regelmäßig, dann können die Schulaufgaben wohl zu eng und fade sein, nicht aber zu schwierig.

Damit verwöhnte und passive Kinder – die die Freude am Wagnis und am Spiel der eigenen Kräfte nicht kennen – solche Lernlust erfahren können, brauchen sie Erwachsene, die sich nicht scheuen, ihnen unbequem zu sein. Wenn die Lehrerin die erste Person ist, die dem Kind Anstrengung, Ausdauer und Genauigkeit abverlangt, wird der Schulanfang schwierig, sogar hart – für alle Beteiligten. Und wenn die Lehrerin unangemessene Forderungen stellt oder die Eltern dies doch immer argwöhnen, kann sich rasch ein Konflikt aufschaukeln, in dem das Kind mehr leidet, als sinnvoll lernt. Das rechte Maß der Forderungen muss immer wieder an den gegenwärtig gemeinten Kindern geprüft und neu bestimmt werden. Altersnormen und Erfahrungen aus früheren Klassen geben Hinweise, mehr nicht.

Leichter und einverständiger wird das Schullernen in dem Maße, wie Kinder erleben, dass es sich lohnt, die Aufgaben der Lehrerin anzunehmen, weil man sich in ihnen kraftvoll und stolz strecken kann, weil die Gegenstände des Unterrichts mit ihnen und durch sie interessanter werden, weil man am Ende ein schönes Werk vor sich hat oder tüchtiger, reifer, stärker geworden ist. Wenn es sich so lohnt, zu tun, was die Lehrerin verlangt, sich ihren Zumutungen zu stellen, dann wächst zwischen ihr und den Kindern ein stabiles Vertrauen. Dann kann sie ihre Aufmerksamkeit leicht auch einmal auf Gegenstände lenken, die zunächst gar keinen Reiz für sie haben, und ihnen größere Herausforderungen anbieten, ohne dass sie sich schonen möchten. Dann wird sie geliebt, weil sie streng ist, weil sie sich selbst und die Kinder ernst nimmt mit dem, was sie fordert.

Wenn Eltern von der Lehrerin erwarten, sie sollte ein verwöhntes Kind so unterrichten, daß ihm das Lernen mühelosen Spaß mache, entsteht ein unlösbares Problem: Sie kann nicht zugleich es den Eltern rechtmachen und ihre Pflicht gegenüber dem Kind erfüllen. Lernen ist nie so spaßig wie Gummibärchen und Hüpfburgen! Aber wenn Kinder sich ganz und gar einer Sache hingegeben, einer Aufgabe gewidmet haben, wenn sie alle ihre Kräfte angespannt haben, um sie gut zu bewältigen, dann seufzen sie am Ende: »Das hat Spaß gemacht!« Und sie meinen damit: »Ich habe meine Kräfte gespürt. Ich habe mich gestreckt und bin gewachsen. Ich habe etwas geschafft, etwas geschaffen. Ich fühle mich wohl mit mir und in mir selbst und mit dem eigenen Werk, der eigenen Leistung.«

Lehrerinnen, die wirklich entschieden und gekonnt Offenen Unterricht verwirklichen – ob sie sich nun an Maria Montessori, Célestin und Élise Freinet, Lotte Müller, Peter Petersen, Helene Lange, John Dewey, Anna Essinger, John Holt, Lillian Weber, Hartmut von Hentig, Ariane Garlichs, Heide Bambach … oder einfach an den Erfahrungen orientieren, die sie selbst und ihre Freundinnen mit lebendigen Kindern machen – erleben oft, dass ihre Schulkinder in solcher Weise tief befriedigend lernen. Sie werden gekränkt, wenn man von ihnen verlangt, den Spaß nun endlich zurückzustellen, damit tüchtig was geleistet werde.

Vertrauen gewinnen

Die Kinder nennen ihr ernsthaftes Lernen gern »Arbeiten«, und das ist richtig so. Lernen ist ihre Arbeit! Und arbeiten muss man selbstständig und selbstverantwortlich, sonst wird nichts draus! Manches, was sich durch Tests und Punktezahlen oder Noten als Leistung darstellen möchte, ist nur das Ergebnis von Abrichtung, nicht von Lernen. Die Kinder tun, was sie tun sollen, weil die Erwachsenen es verlangen, ohne inneren Gewinn und ohne eigenes Engagement für den Gegenstand des Lernens. Solch künstlich begründetes Lernen braucht Noten und andere Belohnungen, es hat ja keinen Wert an sich.

Manche Kinder erzählen, wenn sie heimkommen, gerne von ihrer Arbeit. Andere fühlen sich schon bedrängt, wenn man sie beim Heimkommen nur erwartungsvoll anschaut. Das ist bei den Großen ja nicht anders. Alle sind froh, wenn man ihnen mit Interesse und Anteilnahme zuhört, wenn sie sich äußern möchten. Wann freundliche Zurückhaltung, wann offene Anteilnahme geboten sind, muss sich einspielen. Es muss sich erst zeigen, wann die Hausaufgaben günstig zu machen sind, und ob das Kind dafür seinen eigenen Schreibtisch braucht oder lieber und besser am Küchentisch arbeitet.

Und es muss sich einspielen, welches Gewicht etwaigen Klagen über Ungerechtigkeit und Gemeinheit in der Schule beizumessen ist. Kinder wollen mit ihren Klagen ernstgenommen werden, aber sie brauchen auch Gelegenheit, ihren Frust ganz egozentrisch daheim abladen zu dürfen, um ihn dann zu vergessen, ohne dass daraus ein Drama gemacht wird. »Wenn Sie mir versprechen, nicht alles auf die Goldwaage zu legen und einfach so zu glauben, was Ihr Kind aus der Schule erzählt, verspreche ich Ihnen, genauso mit dem umzugehen, was Ihr Kind mir von daheim erzählt.« Das ist ein faires Angebot der Lehrerin, die Beziehungen zwischen Schule und Zuhause zu entkrampfen und für die Kinder zu erleichtern.

Manchmal klagen gerade solche Kinder besonders oft daheim über die Schule, die es nicht wagen, bei den Eltern über das Zuhause selbst zu klagen. Sie wollen den Ehrgeiz der Eltern, als Mutter und Vater alles zu leisten, was von ihnen erwartet werden darf, womöglich vollkommen zu sein, nicht kränken. Wenn dann die Eltern für ihr Kind gegen die Schule auf die Barrikaden ziehen, können alle miteinander in eine böse Falle geraten, in der das Kind besonders leidet: Es muss Grund zum Klagen suchen, ihn vielleicht sogar provozieren, um seine Eltern immer wieder neu als Verbündete zu gewinnen.

Schulanfänger brauchen aber weniger Verbündete, als vielmehr das Vertrauen ihrer Familie. Und man sollte ihnen auch manchmal sagen, dass sie es haben: *Wir vertrauen dir, dass du es mit den Aufgaben und Schwierigkeiten deines ersten Berufes beherzt aufnimmst. Wir vertrauen darauf, dass du viel und das Nötige lernen willst. Wir vertrauen darauf, dass du lernen kannst, was du lernen willst. Wir vertrauen darauf, dass du uns nicht untreu wirst, auch wenn du von deiner Lehrerin so heftig schwärmst, dass man eifersüchtig werden kann. Wir vertrauen darauf, dass du auch dann einen Weg findest, mit ihr auszukommen, wenn du dir eigentlich eine andere gewünscht hast. Wir vertrauen dir, dass du uns sagst, wann du nicht allein zurechtkommst und unsere Hilfe brauchst. Und wir vertrauen darauf, dass wir miteinander das lösen oder notfalls auch aushalten können, was du allein nicht bewältigen kannst. Wir vertrauen darauf, dass du uns morgens gerne verlässt, um mittags oder abends gerne wieder heimzukommen.*

Kinder, die von Schulbeginn an solches Vertrauen ausdrücklich mitbekommen, bräuchten eigentlich keine Zuckertüte. Der große Schritt in die Selbstständigkeit ist süß genug! »Die Freude der Kinder auf die Schule und ihre Bereitschaft, selbst zum Gelingen des Schulanfangs beizutragen, verpflichten alle Verantwortlichen, am Schulanfang die besten Bedingungen zu schaffen.«[6] Das beginnt damit, dass man im Schulalltag immer wieder neu sehr genau und schonungslos hinschaut und nachdenkt. Das endet mit der Erkenntnis, dass man es sich in keiner erziehungswissenschaftlichen, schulbürokratischen, schulpolitischen oder erziehungspraktischen Kompetenz gemütlich machen darf. Dies Buch will ein Teilchen der Unruhe sein, ohne die die stets nötige Schulreform erlahmt und stillsteht, sodass es sich nicht mehr lohnt, zur Schule zu gehen.

---

6 Gabriele Faust-Siehl u.a., a.a.O. S. 139

Waffeln zum teilen

Ein Freund hat mir drei Bilder von seinem Sohn gezeigt, alle drei am ersten Schultag aufgenommen: Florian strahlend morgens im Kinderzimmer, im Arm die Schultüte. Florian mit Schultüte und leicht skeptischem Blick vor der Schule. Florian verlässt die Schule zwei Stunden später bedrückt, geknickt. Man kann sich kaum vorstellen, dass er morgens so gestrahlt hat.

Ich weiß nicht, was er inzwischen in der Schule erlebt hat. Es muss gar nicht besonders schlimm gewesen sein. Vielleicht war alles nur anders, als er es sich vorgestellt hat. Kein Erwachsener kann wirklich wissen, was ein Florian, eine Gabi, ein Max, eine Pauline … sich vom ersten Schultag erhoffen. Was bedeutet das für ein Kind: Dies ist der Tag meines Schulbeginns, mein großer Tag!? Wir versuchen kaum einmal, uns das auszumalen. Wo der Schulbeginn groß gefeiert wird, wie es in der DDR üblich war und im dortigen Gebiet auch heute noch geschieht, ist das ein Passageritus, der die Aufnahme des Kindes in die Gesellschaft und seine Verpflichtung auf die Schulkindrolle unterstreicht und heraushebt. Aber macht er den je eigenen Aufbruch jedes einzelnen Kindes in die größere Welt mit ihren Herausforderungen zum Fest, zu seinem eigenen Fest?

Dort, wo ich fünfundzwanzig Jahre lang unterrichtet habe, in Bayern, ist das Feiern des Schulanfangs Privatsache. Jahrelang habe ich mich nicht darum gekümmert, als Erstklasslehrerin hatte ich am Abend des ersten Schultages meine eigenen Sorgen und Aufgaben: Listen schreiben, Stundenplan und Lehrplan richten, Bücher ordnen … Dann wurde uns vorgeschrieben, an diesem Tag den ersten Elternabend zu veranstalten, damit sofort die Elternsprecher gewählt werden könnten. Ich habe mich jahrelang gedankenlos diesem Brauch gefügt. Dass damit den Schulanfängern bürokratisch blind Jahr für Jahr eine Kränkung angetan wird, habe ich erst gemerkt, als meine eigene Tochter eins der Kinder war, die an ihrem großen Tag daheim zurückbleiben mussten, indes ihre Mütter in ihre Schule gingen, um gemeinsam mit den Eltern ihrer neuen Freunde und ihrer Lehrerin all das zu besprechen, was ihr neues Leben regeln sollte. Kinder mögen es allgemein nicht, wenn man in ihrer Abwesenheit über sie spricht und ihre Angelegenheiten ohne sie regelt. Aber am eigenen Ehrentag nicht mit Familie und Freunden abends feiern zu können und dazu noch so herbe ausgeschlossen zu werden, ist einfach gemein!

Nun konnte ich als Mutter den Elternabend nicht auf den nächsten Tag verschieben, und als Lehrerin auch nicht. Der Termin war und ist Vorschrift und wahrscheinlich auch noch von keiner bayerischen Elternvereinigung in Frage gestellt worden. Eltern von Schulanfängern fügen sich meist wie die Lämmchen in die gesetzten Regeln. Sie reagieren mit der Höflichkeit des Neulings in der Institution und haben noch keine solidarische Verständigungsebene. Später haben sie andere Schulprobleme, da wirkt der Tag des Schulbeginns vergleichsweise sonnig. Also bleibt es bei einer Regelung, die Schmerz und Kummer verursacht, nicht einmal als notwendig zu verstehen, und schlicht sinnlos ist. Für eine vernünftige Wahl sind die Eltern einer Klasse einander am ersten Abend viel zu fremd!

Meine Lösung: Wir machen gleich am ersten Schultag einen »Elternabend mit Kindern«, und feiern zusammen, dass die Schule begonnen hat. Alle Kinder kommen und dürfen mitbringen, wen sie dabeihaben wollen. Das hat sich vom erstenmal an immer wieder so selbstverständlich bewährt, dass ich mir gar nicht mehr vorstellen kann, warum ich diesen Tag je anders habe enden lassen als mit so einem richtigen, ersten Klassenfest.

Morgens hatten die Kinder nicht nur ihren Platz und die

Nachbarn für die nächste Zeit gefunden, sondern auch schon richtigen Unterricht gehabt. Die Eltern hatte ich sehr schnell aus der Klasse geschickt. An der Tür bekamen sie den ersten Elternbrief in die Hand gedrückt. Der erklärte ihnen mit Verständnis dafür, dass sie sich jetzt abserviert fühlten, warum ich sie so schnöde vertreiben musste, wann sie die Kinder wieder abholen könnten und dass ich sie abends mit ihrem Kind zum ersten Klassenfest erwartete. Dann sang ich mit den Kindern das erste von vielen Liedern, sie diktierten mir alle ein Wort an die Tafel, bekamen das erste Wort und das erste Heft. Sie wünschten sich je ein eigenes Wort von mir in ihr Heft und zeichneten dazu. Wir versuchten zum erstenmal, einen Kreis zu bilden, jedes Kind verriet uns seinen Namen und ob es schon ein anderes Kind in der Klasse kennte. Jedes fand auf seinen Platz zurück. Dann gab es die erste Hausaufgabe, das erste Aufräumen und das erste Schlusslied:

Wann und wo, wann und wo,
sehen wir uns wieder
und sind froh?
Heute Abend um sechs Uhr hier!

Die Tür ging auf: neugierige Gesichter, Blitzlichter, Tumult. Bis heute Abend also!

Um sechs Uhr sind dann alle wieder da. Die Schüchternheit vom Vormittag ist verflogen, manche Kinder sind aufgedreht, möchten toben und schreien. Wer soll sie bändigen? Die Eltern fühlen sich nicht recht zuständig, und auf meine Stimme hören sie noch nicht so, wie ein paar Wochen später. Ich tröste mich damit, dass die Eltern an diesem turbulenten Abend erleben, wieviel Arbeit es für uns sein wird, bis aus dieser quirligen Menge kleiner Anarchisten eine gleichsinnig handelnde und einträchtig miteinander lebende Gemeinschaft geworden ist.

Die Kinder zeigen, wo sie sitzen. Dort werden jetzt die Eltern plaziert. Die Kinder versammeln sich vorne auf den großen Teppich, der zum Beieinandersitzen einlädt.

Es dauert eine Weile, bis es so still wird, dass ich mit den Kindern die Eltern begrüßen kann. Sie sind nicht meine, sie sind unsere Gäste. Ich erkläre dann halb zu den Kindern, halb zu den Eltern gewandt, das Nötigste für die nächsten Wochen: Wann die Schule beginnt, wann sie aufhört, warum alle Hausschuhe oder Sandalen für die Schule brauchen, wie ich telefonisch zu erreichen bin, wie Fehlkinder gemeldet werden, dass die Kinder zunächst nur das eine Heft brauchen, das ich ihnen morgens gegeben habe und dass es in drei Wochen den zweiten Elternabend geben wird, ohne Kinder. Manchen Kindern fällt es schwer, stillzuhalten. Und ich habe Mühe, mich in dem Strudel von Hoffnungen und schwer beherrschter Unsichheit, Neugier und Zappeligkeit auf meine kleine Rede zu konzentrieren.

Wir singen den Eltern das frischgelernte Lied vor. Dann bittet jedes Kind Vater oder Mutter, mit dem Stuhl in den Kreis zu kommen. Die Kinder setzen sich zu Füßen ihrer Eltern auf den Boden. Ein Doppelkreis ist enstanden. Nur ich habe kein Kind vor mir. Ich beginne ein Spiel, das so ähnlich alle kennen: *Der Platz vor mir ist leer, da wünsch ich mir die Susi her!* Susi setzt sich vor mich hin, und Susis Mutter wünscht sich ein anderes Kind. Alle Kinder haben ihre Namensschilder umgehängt, so können die Eltern frei wählen. Ich habe es nie anders erlebt, als dass sie dabei so gut aufpassten, dass kein Kind übersehen oder zweimal gewünscht wurde. Und wenn ich einem Kind eine Beklommenheit ansah, wurde es auch gleich darauf schon gewünscht. Dieses Spiel an diesem Tag ist so aufregend und für alle im Kreis so bedeutsam, dass mir jedesmal heiß und kalt wurde.

Wenn alle Kinder verwünscht sind, halte ich eine kleine, feierliche Rede, vor der ich jedesmal Angst habe, weil es mir so ernst ist mit dem, was ich sagen will, weil ich so sehr hoffe, damit verstanden und angenommen zu werden, weil ich weiß, dass ich allen, die ich anspreche, damit sehr nahe trete:

Jetzt sind alle Kinder vertauscht und sitzen bei einer fremden Mutter oder einem fremden Vater. Eins sitzt bei einer fremden

Oma. Ich kann mir denken, dass es sich da bei euch im Rücken etwas komisch anfühlt. Aber das kann man wohl ein Weilchen aushalten, oder?

Ich spreche jetzt nur zu den Erwachsenen, aber ihr Kinder sollt es auch hören. Es geht ja um euch.

Sie haben heute Morgen Ihr Kind zu mir in die Schule gebracht und schon für ein Weilchen da gelassen. Eben hat Ihr Kind Sie zu uns in den Kreis geholt. Und hat im Spiel Ihnen ein fremdes Kind vor die Füße gesetzt. Ich bitte Sie nun, dieses fremde Kind und mit ihm alle andern Kinder der Klasse ein wenig zu adoptieren. Wenn Sie an Ihr Kind denken, wie es in der Schule lebt und lernt, wie es sich dort einfindet und manchmal damit zögert, wie es wahrgenommen werden und drankommen möchte, sich ausbreiten oder zurückziehen, dann denken Sie bitte auch an die andern Kinder, die mit ihm das Klassenleben, seine Freuden und seine Nöte teilen.

Es ist meine Aufgabe, alle Kinder gut kennenzulernen. Ich hoffe, sie alle liebzugewinnen. So gut ich kann, werde ich mich bemühen, ihnen gerecht zu werden. Aber meine Zeit, Aufmerksamkeit, Kraft und auch Liebe sind nicht unerschöpflich. Sie können nicht immer für alles reichen, was alle einzelnen Kinder von mir wollen. Sie müssen teilen, und zwar gerecht! Schon wenn drei Kinder Pudding teilen, soll es gerecht zugehen. Wenn vierundzwanzig Kinder sich eine Lehrerin und einen Raum teilen sollen, ist Gerechtigkeit noch viel wichtiger. Wer mehr als sein gerechtes Teil verlangt oder an sich rafft, muss wissen, dass er dann einem der stilleren, bescheideneren Kinder etwas nimmt, was ihm zusteht und was es doch auch braucht.

Ich bitte Sie, mir und den Kindern das Zusammenwachsen dadurch zu erleichtern, dass Sie den Kindern helfen, Egoismus zu überwinden und freundliche Fürsorge untereinander walten zu lassen, und mir helfen, die Kinder verstehen zu lernen. Ich verspreche Ihnen, dass ich nicht nur meine Sorgen mit Ihren Kindern mit Ihnen teilen werde, sondern vor allem meine Freuden. Davon, da bin ich sicher, werde ich reichlich bekommen und zu teilen haben – bei solchen Kindern!

Während dieser kleinen Rede sind einige Kinder schon wieder heimlich zu Mama oder Papa gewechselt. Als ich sage: *So, jetzt dürft ihr wieder zurück!* sitzen – husch, husch – alle wieder am angestammten Platz, manche sogar auf dem Schoß. Die Spannung löst sich, wenn wir miteinander noch ein Lied singen, das alle Kinder und Eltern kennen, ein Kinderlied oder ein Volkslied.

Dann gehen die Eltern ohne uns hinaus, um in einem anderen Raum zu wählen, und auf meinem Schreibtisch wird die Waffelbäckerei enthüllt. Teig, Schöpfkelle, Waffeleisen, Teller, Messer, Puderzucker – alles steht bereit. Es zischt und dampft, fängt an zu duften, und jede fertige Waffel wird unter fünf Kinder geteilt, ein gelebtes Symbol. Bald kenne ich die Schüchternen, die arglos Hungrigen, die leicht Unverschämten und die, die noch vor dem ersten Biss in die Waffel fragen: *Darf ich dann für meine Mama auch eine Waffel haben?* Die Eltern kommen schnuppernd zurück, froh über den Duft, die Waffeln und ein Glas Wein, das bereitsteht.

Ich kann aufatmen. Man sitzt auf Tischen und Stühlen oder steht beieinander. Die Kinder flitzen zwischen den Eltern herum und auch schon mal durch den Schulhausgang. Sogar auf die Toilette wagen sie sich schon allein. Irgendwann beginnt die Gesellschaft sich zu zerstreuen. Morgen werden die Kinder schon ein wenig bei mir in der Klasse daheim sein, wenn sie kommen. Und die Eltern werden sie wohl leichter ziehen lassen, als heute morgen noch.

Der Dialog zwischen den Kindern und mir hat glücklich begonnen.

VIELE SIND WIR HIER ZUSAMMEN

Ich glaube, dass das Leben in unserem Land
besser und durchsichtiger würde,
wenn jeder von uns sich wenigstens darum bemühte,
die Dunkelheit der Sprache zu überwinden,
sich mit jedem Wort an den Nächsten zu wenden,
die Realität des Nächsten nie aus den Augen zu verlieren,
ihn nicht zu verlachen, nicht zu betrügen,
nicht zu demütigen, nie auf ihm herumzutrampeln.

Natalia Ginzburg

Haltende Ordnung

In Regeln zeigt sich die Ordnung.
In Ausnahmen zeigt sich die Freiheit.
Eine kann ohne die andere nicht lange bestehen.

In der Schule sind in der großen Gruppe einer Klasse viele sehr verschiedene Menschen beisammen, sie leben und arbeiten nebeneinander oder miteinander. Das geht nicht ohne Regeln, die verlässlich und für alle verbindlich sind. Sie sollten aber auch psycho-logisch sein, den Bedürfnissen, Strebungen und Möglichkeiten von Kindern und Erwachsenen angemessen. Sie sollten erkennbar sinnvoll sein. Sie dürfen nicht zuviel Selbstüberwindung verlangen. Zunächst aber müssen sie all denen, für die sie gelten, bekannt und klar sein.

Wo kommen die Regeln her? Wie entstehen sie? Wer setzt sie? In der Klasse einer regulären Schule werden sie von der Lehrerin[1] als der dafür berufenen Person eingeführt. Die vertritt sie und erläutert ihren Sinn. Sie ist die Hüterin der Rechte und Pflichten, die alle gegeneinander und gegenüber der Schule haben, wenn sie dort zusammenleben und zusammenarbeiten. Im Lau-

---

1 In der Grundschule unterrichten fast nur Frauen, und es geht mir um ein Denken, dass der pädagogisch/didaktischen Arbeit von Frauen entspringt und angemessen ist. Darum benutze ich überall dort die weibliche Berufsbezeichnung, wo die Doppelung nicht ohne sprachliche Verrenkungen möglich ist.

fe der Zeit gibt sie mehr und mehr von dieser Verantwortung an die Kinder ab, die wissen, was sie zu tun haben. Von sich aus, also selbstständig, aber nicht eigenwillig, sondern verantwortlich.

Die gesetzten Regeln werden aufgrund der Erfahrungen, die Kinder und Erwachsene mit ihnen gemacht haben, kritisierbar. Sie können geändert werden, möglichst einverständig. Wichtig bleibt unter allen Umständen, dass es genügend Regelungen des gemeinsamen Alltags gibt, und dass diese sinnvoll, klar, allgemein bekannt und verbindlich sind. Sie bekommen den Charakter von Ritualen, die jedem Kind erlauben, täglich durch eigenes Tun und eigene Haltung zu erfahren, und sich selbst und den anderen gegenüber zu bekräftigen, dass es ein wertvolles Mitglied einer größeren Gruppe ist. Allerdings muss die Lehrerin nicht nur die Ordnung hüten, sondern auch verhüten, dass sie tyrannisch wird.

Das Prinzip »gerecht geteilte Torte« zeigt allen verständlich, dass jedem Kind in der Klasse ein gleichgroßes Stück vom Ganzen der Zeit, Aufmerksamkeit und Zuwendung der Lehrerin und den Möglichkeiten der Klasse zusteht. Es wird balanciert durch das Prinzip »Extrawurst«, die sich jedes Kind von Zeit zu Zeit nehmen oder erbitten kann. Ergänzt wird das durch die spontane Gerechtigkeit der Freundschaft der Kinder. Die Geborgenheit und Begrenzung in der Ordnung, in die man sich alltäglich fügt und in der man sich halten lässt, wird balanciert durch gelegentlich gemeinsam gelebtes Chaos, in dem sich womöglich neue Ordnung bildet oder aus dem man erfrischt in die gewohnte Ordnung zurückkehrt.[2]

Schule muss Kindern dienen, aber sie ist kein Dienstleistungsbetrieb. Und Schulkinder sind keine Kunden. Kinder, die täglich in der Schule zusammenkommen, sind füreinander Mitmenschen. In der Klasse sollten alle einander Helfer und Stütze

2 Dieser Gedanken ist entfaltet in: Ute Andresen: Mit dem Chaos im Spiel. Die Ordnung der Schule spielerisch öffnen und neu entwerfen. In: Neue Sammlung, 1/1997

sein. Von kleinauf brauchen Kinder Verantwortung für sich selbst, für die anderen und für das Gemeinsame und das Ganze, übernommen im Raum der Aufmerksamkeit der Erwachsenen, die für sie verantwortlich sind. So wächst Gesellschaft aus Gegenseitigkeit.

Wenn wir das, was wir einander als Mitmenschen schuldig sind, auf Institutionen übertragen – auch LehrerInnen können solche Institutionen sein –, werden wir einander fremd, und es entsteht über uns eine bürokratische Instanz, die die Wohltaten verteilt, die für alle da sind. Wir geraten dann sogar noch als Erwachsene in die Rolle von Kindern, die auf »elterliche Gaben« angewiesen sind, die betteln und tricksen, um viel abzubekommen. Wir werden zu Rivalen um die Gaben der Elterninstanz und grollen einander, wenn wir meinen, der eine bekäme mehr, als er gibt, wir selbst aber gäben mehr, als wir bekommen.

In Gegenseitigkeit lässt sich Geben und Nehmen balancieren, jedenfalls so lange die Gesellschaft, die daraus entsteht, so überschaubar ist wie eine Klasse. Dort kann sich dann die gelassene Genügsamkeit entwickeln, die wir auch in der größeren Gesellschaft brauchen, damit sie nicht zum Haifischbecken verkommt. Konkurrenz, Wettkampf zerstört das Miteinander, Wetteifer kann es würzen.

So grundsätzliche Überlegungen schwingen mit, wenn nun Prinzipien einer haltenden Ordnung gezeigt werden. Sie sind vielfach das Quentchen Pädagogik, das der Didaktik beigegeben werden muss, damit sie nicht zur Abrichtung wird. Sie begründen die Verlässlichkeit der gegenseitigen Beziehungen der Menschen in der Klasse, und die der Arbeit und Übung der Einzelnen und der Gruppen. Allerdings können hier nur einige wenige Knoten des Netzes aus Prinzipien zur Sprache kommen, das beständig wachsen und gepflegt werden muss, damit sich die Freiheit der großen Ausflüge in die Wirklichkeit außerhalb der Schule mit der Wirklichkeit des geordneten Lernens innerhalb bildungswirksam verschränke.

Gemeinsames Interesse: Eine Klasse sollte eine Wahrnehmungs- und Denkgemeinschaft sein, ähnlich einer Gruppe von ForscherInnen. Wenn der Unterricht systematisch das unterschiedliche Interesse der einzelnen Kinder an den Gegenständen aufeinander bezieht, wird ihnen auch beiläufiger Austausch nebenbei zur Gewohnheit, denn sie erleben: *Wir miteinander wissen und erkennen mehr, als Einzelne von uns.* Manchmal entstehen da nebenbei gemeinsame Pläne oder Überzeugungen der Kinder, als hätten die sich selbst formuliert. Einmal hat kein einziges Kind der Klasse im Sachkundetest bei der Aufzählung der Feinde der Maus den Menschen erwähnt. Nachher dazu befragt, waren sich alle einig in der Erklärung: *Wir sind ja keine Mausefeinde!* Sie hatten sich aber nicht darauf verabredet. Ein andermal hatte ich den Kindern im ersten Schuljahr »Ysop« als ein rätselhaftes Wort gegeben. Sie haben gezeichnet, was das sein könnte. Ein Märchenvogel? Eine Zauberpflanze? Ein toller Typ? Ein Kind brachte die Kopie eines Lexikonartikels mit, eines ein Tütchen getrockneten Ysop. Als wir ein halbes Jahr später zum Botanischen Garten fuhren, war beschlossen: *Jetzt besuchen wir den Ysop! Der muss da irgendwo sein.* Auch hier war keine Verabredung nachweisbar.

Natürliche Mehrperspektivität: Jeder Gegenstand des Unterrichts hat viele Facetten. Und alle Kinder und LehrerInnen haben ihren je besonderen Blick auf den Gegenstand, je nachdem, ob und wie sie ihm schon begegnet sind, wie sie gestimmt sind und welches Wissen sie auf ihn beziehen. Sich über die mitgebrachte oder aktuelle Sicht auf den Gegenstand im Gespräch auszutauschen, macht ihn erkennbarer und rätselhafter zugleich. Neugier wird wach, die über den Unterricht hinausreicht, weil nie alles schon erkannt und gesagt sein kann, wenn man sich aus verschiedenen Blickwinkeln auf einen wirklichen Gegenstand bezieht, nicht auf seine Zurichtung als Stoff oder Thema. Die Lehrerin weiß nicht vorher, was die Kinder sagen werden, fragt nicht Festgelegtes ab, gibt keine Kategorien vor.

Wenn Bäume Gegenstand des Unterrichts sind, versammeln sich zunächst alle um einen wirklichen Baum, schauen, horchen, riechen, spüren ihn. Jedes Kind sagt, was ihm dabei wichtig wird. An diese geteilte Erfahrung gleichzeitiger persönlicher Beziehung zum Gegenstand kann später Wissen anschließen. Ist die Katze Gegenstand, schreiben zunächst alle, was sie von Katzen wissen, was sie mit ihnen erlebt haben, welche Gedanken oder Fragen sie im Zusammenhang mit Katzen bewegen, um dann die Fülle der mitgebrachten Beziehungen zum Gegenstand gemeinsam zu sichten, zu ordnen, zu klären und zu ergänzen.

Selbstständig forschen: *Triffst du auf dem Heimweg ein Wort, das du schon lesen kannst? Finden sich in einer Handvoll Sonnenblumenkerne gleichgestreifte Exemplare? Was erzählen die Haustüren im Stadtviertel? Welche Sprachen sprechen die Kinder unserer Schule? Welche kleinen, wilden Pflanzen haben sich auf unserm Schulhof angesiedelt?* Forschungsaufgaben, die die Lehrerin stellt oder die Kinder sich aus einer Kartei wählen. Sie stellen

sich auch eigene Themen, frei oder eingebunden in geplanten Unterricht. Forschungsergebnisse werden dokumentiert – in Heft, Ausstellung, Dossier, Klassentagebuch, Leseblatt … – oder vorgetragen – der Klasse, Nachbarklassen, beim Elternabend, in der Schulversammlung. Manchmal auch nur den FreundInnen oder der Lehrerin.

Beide Hände: Gegenstände anfassen, untersuchen, bearbeiten, zerlegen, mit ihnen handeln, bauen, etwas zubereiten, errichten, gestalten – man braucht beide Hände dazu. Und dass beide Hände da zusammenarbeiten, tut dem ganzen Menschen gut, wirkt geistig und seelisch ausgleichend, besänftigend, klärend und ordnend. Manche Kinder helfen sich, aufmerksam zu sein und mitzudenken, indem sie fummeln, verstohlen zupfen, sticken oder stricken. Beide Hände zusammen bringen das Denken in Fluss. Schon allein darum gehören Sand, Steine, Stöckchen, Klötze, Knete usw. in alle Schulstufen.

Aufmerksamkeit: Kein Kind hat den Finger oben, wenn jemand spricht! Wenn alle Finger sich senken, sobald ein Kind oder die Lehrerin »dran ist«, erleichtert diese Geste des Respekts das Sprechen und das Zuhören, langfristig strafft es die Beiträge. – Hausschuhe als Symbol des Drinnen zeigen: *Wir sind jetzt hier. Was nicht hierher gehört, soll draußen bleiben.* – Für die Freiarbeit wählt jedes Kind den Platz, der seiner Arbeit günstig ist. Leitet die Lehrerin das Lernen, dann unterstützen die Vereinzelung auf dem Stuhl am Tisch und die wechselnde Versammlung der Kinder in Tischgruppe, Kreis, Halbkreis vor der Tafel oder eng beieinander zu Füßen der Lehrerin die jeweils angemessene Zuwendung zu Gegenstand, Lehrerin und den anderen Kindern. – Wechselnde Versammlungsformen halten wach und munter, weil man sich nicht gegen die Anordnung im Raum konzentrieren muss, und Bewegung und Haltungswechsel den Kreislauf anregen.

Bildung der Lehrerin: Die Lehrerin selbst ist gebildet, weiß und kennt vieles, und erfährt ihren Unterricht zweifach als bildend auch für sich selbst. Sie ist für Kinder eine Erwachsene, die ihnen ihre Sicht auf den Gegenstand bietet, erfahrungssatt und wissensprall, wenn sie dafür bereit sind. Damit zeigt sie ihnen, dass es gut ist, zu lernen und erwachsen zu werden. Andrerseits wird ihr eigenes Interesse am Gegenstand durch die Sicht der Kinder auf ihn und durch ihre Fragen immer wieder neu erfrischt. Das setzt voraus, dass sie ihre Sicht nicht vordrängt oder überordnet. Sie wird ohnehin viel Gewicht bekommen.

Die Lehrerin fragt sich vorab: Welche Beziehung habe ich zum neuen Gegenstand? Hat sie keine oder eine schwache, muss sie sich eine suchen oder erarbeiten – vor dem Unterricht oder in ihm gemeinsam mit den Kindern. Sie ist insofern aufrichtig. Schulbücher, fertige Arbeitsblätter usw. können ihren Gegenstandsbezug nicht ersetzen, entmündigen sie, wenn sie sich an ihnen orientiert, und entwerten den Unterricht von vornherein, wenn sie mehr zu sagen haben als die Menschen in der Klasse.

Literarische Geselligkeit[3]: Die Klasse verständigt sich über Einzeltexte und Bücher, die man miteinander liest, hört oder selbst schreibt. Sie sind zugleich Gegenstand und Medium der Verständigung in der Klasse, aber immer auch der Selbstverständigung und -klärung dessen, der liest oder schreibt. Regelmäßig wird vorgelesen, von der Lehrerin und von den Kindern, um den anderen etwas zu Gehör zu bringen – eigene und fremde Texte. Das bildet Sprache und Weltwahrnehmung. Die Klasse hat eine reichhaltige Lese-Ecke, besucht Bücherei und Buchhandlung. Kinder und Lehrerin bringen häufig Bücher, Bilder, Ausschnitte u.ä. zu gemeinsamen Themen mit.

Für das Schreiben von »Eigentexten«[4] gibt es vielfältige Gelegenheiten. Schreiben alle Kinder zu einem Thema, ist das so gestellt, dass jedes Kind es auf seine Weise auffassen und erfüllen kann. Eigentexte werden nicht kritisiert, sondern mit den AutorInnen gemeinsam verbessert, vor allem aber durch würdige Abschrift und Darbietung aufgewertet. Oft gelingen Kindern aus einem spontanen Schreibimpuls wie nebenbei Texte, die unübertrefflich sind, und mit Schreiberziehung nicht absichtsvoll zu bewirken wären.[5] An »Funktionstexten« wie gemeinsamen Niederschriften oder vorgeformten Hefteinträgen sind Möglichkeiten schriftlichen Ausdrucks zu zeigen und zu entwickeln, ohne dass ein Kind in seiner Äußerung gekränkt wird.

3 Diesen Begriff übernehme ich aus: Gundel Mattenklott: Literarische Geselligkeit in der Grundschule. In: DGLS, Beiträge 1996/97.

4 Einen Text, der Selbstverständigung, Selbstklärung und dem Selbstausdruck dient, nenne ich »Eigentext«. Eine Zensierung solcher Texte ist absurd. Da aber auch solche Texte von Kindern, die der Übung von schriftlicher Kommunikation oder Textsortenproduktion dienen sollen, Eigentexte sind, wenn sich nicht die AutorInnen gänzlich aus ihren Texten zurückgezogen haben, sollte allgemein ein Zensurverbot gelten.

5 Auch wenn man den Unterricht nicht so radikal auf das Freie Schreiben abstellen kann, wie es Heide Bambach in der Laborschule oder die Freinet-Pädagogik tut, kann es wesentlich werden. Mit jedem kleinen Eigentext, der einen Platz im Unterricht bekommt, wird ein Kind zu sich selbst ermutigt und in seinem Selbstausdruck bestärkt.

Georg

Ein Fußballspiel

Ich spiele mit meiner Freundin
Fußball. Bis jetzt steht es 0:0.
Starker Schuß hin, starker Schuß her.
Ein wahnsinnig starker Schuß von
meiner Freundin! Nicht abgewehrt!
Pfosten. Und immer so weiter. Manchmal
ich, manchmal meine Freundin. Ich wehre
gut ab aber meine Freundin auch.
Immer noch 0:0. Meine Freundin
wehrt manchmal auch nicht ab. Aber
dann ist es Pfosten. Halbzeit! 0:0.
Nach der Halbzeit gibt es Freistoß über
Freistoß. Kein Tor. Pfiff! Aus. Wir
trennen uns vom Hof mit 0:0
unentschieden.

Eigene Bilder: Fertige Bilder können sich zwischen die Kinder und den Gegenstand schieben, ihm die Aufmerksamkeit entziehen und entfremden. Die Lehrerin bringt nur solche Bilder vor die Kinder, an denen ihre Wahrnehmung sich entfalten und verfeinern kann, also Bilder von höchster Qualität, die eine intensive Betrachtung wert sind und den Blick schulen.

Wann immer es möglich ist, zeichnen die Kinder selbst, um Begriffe, Vorstellungen und Phantasien zu entwickeln und zu klären, und um im Medium des Zeichnens nachzudenken. Das beginnt im Leseanfang damit, dass die Kinder Wörter und Texte ohne Bilder bekommen. Die wecken, wenn sie sie erlesen haben, in ihnen innere Bilder, d.h. den eigenen inneren Reichtum.[6] Nur das ist das Glück wirklichen Lesens von Anfang an.

Manche Kinder müssen sich erst freizeichnen. Wie schreibende Kinder brauchen sie Interesse für das, was sie ausdrücken möchten, nicht Eingriffe oder Bewertung. Vor allem brauchen sie Zeit und Gelegenheit zum Zeichnen, und Menschen, denen sie ihre Bilder ohne Angst zeigen mögen.

Sammeln und ordnen: Knöpfe in einer Schachtel, Schneckenhäuser im Gebüsch, Steine am Weg, Muscheln am Strand, Stifte im Mäppchen, Pflanzen auf der Wiese … vielerlei lädt ein, es aufzunehmen und zu ordnen. Wir legen zusammen, was als zusammengehörig erscheint durch Ähnlichkeit oder Gegensatz. Dabei werden immer feinere Gemeinsamkeiten und Unterschiede sichtbar und »Sorten«, erste Kategorien bilden sich. Dass wir nicht alle dieselbe Ordnung, dieselben Kategorien finden, grad darin zeigt sich die Wissenschaftlichkeit unseres Tuns. Es macht die etablierten kategorialen Systeme, die man später kennenlernen wird, verstehbar und kritisierbar, aber auch

6 Mein Leseanfangs-Konzept »Wort, Welt, wir« bietet anfangs ganz nüchtern nur schwarze Buchstaben auf weißem Papier. Lebendigkeit gewinnen die Wörter aus dem Leben der Kinder selbst, die alles Erlesene mit ihren Erfahrungen verbinden, die sie in der Vorstellung und oft auch in eigenen Zeichnungen den Wörtern zugesellen.

Behausungen.
Traum Häuser

interessant. Sprache kann man ebenfalls sammeln, und die Funde ordnen: Wörter mit zwei, drei, vier … Buchstaben, Wörter mit -ah-, mit gleicher Bedeutung, mit gleichem Stamm, gleicher Endung, Wendungen und Zeitformen usw. usw. Man kann auch eine große Menge vielartiger Wörter immer wieder neu und anders ordnen und verborgenen Ordnungen nachspüren. Sammelaufgaben im Sprachunterricht beleben die Grammatik und nehmen ihr, weil die Ausnahmen mitgefischt werden, die verwirrende, lebensfremde Verengung auf Regelfälle.

Ganz und gar: Wann immer es möglich ist, antworten die Kinder mit ihrer ganzen Person auf den Gegenstand, und machen ihn sich so zu eigen. – Gemüse wird nicht nur betrachtet, verglichen, benannt, geordnet, gezeichnet und besungen, sondern auch zubereitet und gegessen. – Der Buchstabe K wird nicht nur gefunden, gesprochen und geschrieben, sondern einen Schultag lang von Königen und Königinnen, golden gekrönt und pompös ummantelt, herzhaft gelebt.

Kleine Werke: Ein Faltschiffchen oder -hütchen aus Papier, ein selbstgeschriebenes Buch, eine gehäkelte Schnur, eine Zeichnung, eine Figur aus Ton oder Plastilin, eine Bastelei, ein Turm aus Klötzen, aber auch ein Hefteintrag, eine Rechnung, eine Hausaufgabe, ein schöngeschriebener Vers, sogar ein einzelnes Wort können kleine Werke sein, wenn man ihnen die eigenen Kräfte widmet und sie treu vollendet, so gut man es kann. Jedes vollendete kleine Werk stärkt seinen Schöpfer, jede abgebrochene Arbeit untergräbt seinen Willen zu neuen Werken. Wenn in der Schule nur alles gut zu Ende gebracht werden dürfte, was die Kinder beginnen müssen, wäre das schon eine tiefgreifende Schulreform. Rotstift in einer fertigen Arbeit erübrigt sich, wenn die Lehrerin gleich prüft und den Kindern Gelegenheit gibt, alles selbst zu berichtigen oder zu verbessern.

Spielräume: Kinder spielen Schule, und lernen so, was anders nicht zu lernen ist. Auch in der Schule muss gespielt werden dürfen, weil manches sonst nicht gelernt werden kann. Für

viele Kinder ist die große Hofpause das Herz der Schule, weil der einzige Spielraum dort. Ein Korb mit Klötzen, eine Kiste mit Verkleidekram, eine Sammlung von Puppen und Püppchen können Regenpausen zum sozialen Lernfest machen, das dem Miteinander neuen Atem gibt.

Wenn die Kinder mit den Schuldingen gelegentlich eigenwillig umgehen dürfen, etwa in ein »Spielheft« nur Selbstgewolltes aufnehmen, kann das die didaktische Phantasie der Lehrerin beleben. Feste, die Kinder gestalten, beglücken mit erstaunlichen Überraschungen. Wir durften einmal im Advent »Stille Nacht, heilige Nacht« hören, dargeboten von Geige und Schlagzeug.

Konkurrenz vermeiden: Eine Staffel kann in Minuten die Kinder einer Klasse gegeneinander aufbringen. Eine Siegerehrung nach einem »Alternativen Sportfest« macht am Ende die gemeinsame Freude wieder kaputt. Ein Faschingsfest, bei dem jedes Kind mit seinem Kostüm sein eigenes Spiel plant, muss die Herrschaft den Pistolen der Minimachos lassen. Wenn aber alle sich aus einem gemeinsamen Fundus miteinander für ein vereinbartes Thema kostümieren, kann das Fest gelingen.

H a u s a u f g a b e n: Täglich gibt es lohnende Hausaufgaben, die Zeit dafür ist einzuplanen. Sie entlasten den Unterricht von Einzelübungen, lassen ihm Zeit für Gemeinsames. Sie ermöglichen selbstständiges Suchen und Forschen, bereichern mit Funden und Ergebnissen den Unterricht. Sie verknüpfen Schule und Zuhause. Das alles gilt nur, wenn sie erkennbar sinnvoll sind und grundsätzlich in der Schule gewürdigt werden. Der Schultag beginnt mit den Hausaufgaben vom Vortag. Die Lehrerin sieht ihnen gespannt entgegen. Regelmäßig ernsthaft gearbeitete Hausaufgaben ermöglichen immer wieder spielerische Lernarbeit mit bestem Gewissen, große, freie Ausflüge.

E i g e n e   H a n d s c h r i f t: Jedes Kind hat das Recht, in der Schule so schreiben zu lernen, dass es schließlich gerne und geläufig schön schreiben und stolz auf seine Schreibarbeiten sein kann. Vielfach sind heute die Handschriften verwahrlost. In den

Schulen, wo man viel schriftlich miteinander verkehrt, bedeutet das eine Verwahrlosung der Umgangsformen. In den Schriften kann sich der gute Geist des Unterrichts zeigen. Aber dazu muss Schreiben als ästhetische Praxis anerkannt sein und entwickelt werden. Disziplinierung zur Schönschrift allein hilft nicht viel. Gehetztes Abschreiben verdirbt manches.[7]

Eigene Hefte und Mappen: Vorgedruckte Blätter und Hefte zum Ausfüllen sind überflüssig, gar schädlich. Wer Vordrucke ausfüllt, lernt Vordrucke auszufüllen. Sonst nichts! Die Hefte und Mappen der Kinder sollten aber würdige Dokumente ihres Übens und Lernens sein, geprägt vom Ausdruck der eigenen Handschrift und Zeichnungen. Der Inhalt wächst im Laufe der Zeit in Mappe oder Blanko-Heft hinein. Kein strenger Rahmen oder fremdes Bild macht dem Kind den Gestaltungsraum streitig. Ganz leere Seiten locken Unbekanntes herein. Der Umschlag aus Papier, nicht aus schäbigem Plastik[8] und ohne Reklame, rahmt das werdende Werk mit Achtung.

Muße: Wenn Kinder bei der Sache bleiben können, der sie sich grade mit Hingabe widmen, wenn sie sich nicht zur Unzeit unterbrechen oder hetzen lassen müssen, dann kann eine intensive Langsamkeit des Arbeitens entstehen, mit der viel zu schaffen ist, mehr als mit dem üblichen Schubsen und Hasten von Teilziel zu Teilziel.

Fragen: Vor allem die Kinder fragen! Die Lehrerin muss nicht alles beantworten können, aber helfen, Antworten zu fin-

---

7 Was alles bedacht werden muss, habe ich ausgeführt in: Dreizehn Kernpunkte des Schreibunterrichts. In: Heiko Balhorn u.a. (Hrsg.): Schatzkiste Sprache 1. Von den Wegen der Kinder in die Schrift. Frankfurt a.M. 1998, S. 127-136 und im Lehrerbuch zu »Wort, Welt, wir«.

8 Papierumschläge können altern, Plastikumschläge nur kaputtgehen und schäbig werden.

den. Sie selbst sollte nur echte Fragen an die Kinder stellen, neugierig auf deren Antworten, sich aber auch von den Fragen der Kinder neugierig machen lassen.

Übung: Wer mehr Übung braucht, um etwas am Ende richtig gut zu können, muss mehr üben. Das kann jedes Kind einsehen. Die Lehrerin ist da, um das Übungsziel erkennbar und erreichbar zu zeigen. Sie hilft, bis zum Ziel durchzuhalten, etwa mit ermutigenden Zwischenbilanzen. Sie ehrt die, die sich noch mühen, durch Aufmerksamkeit und Vertrauen in ihre Möglichkeiten, das Ziel zu erreichen.

Aufgaben: Rechenpäckchen, Diktate u.ä. Aufgaben mit eindeutiger Lösung sind als Training sinnvoll, wenn man rasch erfährt, ob man sie geschafft hat, z.B. durch Selbstkontrolle. Sie werden so gestellt, dass man sie nicht richtig machen kann, wenn man nicht beherrscht, was sie verlangen. Können wie Unbeholfenheit darf man ohne Angst zeigen, die Lehrerin interessiert sich dafür. Sie lernt daraus.

Neben Trainingsaufgaben gibt es so oft wie möglich Aufgaben, die zu unterschiedlichen, auch ganz persönlichen Lösungen einladen, die dann miteinander besichtigt werden und den Reichtum an Erfahrungen und Denkweisen entfalten, die in der Klasse versammelt sind. Am deutlichsten sieht man das in Zeichnungen und Texten.[9] Die Lehrerin freut sich darauf.

Ideen: Wenn Kinder Ideen vorbringen, wie die gemeinsame Zeit und Arbeit sinnvoll werden können, prüft die Lehrerin die mindestens so ernsthaft, wie sie ihre eigenen Ideen immer wieder auf Tauglichkeit prüft, sicher aber etwas großzügiger und

---

9 Mit kreativer Mathearbeit habe ich leider selbst kaum praktische Erfahrung, sie ist besonders spannend und belebt zur Zeit auch die theoretische Diskussion in der Mathematik-Didaktik.

neugieriger. Ideen können praktisch erprobt und im Rückblick gemeinsam bewertet werden, auch die Ideen der Lehrerin. So gewinnt man Erkenntnisse, die gemeinsam zu verallgemeinern sind.

Gespräche: Informelle Gespräche am Rande und in den Falten des Unterrichts sind ebenso Ausdruck und Mittel des friedlichen, lehrreichen Miteinanders, wie die angeordneten Gespräche. Sie befruchten sich gegenseitig, und beide sind im schönsten Fall vielfältige, oft philosophische Fachsimpeleien kindlicher Wissenschaftler. Je mehr Erfahrungen man schon miteinander teilt, desto mehr leben die Gespräche von Andeutungen und Anspielungen, die für Außenstehende schwer ver-

stehbar sind. Sie spüren die Intensität des Gesprächs als gute Atmosphäre. Je mehr man einander vertraut, desto leichter kann man sich auf Verunsicherung durch fremde Sichten und Meinungen einlassen bzw. ohne Angst vorübergehend aus dem Gespräch zurückziehen, wenn man es braucht, bei sich selbst zu bleiben. Wenn man eindeutig und unkündbar zur Gesprächsgruppe gehört, kann man in ihr die Geduld entwickeln, die man braucht, um immer wieder neue Erfahrungen zuzulassen und Orientierungen aufzubauen.

Pflicht und Kür: Die alle Kinder verpflichtenden Pensen sind erkennbar und erreichbar, geordnet in Portionen, die helfen, den Bogen der nötigen Anstrengung zu spannen und auszuhalten. Sie ergeben sich aus Lehrplan und gemeinsamem Unterricht. Wochenpläne haben sich bei mir nicht bewährt, aber Übungskurse als Kartei, Arbeitsblattfolge, Hefte oder Büchersammlung, in die man sich in der Freiarbeit selbstständig einarbeitet, um sie bis zu einem gesetzten Termin zu bewältigen. Wer mit dem Pensum gut vorankommt, kann sich Zeit nehmen für persönliche Vorhaben.

Menschliches Miteinander: Kinder und LehrerInnen sind Menschen im Rahmen der Schule, die ihnen bestimmte Aufgaben zuweist, die sie in Zusammenarbeit zu bewältigen haben. Es hilft beiden, wenn sie für sich selbst und im Umgang miteinander ihre »Berufe« ernstnehmen, aber gleichzeitig einander auch Mitmenschen sind, verbunden in gegenseitiger Anteilnahme und gemeinsamem Vergnügen. Gegenseitige Abgrenzung durch Rollenrüstungen macht das Miteinander starr, kalt und unfruchtbar. Unbefangener Humor, Selbstironie und gelegentlicher Quatsch, aber auch leise Nähe und scheue Rücksichtnahme wärmen alle. Dabei verwischen sich manchmal die persönlichen Grenzen, es wird aber auch allen zur Aufgabe, Nähe und Distanz immer wieder neu angemessen zu balancieren. Diese Aufgabe brauchen alle, besonders aber Kinder aus kleinen Familien.

Geschenke: Alles, was man einander über die Pflicht hinaus gibt, ist ein Geschenk. Wenn die Freunde Max und Romo daheim im Kinderzimmer eine Geschichte über Osterhasen und Eier schreiben, dazu zeichnen, und das Blatt am nächsten Tag

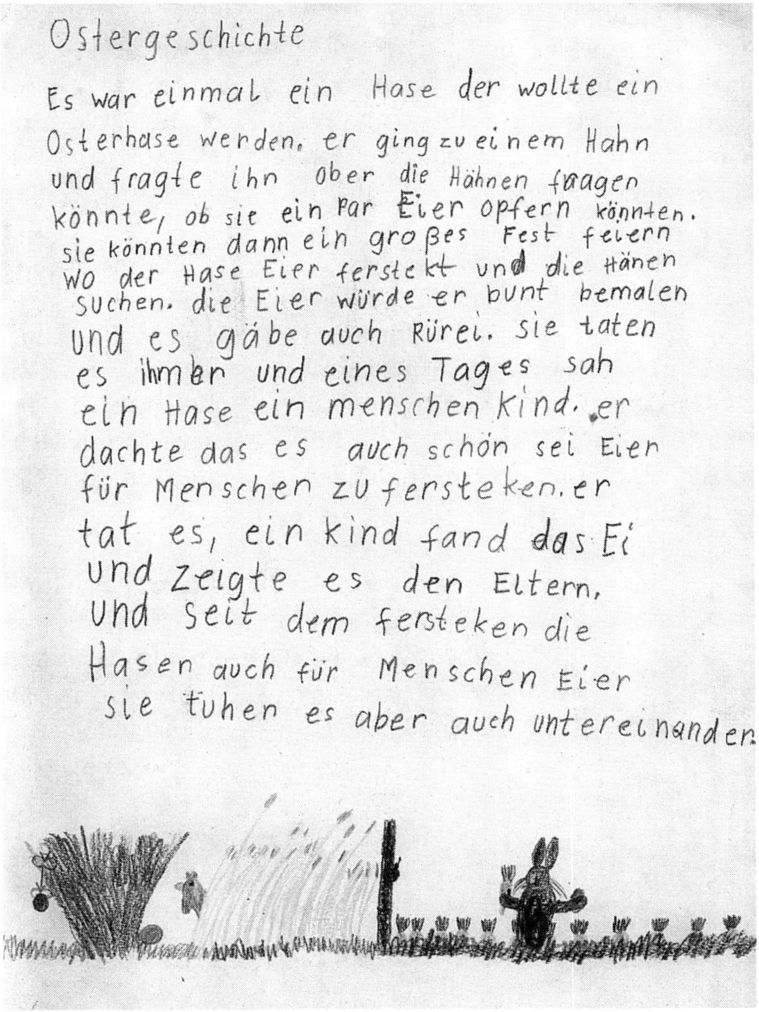
Ostergeschichte

Es war einmal ein Hase der wollte ein
Osterhase werden. er ging zu einem Hahn
und fragte ihn ober die Hähnen fragen
könnte, ob sie ein par Eier opfern könnten.
sie könnten dann ein großes Fest feiern
wo der Hase Eier ferstekt und die Hänen
suchen. die Eier würde er bunt bemalen
und es gäbe auch Rürei. sie taten
es immer und eines Tages sah
ein Hase ein menschen Kind. er
dachte das es auch schön sei Eier
für Menschen zu fersteken. er
tat es, ein kind fand das Ei
und zeigte es den Eltern.
Und seit dem fersteken die
Hasen auch für Menschen Eier
sie tuhen es aber auch untereinander.

ihrer Lehrerin heimlich auf den Tisch legen, um dann vom Platz aus ihre Reaktion zu belauschen, machen sie ihr ein vielfaches Geschenk. Wenn sie es mit ihrer Erlaubnis für alle aushängt oder kopiert, wird es noch kostbarer. Wenn die Lehrerin etwas zu verschenken hat, was es nur einmal gibt, dann bekommt es das Kind, das seiner grad am dringendsten bedarf. Es ist gut, zu lernen, sich ohne Scheu vor allen in der Klasse mit solchem Bedürfnis zu melden und auch zurückzutreten, wenn viele sich melden. Es ist auch gut, das Geschenk gemeinsam dem einen Kind zu gönnen. Und dieser Vorgang symbolisiert, dass jedes Kind im Miteinander als einzelner Menschen geachtet wird. Wie gut für alle!

Das ist natürlich nur ein Teil der Prinzipien, die Zusammenleben und Zusammenarbeit im Schulalltag prägen müssen, damit ausgreifende, großzügige Ausflüge in die Wirklichkeit für Schulkinder nachhaltig bildungswirksam werden können. Dabei ist im Umgang aller, wo immer möglich, Gegenseitigkeit zu wahren, damit die Mitmenschlichkeit der Kinder stark werde, während ihre Vernunft im gemeinsamen Dialog mit handfesten Gegenständen wächst.

Zusammenarbeit kennzeichnet die noch nicht erstarrte,
die im Werden begriffene Gesellschaft,
sie setzt das Prinzip der Gegenseitigkeit voraus,
d.h. eine rationale und moralische Norm,
die für die Persönlichkeitsbildung unabdingbar ist.
Jean Piaget[10]

10 Schon 1935 hat Piaget dies in einem Vortrag gesagt, in dem er die unabweisbare Notwendigkeit von Gruppenarbeit in der Schule begründete. Allerdings bezogen auf meist ältere Kinder als die, von denen in diesem Buch die Rede ist. Zitiert nach: Jean Piaget: Psychologische Anmerkungen zur Gruppenarbeit. In: J.P.: Über Pädagogik. Beltz Verlag Weinheim und Basel 1999, S. 184

Ein gemeinsames Drittes

Nach vielen Jahren als Lehrerin hatte ich angefangen, darüber nachzudenken, warum ich die Beziehungen zu den Kindern meist als selbstverständlich und gelassen einverständig empfand, was selten war in anderen Beziehungen. Setzten die Kinder in der Schule mir weniger Widerstand entgegen als Menschen außerhalb? Fügten sie sich meiner Herrschaft? Dagegen sprach: Das Besondere unserer Beziehungen empfand ich grad dann, wenn sie mir als eigenständige Menschen begegneten, wenn sie mich überraschten, mir zu denken gaben. Irgendwann verdichtete sich der Gedanke: Wir haben in der Schule immer etwas, worüber zu reden und gemeinsam nachzudenken ist, was uns gemeinsam interessiert und betrifft, ein gemeinsames Drittes. Wir haben einen je eigenen Blick darauf, eine je eigene Beziehung dazu. Darum ist es lohnend, sich darüber auszutauschen. Unsere Gespräche sind sinnvoll.

Mir war vage bewusst, verwandtes bei Brecht und im Zusammenhang mit psychologischen Problemen von Paaren gelesen zu haben. Kriselnde, versandende Partnerschaften könnten stabilisiert werden, wenn es ein gemeinsames Drittes gäbe, zu dem beide Partner eine Beziehung hätten: ein Kind, ein Hausbau, ein Projekt etwa. Sei das Kind selbstständig, das Haus fertig, das Projekt abgeschlossen, sei oft auch die Partnerschaft am Ende.

Lukas Martin Moeller, Paartherapeut, schreibt über das Zwiegespräch, in dem jeder Partner bemüht ist, sich selbst dem anderen einfühlbar verständlich zu machen: »So bleibe ich mit meinem Schwerpunkt bei mir und damit … im Zentrum der Beziehung.«[1] Da ist von einem Dritten nicht die Rede, wohl aber davon, dass einer nicht für den anderen, sondern nur für sich selbst sprechen und der Abstand zwischen den Partnern gewahrt werden soll. Nur so, in respektvollem Abstand, ist eine gute Beziehung möglich.

Auf einer deutsch-deutschen Tagung[2] habe ich ein solches Zwiegespräch mit einer Lehrerin aus Dresden erlebt. Wir haben nicht diskutiert, auch nicht eine für die andere gesprochen, wir haben einander unsere je besondere Erfahrung mit der Wende, unsere unterschiedliche Beziehung zu diesem Ereignis gezeigt, haben der Versuchung widerstanden, uns auf eine gemeinsame Sicht zu einigen, und erlebt, wie über dies gemeinsame Dritte eine Beziehung zwischen uns entstand, in der wir die mitgebrachten Widersprüche und Spannungen aushalten und Freundschaft empfinden konnten. Das gemeinsame Dritte braucht zwei, die deutlich voneinander unterschieden, in ihrer Beziehung zum Dritten voneinander unabhängig und aneinander interessiert sind. Das gemeinsame Dritte bringt sie einander in gegenseitigem Respekt nahe.

Bertolt Brecht gründete Bindungen auf gemeinsame Aufgaben. Im Theaterstück »Die Mutter« wird das »Lob der dritten Sache« gesungen: »Er und ich waren zwei, aber die dritte / Gemeinsame Sache, gemeinsam betrieben, war es, die / Uns einte.«[3] Im gemeinsamen Kampf um Gerechtigkeit entsteht ein Einverständnis zwischen Mutter und Sohn, das wichtiger wird, als ihre ursprüngliche Beziehung zueinander, das diese aber auch neu belebt und stärkt.

---

1 Lukas Martin Moeller: Die Wahrheit beginnt zu zweit. Das Paar im Gespräch. Rowohlt, Reinbek 1988, S. 15

2 1992 in der Heimvolkshochschule Bad Alexandersbad, geleitet von Lukas Martin Moeller und Joachim Maaz

3 Bertolt Brecht, Werke III, Weimar/Frankfurt a.M. 1988, S. 307

Vielleicht denkt die Lehrerin, die im folgenden Zitat sich auf Brecht bezieht, an diese, vielleicht an eine andere Stelle in seinem Werk. Sie spricht mit ihrer Klasse im Kreis über Wasserverschmutzung, als ein Junge meint, auch ein verletzter, blutender Fisch trage dazu bei. Darauf entspinnt sich für Minuten ein Gespräch zwischen einigen Kindern über den armen Fisch. Wäre ihm zu helfen? Der übrige Kreis hört zu. »Ich hätte die Diskussion unterbinden können«, schreibt die Lehrerin, »denn sie lief nicht so, wie ich es geplant hatte. Doch mir wurde schlagartig klar, dass die Schüler dabei waren, Lernziele selbstständig zu verfolgen, die meinen geplanten Lernzielen durchaus entsprachen, nur eben anders, als ich dachte: *Kognitiv* ging es darum, sachlich zu klären, ob und welche Möglichkeiten es gibt, dass die Verletzung bei einem Fisch heilt oder geheilt wird. Dieses Thema sprach die Schüler aber auch *emotional* stark an. Sie suchten Hilfsmöglichkeiten für den Fisch und waren mit ihrem ganzen Mitgefühl bei der Sache. Und diese Sache wirkte wie das ›gemeinsame Dritte‹ (Brecht), mehrere Schüler unterhielten sich miteinander, ohne Probleme des Drannehmens und Zuhörens, wie sonst in der Klasse üblich, wenn der Lehrer nicht eingriff. Also spiegelt sich auch die *soziale* Komponente des Lernens in dieser Situation wieder.«[4]

Der Text ist fast zwanzig Jahre alt. Damals war man geübt, Unterricht auf seine kognitiven, emotionalen und sozialen Komponenten hin zu analysieren. Trotzdem ist es unwahrscheinlich, dass dieser ganze Zusammenhang der Lehrerin mitten im Ereignis »schlagartig klar« wurde. Wahrscheinlich konnte sie nicht im Sinne ihres Plans eingreifen, weil sie intuitiv wusste, dass es die Kinder verletzen und ihr Interesse brüskieren würde, wenn sie sie zwänge, den verletzten Fisch beiseite zu tun. Ihnen Zeit für

4 Andrea Popp/Hans Tymister: Kinder nehmen ihren Lehrer an die Hand. In: Wulf Wallrabenstein u.a.: Sprache im Anfangsunterricht. München 1981, S. 150f

das anteilnehmende Gespräch zu lassen, war sachlich angemessen, wenn auch planvergessen – was sie zwingt, sich analysierend zu rechtfertigen, weil ihre Ausbildung ihr weisgemacht hat, sie müsse die Kinder in der Spur ihres Plans halten.

Sie fährt dann fort: »Darüber hinaus boten mir die Schüler eine glänzende Gelegenheit zu erfahren, was sie bisher im Sachunterricht über den Lebensraum Meer und über das Leben der Fische wussten, und wir sind bei nächster Gelegenheit der Frage weiter nachgegangen, was mit dem verletzten Fisch geschehen würde.« Jetzt ist der Dreifache Dialog entstanden: Die im Gespräch erkennbare Beziehung der Kinder zum Gegenstand – das Meer als Lebensraum von Fischen – bestimmt die Lehrerin, mit ihnen einer sich daraus ergebenden Frage nachzugehen. Das »wir« ihres Berichts ist ganz echt.

Auch für die Lehrerin wird, während sie die Kinder wahr- und ernstnimmt, der verletzte Fisch, obwohl nur vorgestellt, so gegenwärtig lebendig, als sei er leibhaftig da. Ihr ist, als beugten die Kinder sich in gemeinsamer Sorge über den Fisch. Ihre Einfühlung in sein Leiden macht ihn zu einem fast wirklichen Gegenüber. Sie sind sich einig wie die Eltern eines kranken Kindes, geeinigt durch ihr gemeinsames Drittes. Dass dem in der Kinderrunde mehr als zwei Anteilnehmende gegenübersitzen, darf nicht stören, es geht in der Dreiheit auf.

In einer zweiten Szene wird berichtet, wie Rolf, ein überalterter Junge, dem die Lehrerin wenig zutraut, im Kleingruppengespräch über Wasserverschmutzung sich sehr aufgeregt meldet, aber nur »Die Luft!« sagt, was zunächst unverständlich ist und unsinnig wirkt. Eh die Lehrerin noch taktvoll darüber hinweggehen kann, hat ein Mädchen, das Rolfs Eifer – so scheint mir – intuitiv als Anzeichen einer intensiven Beziehung zum Gegenstand wahrnimmt, ihn gebeten zu erklären, was er meine. Er tut es überzeugend: Man habe doch im Experiment erfahren, dass die Luft Schmutz mit sich bringe und fallen lasse. Die Lehrerin ist beschämt.

Die Lehrerin dieser Szenen hat keinen Namen[5], obwohl sie wörtlich zitiert wird. Ihr nachdenklicher, selbstkritischer Bericht wird benutzt, um die These anderer zu belegen, die Schule biete »genügend Freiraum, um gemeinsam mit den Schülern das Programm ihrer eigenen Entschulung (von Hentig) voranzutreiben und miteinander zu sprechen.«[6] Gemeint ist, dass ein wirkliches Gespräch stattfinden darf, in dem nicht schon vorher festgelegt ist, was die Kinder zu sagen haben. Und das bringt es mit sich, dass »gerade im Umgang mit den jüngsten Schülern der Lehrer zum Lernenden und die Lernenden zu Lehrern werden«.

So ist es halt immer, wenn Menschen wirklich miteinander sprechen. Und es ist paradox, dass man es »Entschulung« nennen muss, wenn das in der Schule geschieht. Es bedeutet ja doch, das die ältere Generation ihren Bildungsauftrag gegenüber den Jüngeren ernstnimmt, und ihn nicht länger als Auftrag zur Abrichtung auf die eigene Denkweise missversteht.

Solche Abrichtung wollen auch Didaktiker abschaffen, die sich heute als Konstruktivisten präsentieren. Man sollte sich als Lehrerin von ihnen nicht faszinieren lassen. Konstruktivistische Didaktik geht davon aus, dass wir nicht sicher wissen können, wie und mit welchem Ergebnis Kinder in unserem Unterricht ihre eigenen Erkenntnisse, ihre eigene Weltsicht konstruieren. Das mag uns bescheiden machen, mag den Eifer des Beibringens zügeln. Aber wir dürfen nicht so weit gehen zu behaupten, wir wüssten nicht, ob der Gegenstand unseres Unterrichts – sei es ein Baum, eine Tierart, ein Land, eine Geschichte, ein Lied oder sonst etwas – unabhängig von uns und unserer Wahrnehmung, also wirklich da sei. Weil er da ist, können wir uns mit ihm befassen, uns über ihn verständigen. Wir sollten auch nicht zögern, unsere erwachsene Erfahrung mit den Gegenständen und unser

5 Die Namenlosigkeit der Praktikerinnen der Pädagogik in den Veröffentlichungen der TheoretikerInnen ist ein Kennzeichen dessen, was als Kolonisierung der Grundschule durch die Erziehungswissenschaft noch gründlicher Untersuchung harrt.

6 Andrea Popp/Hans Tymister, a.a.O., S. 148

Wissen über sie für wesentlich zu halten und sie Kindern vermitteln zu wollen, wenn wir gegenstandskundig sind und Unerfahreneren etwas zu bieten haben, was teilens- und wissenswert ist. Wir können sogar gelegentlich verlangen, dass sie unseren Gedankengängen folgen. Wir müssen uns nur auch für ihre Wahrnehmung des Gegenstandes, für ihr Wissen und ihre Gedanken aufrichtig und neugierig interessieren, auch wenn uns die in Frage stellen.

Wir dürfen einander nicht im Namen eines gemeinsamen Dritten unterwerfen, sei es der Kampf um Gerechtigkeit, der Blick auf einen interessierenden Gegenstand oder die Beziehung zu einem geliebten Wesen. Wir dürfen einander aber auch nicht in der Beliebigkeit nur individueller Wahrnehmung im Stich lassen. Wir müssen uns selbst, die Kinder und die Gegenstände des Unterrichts so achten, dass Kinder lernen können, die Welt mit eigenen Augen, Händen, Gedanken und Herzen besser zu erkennen als ohne Schule, mit anderen verantwortlich zu denken und sinnvoll zu handeln und die Welt in Gemeinsamkeit zu bewohnen.

> Als Kind konnte Albert Einstein nicht sprechen.
> Man dachte, er sei geistesgestört.
> Mit neun Jahren landete er deshalb bei einem Neurologen.
> Als er fast 70 war, erzählte er, was damals passiert war:
> Instinktiv hatte er erkannt, dass er durch sein Schweigen
> erstens keine Fehler machen konnte und zweitens
> seine Kindheitssicht auf die Dinge für sich behalten konnte.[7]
>
> Arno Gruen

7 »Wir brauchen Nestbeschmutzer«, Interview in DIE ZEIT Nr. 43, 1999

Lernen im Kreis

Natürlich hatte ich in der Ausbildung gehört und gelesen, dass die Klasse sich immer wieder im Kreis zusammenfinden sollte. Morgenkreis, Gesprächskreis, Problemkreis – herausgehobene Situationen im Unterrichtsvormittag, die besonders schön, wichtig, intensiv sein sollten. Aber wenn ich das theoretisch Gelernte in lebendige Praxis umsetzen wollte, gelang das kaum jemals so, wie ich es plante.

Platz schaffen für all die Stühle, die Stühle hertragen, den Kreis formen, sich hinsetzen, später dann die Stühle zurücktragen – der Aufwand war für Kinder und Lehrerin so ermüdend, dass für den eigentlichen Zweck des Kreises wenig Kraft blieb. Ein anderer Versuch: alle Kinder, die mit dem Rücken zur Klassenmitte in den Gruppen sitzen, rücken mit den Stühlen nach außen, sodass dann alle am Rand des Raumes im Kreis sitzen – erwies sich als weniger aufwendig, aber als unbefriedigend. Das Gespräch versackte in dem weiten Raum, der uns voneinander trennte.

Von allen Versuchen mit dem Stuhlkreis blieb mir ein Gefühl des Ungenügens. *Ich kann das nicht!* sagte das. *Ich krieg das nicht hin. Bei mir klappt es nicht so, wie es klappen sollte.* Grund genug, den Kreis mehr und mehr zu vergessen, ihn schließlich aufzugeben, nicht einmal mehr zu wollen.

Dann besuchte ich eine Veranstaltung über Survival Schools, in denen Indianerkinder so unterrrichtet werden, wie es den Lebensgewohnheiten und der Kultur ihres Volkes entspricht. *Unser Elend begann, als wir in die viereckigen Kästen zogen.* So ungefähr hieß es da. Die Tipis, die Zelte der Indianer, waren rund. Der

Stammesrat versammelte sich im Kreis, und auch um das Feuer saß man im Kreis. Die Ordnung des Miteinander im Indianerleben ist der Kreis. Ich lernte da: *Es ist den Menschen natürlich, miteinander im Kreis zusammenzusitzen und zu reden.* Im Film sahen wir, dass in den Survival Schools mit der Zeit die üblichen Schultische entfernt wurden, dass man zum Lernen miteinander im Kreis am Boden saß oder auch um einen großen, runden Tisch. Die Bilder atmeten sichtbar Geborgenheit und Konzentration. So war gemeinsames, einträchtiges Lernen möglich und sinnvoll!

Auf dem Heimweg und bis in den Schlaf hinein kreisten meine Gedanken um meine damals 36 Schulkinder und den Wunsch: *Ich will, dass es bei mir in der Klasse auch so wird! Und zwar ganz selbstverständlich im Alltag des Unterrichts.* Etwas freien Platz hatten wir vor der Tafel. Die Kinder saßen in Sechsergruppen beisammen. Ich wollte den Kreis oft haben, rasch zu formen und rasch aufzulösen. Am nächsten Morgen wusste ich, wie das zu machen war.

Wenig Raum nützen: Doppelkreis!

Ich erklärte den Kindern, worum es ging. Dann teilten wir die Klasse in »Stuhlkinder« und »Bodenkinder«, jede Gruppe 18 Kinder. Stuhlkinder waren die, die dicht am freien Platz saßen. Sie konnten ohne Getümmel ihre Stühle zum Kreis ordnen, blieben hinter ihrem Stuhl stehen und rückten ihn, bis der Kreis schön rund war. Saßen sie schließlich, kamen die anderen und setzten sich in den Kreis auf den Boden, gemütlich an die Beine eines sitzenden Kindes gelehnt. Da ließ es sich gut aushalten und leise miteinander reden. Dieser Doppelkreis war so klein und so intim wie ein Kreis mit nur 18 Kindern. Jedes Kind war zu verstehen, auch wenn es nachdenklich und leise sprach.

Unten zu sitzen konnte unbequem werden, manchmal auch eng. Dafür gab es die Regel: *Wenn du als Bodenkind unten sitzt, und es wird dir zu eng, dann tausche den Platz mit dem Stuhlkind hinter dir. Zwinkere ihm zu, dann wechselt ihr eure Plätze so leise, dass das Gespräch nicht gestört wird!* Dass man so behutsam und im rechten Augenblick die Plätze wechseln musste, schien mir der neuralgische Punkt meines Plans zu sein. Tatsächlich machten die Kinder das aber immer besonders gern, und es war niemals störend. Es waren ja FreundInnen, die sich einen Stuhl teilten. Sie genossen die körperliche Nähe und das schweigende Einverständnis beim Tauschen, das eine sanfte, freundliche Bewegung war, die alle andern wärmte, nicht störte.

Von da an war der Kreis eine Kraftquelle für uns – leicht zu haben, oft zu nutzen. Möglich, weil ich den Blick auf den vorher nur im Licht der Theorie wahrgenommenen Kreis gewechselt hatte. Durch die Begegnung mit einer fremden Lebensform hatte ich das schlechte Gewissen gegenüber einem vernachlässigten pädagogischen Prinzip verloren, und die Sehnsucht nach natürlichem Miteinander gewonnen. Das hatte mir Verstand und Phantasie belebt.

In der Klassensituation einer Freundin hat ein kleiner, stiller Junge es geschafft, durch Umordnen der Tische Platz zu schaffen, in der sich rasch ein Kreis zusammenfinden konnte. Der Lehrerin war das nicht gelungen. Aber sie hat ihn gewähren lassen, als er sagte, er wüsste, wie es ginge. Ihm gelang, woran sie gescheitert war. Danach sah sie ihn mit neuen Augen!

Im engen Kreis einander nah sein

Im engen Kreis sitzend haben wir vieles besprochen, alle Probleme des Zusammenlebens in der Klasse etwa. Wir haben uns, wenn Unfrieden oder Unklarheit uns bedrängten, zusammengesetzt und gefragt: *Was ist eigentlich los?* Mit der Zeit habe ich gelernt, möglichst wenig zu gängeln, auch keine gerechte Lösung anzustreben, die am Ende Schuld zumisst, Verhaltensregeln ableitet, Normen setzt. Es ging mehr und mehr um Wirklichkeit, um die ungeteilte Wirklichkeit, in der dasselbe Ereignis von jedem einzelnen Standpunkt ein wenig anders aussieht als von allen andern.

Im engen Kreis ist man jedem andern Kind so nah, dass man es gut hört und sich mit ihm identifizieren kann. Wer da laut auftritt, will recht behalten und fällt spürbar aus dem Rahmen des gemeinsamen, offenen Nachdenkens. Wenn der Kreis größer ist, wenn man gar wie in der frontal ausgerichteten Klasse so zusammensitzt, dass man Rücken vor sich hat, nicht nur Gesichter neben sich und gegenüber, muss man sich behaupten wollen, sich Gehör verschaffen wollen, sich panzern gegen die Unzugänglichkeit der Rücken und gegen die Kränkung, dass Menschen, an die man sich wendet, denen man sich öffnen möchte, so weit weg sitzen. Da muss die Stimme energisch werden, um gehört zu werden, sie kann nicht sanft auf die Aufmerksamkeit der andern vertrauen.

Problemgespräche im engen Kreis endeten immer wieder ohne formuliertes Ergebnis und doch im Frieden, in einer Atmosphäre entspannten Miteinanders, in der jeder hatte zu Wort kommen können. Das ist für die zurückhaltenden, wortkargen Kinder, denen die Stimme nach hinten in den Hals rutscht, wenn sie etwas sagen wollen, das ihnen wichtig ist, vielleicht nur im engen Kreis möglich. Im engen Kreis muss ihnen niemand helfen, damit sie zu Wort kommen, ihre zaghaften Worte laut wiederholen, die andern zu ihren Gunsten zur Ordnung rufen, weil man sie sonst mit ihren stockenden Stimmen nicht hört. Es könnte sein, dass diese Kinder im großen Klassenraum sich nicht unbefangen äußern können, weil sie unter der Unnatürlichkeit dieser Gesprächssituation mehr als andere, robustere Kinder leiden. Sie brauchen den engen Kreis.

Ringsum gehört werden

Die Zahl der Kinder in der Klasse sank unter dreißig, das Zimmer wurde geräumiger. Freiarbeit wurde alltägliche Selbstverständlichkeit. Die Tischgruppen wurden an die Seitenwände geschoben, von Regalen getrennt standen sie wie in Zimmerchen. Die Kinder liebten das. Ich wollte nicht mehr herumgehen und über ihre Schultern hinweg ihr Tun überwachen. Sie konnten, wenn sie mich einzeln brauchten, zu mir an meinen Schreibtisch kommen. Ich konnte sie auch rufen. Vor der Tafel war nun Platz für einen größeren Kreis. Alle saßen am Boden, der warm war von der Heizung im Stockwerk drunter. Mitten in der Klasse stand ein großer, runder Tisch, gebaut für eine Werbeagentur, billig erworben beim Altmöbelhändler, umringt von Kramkisten, auf denen man am Tisch saß.

Jetzt konnten wir jederzeit rasch im Kreis zusammenkommen, vor der Tafel oder am runden Tisch. Kein Stuhl musste umgestellt werden. Und nun wurde der Kreis mehr und mehr zur Ordnung des gemeinsamen Lernens. Wiederholt hat mir der Kreis der Kinder, in den ich als Lehrerin eingebunden war, etwas gezeigt, was ich wohl hätte wissen müssen, theoretisch auch gewusst und doch nicht bewusst gelebt habe. Ich habe mich etwas geschämt, weil ich nicht allein draufgekommen war, und habe dann ein Stück eigene Lebendigkeit dazugewonnen.

Da war einmal die Hausaufgabe mit den Vögeln im dritten Schuljahr. Plötzlich war mit Macht der Frühling zu hören. Morgens weckten mich die Vögel, und wenn es in der Klasse still wurde, hörte man sie im kleinen Park vor der Schule zwitschern. Die Sonne schien schon richtig warm, und ich brachte es nicht übers Herz, den Kindern den Nachmittag mit schriftlichen Hausaufgaben zu versperren: *Hausaufgabe ist, mindestens eine halbe Stunde draußen zu sein, spazieren zu gehen und Vögel zu beobachten. Ihr müsst nur lange genug schauen, dann entdeckt ihr bestimmt einen Vogel!*

Am nächsten Tag hat reihum jedes Kind erzählt, und buchstäblich jedes Kind hatte was zu erzählen. In einem Gebiet von wenigen Quadratkilometern rings um die Schule hatten die Kinder allein oder zu zweit alle etwas entdeckt, was ihnen ohne diese Hausaufgabe verborgen geblieben wäre. Und jedes Erlebnis, jede Beobachtung war interessant, war ungeplant aus demselben sonnigen Nachmittag aufgetaucht und ein Teil der einen Frühlingswelt.

Natürlich waren manche Berichte glanzvoller, ein Specht macht mehr her als drei Spatzen. Aber das zählte gar nicht in diesem Kreis, in dem die Wortführer der Klasse auf einmal zurücktraten und Kindern zuhörten, die sonst nie etwas zu berichten hatten. Erst da hab ich begriffen, wie sehr diese Kinder sonst im Schatten standen und dass es ohne Ermahnung, nur durch die Art des Zueinander beim Reden und durch die Art der Aufgabe möglich war, die Vielredner zu aufmerksamen Zuhörern zu machen und mich selbst aus der Rolle der Fürsorgerin zu befreien. Auch die sonst stillen Kinder hatten uns etwas zu erzählen und zu geben, wenn keine Wände zwischen uns standen. Die Rücken der andern Kinder im Hintereinander waren Wände gewesen, die Schüchternen den Mut zur Äußerung wegschluckten, weil sie den aufmerksamen Blick verweigerten, der die Zunge löst, wenn er sagt: Ich höre dir zu, ich höre dich!

Du auch!

Die andere Lehre war noch einschneidender: Eine Weile hatte meine Klasse es zugelassen, dass ich im Kreis nicht mittat, wenn alle andern etwas beitrugen oder zeigten. Bald aber hieß es: *Du musst auch…!*

Ich musste auch das Gedicht aufsagen, musste auch von meinen Gedanken und Erfahrungen berichten, wenn wir ein Thema miteinander hin- und herwendeten, musste auch sagen, was ich vom Gegenstand in der Mitte sah, hörte, roch, wusste. Heute bin ich den Kindern, die mich in ihren Kreis mit hineinzogen, dankbar, wenn ich auch manchmal zuerst einmal ungeduldig wurde, als müsste es genügen, ein schönes Gedicht oder einen interessanten Gegenstand für die Kinder herausgesucht zu haben. Damit meinte ich meine Pflicht gegenüber den Kindern erfüllt zu haben.

Meine Zurückhaltung war sicher in meiner Rolle als Lehrerin begründet, aber auch in der Scheu davor, mich von dem berühren zu lassen, womit ich die Kinder berühren wollte. Ich hab mir da wohl auch die Freude nicht gegönnt, hab sie den »Kleinen« lassen wollen als die erprobte große Schwester, die ich nun einmal bin. So dumm ist man oft!

Nach dem Willen der Kinder sollte ich als Gleichwertige dazugehören, wie sie im Kreis aufgehoben sein. Allerdings nicht als Kind unter Kindern, auch nicht als große Schwester jüngerer Geschwister, sondern als vertraute, zurückhaltende Erwachsene, die man in Anspruch nehmen kann, um zu erfahren, was ein Mensch einer anderen Generation sieht, weil er größer ist und weiter blickt, und weiß, weil er länger gelebt hat, erfahrener ist und schon mehr nachgedacht hat. Ich sollte die verantwortliche Erwachsene sein und zugleich ein Mitglied des Kreises wie alle andern. Die Kinder haben mir gezeigt, dass das zu vereinbaren ist und der Kreis dann erst rund wird.

Den Kreis schließen

Mittun im Kreis heißt, etwas mit allen andern zu teilen, das dadurch mehr wird, nicht weniger. Der Wunsch, alle einzuschließen, ist im Kreis wahrscheinlich so deutlich, weil jeder den andern nahe ist und weil jeder Teil eines geschlossenen Ganzen sein möchte. Im Kreis fällt es sehr unangenehm auf, wenn ein Kind vordrängt und angibt. Der Kreis erzieht unmerklich zum Miteinander, zur gegenseitigen Rücksicht. Sonst wäre es ja kein Kreis. Nur so kann ich mir die besondere Geduld erklären, die bis zum letzten Kind reicht, das auch noch drankommen darf, ja drankommen muss, damit der Kreis sich für alle schließt. Dieses Symbol des Allemiteinander feiern wir mit dem Lied:

Kranz woll'n wir binden,
so binden wir den Kranz.
Bei Sabine hübsch und fein
soll der Kranz gebunden sein.

Alle stehen im Kreis, und wenn Sabine angesungen wird, kreuzt sie die Arme und fasst links und rechts die NachbarInnen. Dann wird das nächste Kind neben Sabine genauso angesungen und kreuzt auch seine Arme. Und so geht es weiter, bis der ganze Kranz gewunden ist. Merkwürdig: Die Kinder möchten ihn dann meistens wieder ganz aufsingen, nicht einfach durch Loslassen auflösen. Damit soll nicht nur das Ritual verlängert werden. Das Winden und das Lösen des Kranzes brauchen einander wie Einatmen und Ausatmen.

Eine runde Decke ausbreiten

Der Nikolaus hatte an unsere Türe gebummert und ein Bündel davor liegengelassen. Aufgeschnürt und entfaltet war es eine große, runde Decke voller Kekse, Mandarinen, Äpfel und Nüsse. Wir haben uns drumherum gehockt und alles miteinander geteilt, bis auf die Walnüsse und Haselnüsse. Die blieben liegen, weil wir keine Nussknacker dahatten.

Nur einmal habe ich zugelassen, dass der Nikolaus den Kindern Einzelpäckchen brachte, vorbereitet von den Eltern. Es war eine unangenehme Erfahrung für mich, und sicher auch für die Kinder, wenn es ihnen auch nicht bewusst wurde: Für die einen war das kleine Päckchen ein richtiges Geschenk, über das sie sich freuten. Für die andern war es ein Nichts, verglichen mit dem, was der Nikolaus daheim abgeladen hatte. Die Stimmung gemeinsamen Beschenktseins und Feierns blieb aus. Darum diesmal also die runde Decke, reich gefüllt für alle zusammen. Jedes Kind konnte in die Fülle greifen.

Am nächsten Tag wurden Nussknacker mitgebracht, und wir saßen wieder um die Decke herum. Vor dem Essen der Nüsse eine Abwandlung dessen, was in meiner Ausbildung »Objektbetrachtung« hieß, eine gemeinsame Erkundung des Gegenstandes. Es soll herausgefunden werden: *Was sind Nüsse eigentlich? Was können wir an ihnen erkennen? Was sehen, hören, riechen, fühlen, schmecken wir? Was wissen wir über Nüsse? Was für Fragen haben wir an und über sie?*

Nüsse sind im ersten Schuljahr ein ergiebiges Thema. Ich habe wenig dazu sagen müssen, alle Entdeckungen der Kinder wirkten ansteckend auf den Kreis, und jedes Kind blieb bei der Sache. Wohin sollte es auch ausbrechen? Von allem andern im Klassenzimmer hatten wir uns abgewandt, drehten ihm die Rücken zu, nichts lenkte uns von den Nüssen ab. Wer den Blick von den eigenen Schalen und Kernen hob, sah gegenüber wieder nur Kerne und Schalen und vielleicht ein anregendes Experiment damit.

Als alle Kerne gegessen waren, blieben die Schalen auf der Decke liegen, die Kinder konnten an die schriftliche Anschlussarbeit auf ihren Plätzen gehen, und ich konnte mit wenigen Griffen den ganzen Abfall wegräumen. Sehr praktisch! Die Decke vom Nikolaus musste im Klassenzimmer bleiben! Seither wird sie immer dann benutzt, wenn vorauszusehen ist, dass bei der Betrachtung und Untersuchung von Dingen sehr viel verstreut werden wird und Abfall und Schmutz zurückbleiben.

Das war so, als wir einen Kasten voll Tulpenzwiebeln vom Gärtner geerbt hatten. Einfach in der Mitte auf die Decke kippen! Das Ganze vom Rand der Decke her gemeinsam betrachten und bereden! Dann das Ganze zum Rand hin verteilen, in kleinen Portionen untersuchen, beschreiben, vergleichen. Ähnliches erfasste jeder mit einem Blick ringsum, Unterschiede auch. Da gab es etwa nicht nur eine Tochterzwiebel, und dann noch eine und noch eine als Wiederholung, sondern auf der Decke fanden sich viele Töchter, die ganz sinnfällig aus demselben Nest stammten und zusammengehörten.

Andere Gegenstände des Unterrichts, die auf der Decke ihren Platz fanden: Komposterde, Herbstblätter, Äpfel… Ein Haufen davon in der Mitte der Decke am Anfang der Betrachtung ist ein Symbol für Fülle und Vielfalt der Natur. Auseinandergescharrt und als Einzelnes betrachtet, gehört alles doch weiterhin deutlich sichtbar zusammen.

Bekommt jedes Kind seinen Apfel zunächst am Platz zur Betrachtung angeboten, dann können die unterschiedlichen Einzelheiten stören, man muss von ihnen absehen, damit das Allgemeine herausgearbeitet werden kann. Und wie werden die Teilbeobachtungen in Wahrnehmung und Bewusstsein der Kinder wieder zusammengefügt? Wenn sie einzeln sitzen, ist jedem Kind doch nur das wichtig, was es nah vor sich hat. So soll es sein, das sagt die gegebene Ordnung. Die Äpfel auf den Tischen der anderen Kinder sind fast so etwas wie konkurrierende Äpfel, eher feindlich als freundlich dem eigenen Apfel, oder doch fremd und nur auf eine abstrakte Weise zu ihm gehörig.

Die Ordnung der Dinge entdecken

Als wir einmal in der ersten Klasse allerlei bei einem Ausflug gesammelte Samen auf der Decke versammelt und angeschaut hatten, ergab sich am Ende: Alle Kinder ließen liegen, was sie eben noch untersucht hatten, gingen an ihre Tische und machten eine Schreibübung mit den einschlägigen Wörtern. Als die ersten damit fertig waren, kamen sie zu mir und baten, aufräumen zu dürfen. Sie legten dann alles, was sich dafür eignete, als eine »Ausstellung« auf einen freien Tisch, ließen sich von mir erklärende Kärtchen schreiben und entdeckten so nebenbei noch manches Interessante. Am Ende haben sie uns anderen die ganze Ausstellung samt den Neuentdeckungen erklärt, ohne dass ich etwas tun musste. Ich stand bei den Gästen.

Damit war die Ordnung einer »Ausstellung« als Ende und Ziel der gemeinsamen Zuwendung zu den Dingen auf der Decke eingeführt. Manchmal wuchs die Struktur einer Ausstellung während der Erkundungen aus dem anfänglichen Wirrwarr heraus – Symbol für das, was in den Köpfen geschah. Merkwürdig: Am Schluss sah die Decke mit den Dingen dann schön aus, einfach schön! Wir haben die Decke auch schon mal mehrere Tage lang am Boden liegen lassen, wenn wir uns von den geordneten Dingen darauf noch nicht trennen mochten. Die Putzfrau hat drumherum gefegt, und die Kinder haben sich, wenn sie Zeit hatten, immer wieder an die Decke gesetzt und sich mit dem befasst, was sie ihnen bot.

Wörter im Reigen klingen lassen

Auf mancherlei Weise werden im Kreis Überlegungen und Erfahrungen zusammengetragen, vor allem immer wieder der Ertrag der Hausaufgaben. Irgendwann sehr früh in meinem Lehrerinnenleben habe ich mir das altmodische Prinzip zu eigen gemacht, dass jede Hausaufgabe am nächsten Tag von mir, besser noch von allen andern wahrgenommen, also vorgelegt und angesehen oder vorgetragen und angehört werden muss. Das verlangt der Respekt vor den Kindern und ihrer Arbeit. Und es ist das einzig sinnvolle und wirksame Mittel, um zu erreichen, dass die Hausaufgaben auch gemacht werden. Von der Lehrerin verlangt das Disziplin, dazu Einfallsreichtum, damit die Aufgaben weder für die Kinder noch für sie langweilig werden, und die Disziplin sie nicht ständig Selbstüberwindung kostet. Die wäre zu anstrengend und machte grantig.

Aufgaben, die nur von mir nachgeschaut werden müssen, werden mir vor Beginn des Unterrichts auf meinen Schreibtisch gelegt, präsentiert in aufgeschlagenen Heften. Alles, was die andern Kinder auch interessieren kann, wird morgens in den Kreis mitgebracht.

Das Gedicht »Die Sonne« von Peter Hacks hatten die Kinder sich gerne vorlesen lassen und gerne vom Blatt selbst gelesen – strophenweise reihum im Kreis.

Abends im Gebirg der Dächer
rollt der Sonnenball zu Tal,
und sein großer Glanz wird schwächer
und erlischt mit einem Mal.
Dann in schön gewölbtem Bogen
kommt der Mond heraufgezogen.
Und es ziert der Dunst der Sterne
Punkt an Punkt die Himmelsferne

Doch trotz Mond und Sterngefunkel
bleibt die Nacht ...[1]

Peter Hacks

1 Peter Hacks/Klaus Ensikat: Die Sonne. Berlin 1974

Dann gab es die Hausaufgabe: *Schreibt aus dem Gedicht alle Hauptwörter*[2] heraus! Solche Übung ist in der Deutschdidaktik umstritten. Ich finde sie sinnvoll, grad bei diesem Gedicht, weil es da so ist, als sammelte man Perlen auf. Und jedes Kind kann all die schönen Wörter mit etwas Achtsamkeit ganz und gar fehlerfrei abschreiben. Das stärkt die Selbstachtung. Und natürlich auch die Rechtschreibung.

Morgens sitzen alle Kinder mit ihren Heften im Kreis, wollen vorlesen, gehört werden. Alle möchten am liebsten alles vorlesen! Das würde aber zu lange dauern. Also: *Suche die drei Hauptwörter heraus, die du am liebsten hast. Kreuze sie an! Und dann liest reihum jeder seine drei Wörter vor.* Das dauert keine zehn Minuten. Es ist spannend und bewegend, weil jedes Kind mit seinen Lieblingswörtern auch etwas über sich selbst offenbart. Das Gedicht, das eben noch jeder als etwas Abgeschlossenes vor sich hatte, beginnt sich zu dehnen, sich zwischen uns auszubreiten, weil wir beim Zuhören blitzartig einen Zipfel der Erfahrung aller anderen Kinder mit dem Gedicht zu fassen bekommen. Kein interpretierendes Reden über das Gedicht böte uns soviel eindringliche gemeinsame Erfahrung, wie dieser Wörterreigen, der im Kreis aus dem Gedicht aufsteigt.

Eigene Werke zeigen

Wenn die Kinder etwas gemalt, gezeichnet oder gebastelt haben, tragen sie es auch gerne in den Kreis, legen es vor sich hin, und schauen sich in der Runde um. Dann darf jedes Kind sagen, was ihm gut gefällt an seinem eigenen Kunstwerk oder an einem anderen. Kein Kind muss fürchten, ungut verglichen oder gar ganz

2 In meinem Unterricht hat es sich bewährt, Substantive so zu bezeichnen. Hauptwörter verlangen für sich einen großen Anfangsbuchstaben, sie sind halt Hauptwörter. Man kann sie leicht erkennen und abwarten, dass dem Begriff mehr Bedeutung allmählich zuwächst.

übersehen oder von der Ausstellung ausgeschlossen zu werden. Die Besichtigung gilt allen Werken. Immer wieder wird staunend entdeckt, dass die eine gemeinsame Aufgabe viele verschiedene Antworten hervorrufen kann. Das hat mich gelehrt, meine Anweisungen knapp zu halten und nichts vorzuschreiben, was nicht vorgeschrieben werden muss. Je weniger ich gängle, desto reicher ist die Vielfalt dessen, was die Kinder schaffen. Ich bin immer überrascht, wieviel Kreativität sich im Kreis entfaltet, wenn mir die Aufgabenstellung gut geraten ist.

Ein kleines Fest wurde das einmal im ersten Schuljahr. Ich hatte ein Gedicht entdeckt. Ich weiß es noch auswendig, habe aber leider den Autor vergessen. Das sollte den Hintergrund geben für Rechenaufgaben wie 1+3 = 2+2.

Sitzt ein Käuzchen
allein auf einem Ast.
Sitzen drei Käuzchen
zu drein auf einem Ast.
Denkt das Käuzchen,
das da sitzt allein:
Käm eins herüber,
wär'n alle zu zwein.

Ich ließ die Kinder mit ihren Cuisenaire-Kästen in den Kreis kommen, sagte ihnen das Gedicht her und forderte sie auf, jedes für sich so einen Baum mit vier Käuzchen am Boden vor sich zu legen. Ich hatte nicht damit gerechnet, dass die Bäume wuchern, dass Blumen sprießen, dass Sonnen scheinen würden. Die Käuzchen waren auch da, bei jedem Kind, aber sie saßen nicht auf den Minimalästen, die ich mir als Veranschaulichung vorgestellt hatte. Um sie herum entfaltete sich eine ganze Welt, liebevoll mit Stäbchen geschildert. Und ich Lehrerin stand fassungslos bezaubert daneben und ließ den Kindern gerne die Zeit, die sie brauchten, um satt zu werden von dem, was ihre eigene Phantasie und die aller andern im Kreis ihnen baute.

Danach waren sie gerne bereit, mir zuzuhören, zu verstehen und alle an ihren Tischen Rechnungen in den engen Grenzen, die ich gezogen hatte, auszudenken. Der Wald aus Käuzchenbäumen blieb am Boden liegen. Wer genug gerechnet hatte, kehrte dahin zurück.

Sich miteinander kundig machen

Der Heimatkundeatlas sollte benutzbar werden. Im Gespräch ergab sich, dass alle Kinder mit dem Kartenlesen schon ein wenig vertraut waren, meistens von Autokarten her. Ich habe also nur Atlanten ausgeteilt und gesagt: Als Hausaufgabe setzt ihr euch etwa eine halbe Stunde mit dem Atlas hin und schaut, ob ihr etwas entdeckt, was interessant ist. Macht euch eine Notiz. Morgen könnt ihr berichten.

Wir saßen am nächsten Tag länger als eine Stunde mit den Atlanten im Kreis, und es wurde nicht langweilig. Alle Seiten des Atlas kamen dran. Ein Kind erklärte uns die Zeichen für die Vegetation. Ein anderes ließ uns den Weg zu seiner Tante mit dem Finger nachfahren. Ein drittes hatte einen Berg gefunden, den es einmal bestiegen hatte, und war dem Zusammenhang zwischen Höhe und Kartenfarbe auf die Spur gekommen. Alle Kinder hatten ihren Atlas vor sich und verfolgten darin, was beschrieben wurde. Am Ende hatten sie einen ersten kräftigen Begriff davon, was in so einem Atlas alles drinsteckt, und wie man ihn benutzen kann. Wenn ein Kind sich nicht zurechtgefunden hatte, war ihm selbstverständlich ein anderes zu Hilfe gekommen, hatte rasch und geduldig gezeigt, erklärt, zugehört, bestätigt oder zurückgewiesen, bis die Unklarheit sich aufgelöst hatte. Mir blieb fast nichts zu sagen.

Obwohl diese Aufgabe nur ein erster Schritt auf den Atlas hin hatte sein sollen, war er mit individuellen Erkundungen und dem offenen, ungelenkten Austausch dessen, was die Kinder selbstständig gefunden und erkannt hatten, bereits als Arbeitsmittel eingeführt und vertraut. Niemand hatte seine Weisheit von oben herab an die Kinder verteilt. Alle miteinander waren sie tief in den Atlas eingedrungen und hatten sich selbstständig und mit gegenseitiger Unterstützung darin kundig gemacht. Jede von mir gesetzte Strukturierung dieses Lernprozesses hätte ihn gehemmt. Dieses fast tänzerische Miteinander der Erkundung des Atlas war nur im Kreis möglich.

Ich bin überzeugt, dass hierfür der Kreis notwendige Struktur war, denn ich vermag mir dieselbe Leichtigkeit und Konzentration bei der Arbeit nicht vorzustellen, wenn ich mir die Kinder an die Tische verstreut denke. Einen Skeptiker, der das nie erlebt hat, wird diese Begründung nicht überzeugen. Man kann das nicht argumentativ beweisen, man kann es nur zeigen: Im arbeitenden Kreis kann eine sehr große Gruppe sich rasch und tief mit komplexen Gegenständen anfreunden und zurechtfinden. Vertrauen, gegenseitiges Interesse, Gelassenheit und Zurückhaltung, die dafür nötig sind, entwickeln und stabilisieren sich von Mal zu Mal, wenn die Gegenstände, denen alle sich zuwenden sollen, interessant sind, und verantwortliche Erwachsene die Ordnung hüten, die ermöglicht, dass die gemeinsame Erkundungs- und Erkenntnisarbeit sich immer wieder als lohnend erweist. Wenn der Kreis die zuverlässig wiederkehrende, beständig geübte Ordnung der Zusammenarbeit ist, kann er so fruchtbar werden.

Man darf reden, wenn man etwas zu sagen hat, und sei es noch so geringfügig. Man findet den Mut dazu. Man tut es einfach. Jedes Kind ringsum darf sich darauf verlassen, dass es mit seiner Äußerung dem Gegenstand der gemeinsamen Überlegungen nicht allein gerecht werden muss, dass auch eine kleine Idee, die selbst noch kein klarer Gedanke ist, im offenen Gespräch als Anregung willkommen sein kann. Es schadet auch nichts, wenn einmal im Eifer durcheinander geredet wird. Kinder scheinen

mehrere Äußerungen parallel auffassen zu können. Das üben sie, wenn sie zusammen spielen. Die Lehrerin mag sich die Gedanken dann einzeln und nacheinander nochmals vortragen lassen. Diese Unangestrengtheit und alles andere, was der Kreis bietet, ist entscheidend wichtig für langsame und schüchterne Kinder, damit sie sich überhaupt vorwagen.

Dem Atlas-Unterricht lag kein begründeter Plan zugrunde. Ich ahnte nicht, was die Kinder mit der Aufgabe anfangen würden. Ich wollte den Lehrplanauftrag »Erster Umgang mit dem Atlas« umsetzen, und wusste nicht, wie. Mir selbst hatte kein Unterricht den Atlas verfügbar machen können. Unterrichtsvorschläge von anderen hatte ich nicht zur Hand. Ich wollte von den Kindern durch die Hausaufgabe erfahren, was sie von sich aus mit dem Atlas anfangen könnten. Danach wollte ich den eigentlichen Unterricht planen. Aber das erwies sich dann als überflüssig. Sie hatten durch Einzelerkundung und Kreisgespräch schon fast alles kennengelernt, was ich ihnen hätte vorstellen wollen. Und sie würden sich weiter kundig machen – auch ohne Unterricht.

Da besann ich mich auf meine Abiturprüfung. Ich hatte mich in Erdkunde gelangweilt, wenn der Atlas auf dem Tisch lag. Nun sollte ich meine Prüfungsfrage allein aus diesem Rätselding beantworten. Und plötzlich wurde der Atlas spannend, wollte erkannt werden, öffnete sich meinem Blick und lieferte mir alles, was ich brauchte, um die Prüfer zu beeindrucken. Instinktiv hatte ich den Kindern jetzt einen ähnlichen Weg gewiesen, und sie hatten daheim ihre je eigene Beziehung zum Atlas aufgenommen, ihren je eigenen Dialog mit dem Gegenstand begonnen.

Sie hatten die Aufgabe von mir angenommen, weil sie mir als ihrer Lehrerin vertrauten: *Sie darf und soll uns Aufgaben geben. Uns darauf einzulassen, wird sich für uns sicher lohnen!* Wenn dies fraglos feststeht, ist das immer die Frucht einer längeren dialogischen Beziehung zwischen Kindern und Lehrerin und einer Kette von guten Erfahrungen mit dem, was sie ihnen zum Gegenstand des Lernens gemacht hat. Besucher sagen dann gern: *Ja, mit so einer Klasse, mit solchen Kindern gelingt so ein anspruchsvoller Unterricht!* Dann ist nicht mehr zu sehen, dass Kinder und Lehrerin sich das gegenseitige Vertrauen allmählich, geduldig erarbeiten mussten.

Den Kreis verlassen

Auch wenn ich möchte, dass die Kinder eine neue Übung machen, etwa im Mathematikunterricht etwas Neues kennenlernen und möglichst rasch selbst zu tun versuchen, versammle ich sie im Kreis. Dann schreibe ich mit dicken Filzstiften auf großen Papierbögen am Fußboden, statt an der Tafel. Kinder, die sich auskennen oder doch meinen, das sei so, sie könnten nun ähnliche Aufgaben allein erfinden oder das bereitliegende Aufgabenblatt bearbeiten, lösen sich aus dem Kreis und gehen an ihre Stillarbeit.

Im kleiner werdenden Kreis bleiben diejenigen bei mir zurück, die noch nicht verstanden haben, unsicher sind, keinen

Mut haben, mehr Veranschaulichung oder noch einen gelenkten Blick auf früher Gelerntes brauchen. Manchmal scheint es, sie brauchten vor allem Nähe und Aufmerksamkeit von mir. Jetzt können sie reichlich davon haben. Das ist ein bisschen gefährlich, wenn die Zurückbleibenden sich nicht nur gelegentlich, sondern regelmäßig in Zaghaftigkeit flüchten.

Wer Zuwendung nur dann sicher bekommt, wenn er hilflos ist, mag die Neigung entwickeln, schlaff zu werden, wenn er die Kräfte anspannen könnte, um seine Aufgaben allein zu lösen. Also muss Zuwendung auch ohne Not zu haben sein. Und Hilfestellung darf den Kindern keine Anstrengung des Nachdenkens und Begreifens abnehmen, nur die Aufgabe vielleicht etwas handlicher zeigen. *Eigentlich kannst du es, du hast das nur noch nicht gemerkt!* Hilfe, loszulassen und allein zu arbeiten. Die vielen Kinder, die schon bei der Arbeit sind, wirken wie ein Magnet. *Wenn die das können... Ich probiers! – Wenn es doch noch nicht geht, kannst du wieder zu mir kommen!*

Ich genieße es selbst auch, mit einer kleinen Gruppe zu arbeiten. Ich habe da für hilfsbedürftige Kinder viel mehr Geduld, als wenn sie in der Klasse verteilt auf ihren Plätzen sitzen und nicht können, was die anderen daneben schon tun. Niemals hatte ich den Eindruck, dass das Zurückbleiben im kleinen Kreis von Kindern als unehrenhaft empfunden wird. Dafür ist es wohl viel zu heimelig und hilfreich.

Im kleinen Kreis arbeite ich auch mit Kindern am großen runden Tisch. Wenn neue Arbeitsformen eingeübt werden sollen, nehme ich die Kinder, die mündlichen Anweisungen schwer folgen können, zu mir, und kann Fehlern leichthändig vorbeugen. Mir scheint auch, dass am runden Tisch die Kinder sich leicht füreinander verantwortlich fühlen und sich gegenseitig helfen. Manche Kinder setzen sich auch mit ihrer Stillarbeit an den runden Tisch, wenn sie es gemütlich haben wollen, selbst wenn sie dort nicht viel miteinander reden dürfen. Manchmal muss ich eingreifen, um zu verhindern, dass sich dort zu viele drängen.

Der Kreis als heilende Ordnung?

Es gibt auch die Erfahrung mit Kreisen, die unfruchtbar sind, in denen ich mich auch nicht wohlgefühlt habe. Das habe ich aber eher in fremden Klassen erlebt, in denen ich zu Besuch war. Morgenkreise, Erzählkreise, in denen jedes Kind von sich sprechen durfte, manche Kinder aber gar keine Lust dazu hatten, und einige endlos ausbreiteten, was die andern langweilte. Spannungsloses, manchmal sogar von Überdruss geprägtes Ritual, das Zeit vergeudet.

Auf einer Tagung wurde per Video ein Morgenkreis gezeigt, in dem ein Junge sich mit der Fahne eines Fußballvereins in Szene setzte. Auf mich wirkte das angeberisch und so, als nähme er sich das Recht zu seinem Auftritt ohne Rücksicht auf die anderen Kinder. Eine Lehrerin aus der Schweiz meldete sich: Das Video hätte sie an den Morgenkreis in der eigenen Klasse erinnert, der irgendwann ungemütlich wurde. *Manche Kinder wollten of-*

fenbar lieber schaffen. Als ich es dann freigab, am Morgenkreis teilzunehmen oder schon mit der Arbeit zu beginnen, blieben am Ende je etwa acht Kinder im Erzählkreis. Der war dann sehr intensiv. Der Morgenkreis kann also leicht auch lustlos, flau und unfruchtbar werden, eine den Kindern zur Verfügung gestellte Zeit, in der sie von sich sprechen können, das aber nicht so tun, dass das Ritual seinen Sinn erfüllt.

Wilhelm Dressler und Olaf Sanders behaupten sogar, der Morgenkreis sei »prüfungsförmig«. Sie schreiben: »Der Morgenkreis erfüllt alle Kriterien einer Prüfungssituation im Sinne Foucaults. Er produziert Individualität in Form von kleinen Erzählungen. Er produziert sie schon durch die Reihenfolge, die einen Vergleich zwischen den Individuen ermöglicht. Die Raum-Zeit-Ordnung erzwingt einen hierarchischen Blick, der die Individuen einer allgemeinen Sichtbarkeit unterwirft. ... Die Anordnung im Raum – die Kinder sitzen in einer Reihe – erleichtert dem zwingenden Blick die Kontrolle über die Tätigkeiten der Einzelnen. Die Zeitstruktur reguliert den Umfang und die Ebene der individuellen, zutreffender wohl einzelnen Beiträge, die gegeneinander vermessen, gesteuert – und wo sie abweichen – auch sanktioniert werden.«[3] Vorher haben sie »einige Motive der Focaultschen Machtanalytik in Erinnerung« gerufen und »ein Stück fraglos progressiven Grundschulunterrichts, einen Morgenkreis« beschrieben, um dann zu zeigen, »dass dieses allen Gedanken an Prüfung fernstehende Ritual ein prägnantes Beispiel für eine strukturelle Prüfungsförmigkeit abgibt, ja geradezu exemplarisch verdeutlichen kann, wie eine gutgemeinte pädagogische Intention im Rahmen einer disziplinären Organisation in ihr Gegenteil verkehrt wird.«[4]

Den beschriebenen Morgenkreis empfinde ich als quälend misslungen. Es heißt zwar: »... die angezündeten Kerzen ver-

---

3 Wilhelm Dressler/Olaf Sanders: Über die Prüfungsförmigkeit der Schule. Zum Beispiel »Morgenkreis«. In: Hamburg macht Schule, 2/99, S. 23

4 a.a.O., S. 22

strömen eine feierlich-meditative Atmosphäre. Das soll auf die Kinder beruhigend wirken und tut es augenscheinlich auch.« Aber Kinder kommen nur widerstrebend in den Kreis, Kinder kommen zu spät, die Lehrerin muss die Ruhe gegen Störungen verteidigen, um die Erzählzeit wird heftig konkurriert, Kinder werden zum Erzählen genötigt, die Lehrerin drängt auf zügiges Erzählen, weil die Zeit knapp ist. »Zuhören wollen bestimmt die wenigsten, sie warten bestenfalls darauf, zu Wort zu kommen«.[5] Das liest sich wie die Beschreibung einer misslungenen Zwangsbeglückung. Die Lehrerin war bestimmt nicht zufrieden mit dem, was sich unter den Augen der wissenschaftlichen Besucher abgespielt hat. (Ich vermute, die beiden haben hospitiert.) Aber hilfreich ist deren Analyse gewiss nicht, und das will sie wohl auch nicht sein.

Die Absicht der Autoren, Foucaults Machtanalytik auf die Schule anzuwenden, gebiert Vorurteile, die den Blick auf die Wirklichkeit verzerren und das Verstehen behindern. Es geht ihnen aber auch nur um die wertende Anwendung eines übernommenen theoretischen Konzepts auf eine ihnen nur äußerlich zugängliche, fremde Wirklichkeit. Nachdem sie erklärt haben, unter den Bedingungen der Schule würde die dem Morgenkreis zugrundliegende pädagogische Intention in ihr Gegenteil verkehrt, formulieren sie locker: »Diese Einsicht bildet eine Grundlage dafür, anders und neu zu denken. Welche Richtung dieses Denken wachen Sinnes nehmen könnte, ist dann schon nicht mehr Thema dieses Beitrags.«[6] So leicht kann man es sich machen, wenn man im Fachbereich Erziehungswissenschaft an einer Universität arbeitet und LehrerInnen ausbildet.

Schulreformerische Bemühungen zu kritisieren, ist derzeit in der Erziehungswissenschaft Mode. Kritik als genaues Hinsehen, Nachfragen, Durchdenken, als Überprüfen der Übereinstim-

5 a.a.O., S. 23
6 a.a.O., S. 22

mung von Absicht und Verwirklichung, ist zwar grundsätzlich nötig und oft auch hilfreich. Aber die Kritik darf ihrem Gegenstand nicht so hochmütig fremd bleiben, wie dieser Aufsatz, der zu beweisen meint, dass der Morgenkreis schon durch seine Struktur im Rahmen der besonderen Machtverhältnisse in der Schule seinen Intentionen zuwiderlaufe. Sie befassen sich also mit einem in ihren Augen von vornherein sinnlosen Ritual. Wenn wir an ihm festhalten, mögen wir in den Augen schulreformkritischer Erziehungswissenschaftler wohl dumm und verblendet sein.

Aber gegen ihre Analyse in ihrer Grundsätzlichkeit sprechen meine Erfahrungen, von denen oben nur einige geschildert sind. Die Erfahrungen vieler LehrerInnen sprechen dagegen. Wir dürfen uns und den Kindern zwar nicht verheimlichen, dass Schule auch und zunächst eine Zwangsveranstaltung ist, dass Kinder hingehen und LehrerInnen bestimmte Dinge von ihnen verlangen müssen. Das ist banal und ist die Basis ihres täglichen Zusammentreffens. Trotzdem kann auf diesem Grund Zusammenarbeit gelingen, in der Kinder und Erwachsene einander verbunden und verpflichtet sind in ernsthafter, lustvoller, froher Bildungsarbeit, die uns einem Satz wie diesem: »Auch der Morgenkreis bleibt eine disziplinär durchherrschte Form unterrichtlichen Handelns – wenn auch nicht in ›beybringender‹ Weise«[7] entgegensetzen lässt: *Na und? Schule ist nun mal so, wir wissen das. Helft uns, trotzdem den Kindern und ihrem Anspruch an die Schule, die soviel von ihrer Lebenszeit besetzt, gerecht zu werden! Helft uns, indem ihr uns ernstnehmt, mit uns zusammen über unsere Arbeit nachdenkt. Hört auf, uns eurer Konzeptionierungs- und Wertungsmacht zu unterwerfen!*

Der Morgenkreis wird sicher in vielen Fällen unüberlegt eingeführt und ohne Nachdenken stereotyp durchgezogen. Er ist oft eine äußerlich bleibende Reformpflicht. Und insofern ist er ein

7 a.a.O., S.23

Beispiel dafür, dass Pädagogik immer danach fragen muss, in welchem Geist, mit welcher Haltung, mit wie viel Stimmigkeit ein Prinzip im Einzelfall verwirklicht wird. An der Verwirklichung pädagogischer Prinzipien und Ideen muss ständig gearbeitet werden. Man darf sie nicht wie ein für allemal einrichten und sich dann sorglos darauf verlassen, dass sie sich durch ihre bloße Erklärung selbst verwirklichen. Sie sind ja auch immer in Zusammenhänge eingebunden, die über die Möglichkeiten ihrer Verwirklichung mitentscheiden. Wenn die Kinder aber einmal erlebt haben, wie erfüllt das Miteinander im Kreis sein kann, suchen sie ihn von sich aus immer wieder zu bilden, als großen und als kleinen Kreis, ohne Aufforderung durch Erwachsene, als die dem gemeinsamen Interesse angemessene äußere Ordnung.

Meine guten Erfahrungen mit dem täglichen Morgenkreis beruhen sicher vor allem darauf, dass für uns der Kreis nicht nur ein Ort war, in dem die Kinder sich sammeln, persönliche Erlebnisse mitteilen und sich selbst darstellen konnten, sondern vor allem die Ordnung des sachlichen Gesprächs und der gemeinsamen Arbeit. Wenn Kinder von persönlichen Erfahrungen und Erlebnissen erzählen wollten, hatten sie reichlich Gelegenheit dazu, wenn wir die Gegenstände des gemeinsamen Interesses erkundeten. Da konnte jede Äußerung ein wertvoller Beitrag zur gemeinsamen Erkenntnisarbeit werden. Jedem Kind aufmerksam zuzuhören, ist da Pflicht. Man lernt es vor allem am Modell der Lehrerin. Erleichtert wird es durch die eherne Regel: So lange jemand im Kreis spricht, sind alle Finger unten, niemand meldet sich, denn das wäre eine Drängelei, die manche Stimme verstummen ließe!

Ohne den arbeitenden Kreis kann ich mir einen lebendigen, offenen, alle Kinder einbeziehenden, dialogischen Unterricht nicht denken. Stelle ich mir verschiedene Situationen des Unterrichts mit geschlossenen Augen vor, so wird klar: Im Kreis kann ich das Ganze, was da zu sehen, zu riechen, zu spüren, zu lernen ist, wahrnehmend umfassen. Will ich das aber bei einer anderen, etwa der frontalen Lernordnung tun, muss ich addieren, Einzelnes zusammenfügen, das dadurch aber doch kein sinnlich erfahrbares, vielgestaltiges Ganzes wird. Es strengt mich nur ganz vergeblich an, wenn ich versuche, die auf die Klasse verteilten Einzelerfahrungen in eine gemeinsame Erfahrung zusammenzuzwingen. Das geht nur über Begriffe, und es ist so lebensfremd und abstrakt, dass es selbst mich, die ich als Erwachsene den Umgang mit Verallgemeinerung und Abstraktion gewöhnt bin, als etwas Falsches schmerzt und stört. Wieviel fremder, entfremdender muss das für die Kinder sein.

Der Kreis macht friedlich und freundlich, er bezieht die Menschen, die sich in ihm versammeln, aufeinander und auf den gemeinsamen Gegenstand, und bindet sie aneinander. Der Kreis ist aber auch besonders empfindlich für unsoziales Verhalten. Selbstverliebtheit und Rücksichtslosigkeit schmerzen im Kreis mehr als in einer Gruppierung, in der man Egozentrikern und Störern den Rücken zuwenden und sich ihrem Einfluss leicht entziehen kann, weil man sich nicht so wehrlos öffnet wie im Kreis. Die Chancen und die Gefährdung des Kreises sind ineinander verschränkt. Darum ist er ein pädagogisches Instrument, das beständig gepflegt werden muss, um wirksam zu werden und zu bleiben. Gepflegt durch sinnvolle, gemeinsame Arbeit.

Glück ist ein Zwilling

Primzahlen stehen nicht im Lehrplan des zweiten Schuljahres, aber nach meiner Erfahrung helfen sie, zu verstehen, was Teilbarkeit bedeutet. Darum sollten die Kinder sie kennenlernen, ihnen auf die Spur kommen. Aber wie? Jede frontale Erklärung kann verwirren, wenn Kinder, wie es bei Siebenjährigen noch häufig ist, Mühe haben, gleichzeitig zuzuhören und zu denken. Und ich kann auch schlecht etwas erklären, was sich meinem eigenen Denken nicht fügt, sondern sich störrisch gegen Einordnungen sträubt. Das tun die Primzahlen – so wie ich sie kenne. Die Kinder sollten also den Primzahlen in ihrer Widerspenstigkeit begegnen, sie daran zu erkennen lernen! Diese Entscheidung habe ich sehr rasch gefällt, eher intuitiv, als überlegt. Die Kinder bekamen je ein Hunderterblatt, auf dem die Zahlen in Zehnerreihen untereinander gesetzt waren. Sie sollten die Aufgabe gemeinsam mit ihrem Nachbarn lösen. Das kleine Einmaleins war der Klasse einigermaßen geläufig.

Meine Erläuterung der Aufgabe war knapp: *An der Tafel steht ein Wort, dem ihr hier noch nicht begegnet seid: Primzahlen. Was sind Primzahlen? Zahlen, die man durch keine andere Zahl teilen kann! Und die sollt ihr auf eurem Hunderterblatt finden und einrahmen. Alle Zahlen, die ihr teilen könnt, die streicht aus! Zuerst streicht alle aus, die ihr durch 2 teilen könnt. Ihr werdet schon merken, welches die Primzahlen sind.*

Ich weiß nicht, ob das ein nach den Regeln der Mathematik-Didaktik empfehlenswertes Verfahren ist. Ich weiß nur: Die Kinder gingen zögernd an die Arbeit, kamen aber ordentlich in

Schwung, als sie die Reihe der geraden Zahlen erkannten. Die konnten sie alle ganz sicher durch 2 teilen. Damit war der Hunderter schon halbleer geräumt. Es bot sich an, das Gitter nun mit dem Teiler 3 durchzukämmen. Etwas schwierig wurde das jenseits der 30, aber alle Paare lösten das Problem ohne Hilfe von außen. Sie arbeiteten ernsthaft, gesammelt und zunehmend fröhlich. Die zunächst unübersichtliche Aufgabe ließ sich lösen! Jedenfalls zusammen war das zu schaffen.

Gemeinsam war auch auszuhalten, dass die übrigbleibenden Zahlen im Ergebnis keine prägnante Figur ergeben. Dass das Ergebnis stimmte, ließ sich im Vergleich von Tisch zu Tisch prüfen. Zur Bestätigung wurden an der Tafel fix alle teilbaren Zahlen vom Flannellgitter gepflückt. Da blieben dann am Ende die Primzahlen ganz eindeutig stehen, die Felder der teilbaren Zahlen leer. Ob man sich die Reihe der Primzahlen merken könnte? Das muss man nicht, wenn man doch sicher weiß, wie man sie erkennen kann.

Noch am selben Tag ergab sich ein Gespräch mit elf Kindern über diese Arbeit. Ich wollte von ihnen wissen, warum während dieser Aufgabe eine so freundliche Arbeitsstimmung die Klasse erfüllt hatte. Das Gespräch wurde vom Tonband aufgezeichnet, dann abgehört und aufgeschrieben. Der Wortlaut ist nicht verändert, obwohl es mich an manchen Stellen gereizt hätte, ihn der üblichen Schriftform anzupassen, grad in meinen eigenen Beiträgen. Aber nur in der ursprünglichen Form ist erkennbar, wie das Denken die Sätze von ihrer grammatischen Spur ablenkt, weil sich mehrere Gedanken gleichzeitig zu Wort melden. Das fällt uns im Gespräch gar nicht auf. Jedenfalls nicht, wenn wir einander vertrauen und verstehen wollen. Da mögen Wortlaut und Ton einander widersprechen – wir hören es richtig.

Melli: Ich find das ja fast so schön, wie »Schule von früher«.
Ute: Wieso?
Mehrere: Ich auch! – Ich nicht!
Ute: Ja, was denn? Warum?
Melli: Weiß ich nicht genau.
Ute: Was gefällt dir denn so gut? Das, was ihr eben gemacht habt?
Melli: Ja.
Ute: Ja. Aber warum?
Simon: Weil das Einrahmen, und dass man da … Und die Primzahlen… Und die man trennen kann und durchstreichen, das macht halt auch viel Spaß.
Katharina: Und, wenn man das dann jetzt weiß, das ist so ein schönes Gefühl.
Mehrere: Ja! – Genau!
Melli: Und noch … Da sind so viele Sachen: umrahmen, durchstreichen, suchen, rechnen…
Marie: Und man lernt was!
Effi: Und ich fand das auch so schön, weil ich und die Astrid, also: Wir haben da eingerahmt. Und das haben wir mit dem Federhalter gemacht.
Sandra: Ich find das so schön, weil da sind so viele … Da könnte man fast sagen: Es sind viele Arten Rechnungen.
Ute: In einem zusammen! Man muss immer hin und her springen.
Sandra: Man sieht es nicht, aber man merkt es dann, wenn man es dann rechnet.
Ute: Ja, aber wie … Vielleicht … Ich will mal versuchen, das zusammenzufassen, was ihr gesagt habt. Hört mal zu, ob ihr das so gemeint habt: Wenn ihr jetzt auf dem Blatt da die hundert Zahlen habt, dann sieht das furchtbar viel aus, und eigentlich ein bisschen unklar. Jetzt habt ihr die ganzen Geraden rausgestrichen. Dann ist es schon ein bisschen aufgeräumt.

Aber jetzt werden zwischendrin noch welche rausgestrichen. Und mit der Zeit wird es immer klarer. Man hat zwar noch das ganze Durcheinander vor sich, die ganzen hundert Zahlen, aber das kriegt so eine Ordnung.

Olli: Aber das wird ja dann immer weniger.

LACHEN RINGSUM

Ute: Ja, das wird immer weniger. Es bleiben immer weniger Zahlen übrig. – Was ich jetzt noch wissen möchte: Wie findet ihr das denn, zu zweit zu arbeiten?

VIELE SEHR LAUT DURCHEINANDER: Schön! Schön!

Ute: Sagt mir mal: Was ist denn daran schön?

Astrid: Dass der andere dabei ist.

Simon: Genau das! Dass der andere dabei ist!

Sandra: Dass immer einer dabei ist, und nicht immer gleich schimpft.

Ute: Ist der Olli sehr geduldig mit dir gewesen?

Sandra: Ja, der schläft fast! Er schaut nie hin.

Olli: Ich schau schon hin!

Sandra: Ja! Aber manchmal, dann tut er so, als ob er schläft.

Ute: Olli, wieso tust du so, als ob du schläfst?

Olli: Weil ich müde bin.

Simon: Dann besorg dir doch gleich 'ne Kabine mit einem Bett!

Kathi: Ich bin auch müde.

Effi: Und das find ich immer so schön, weil, wenn man alleine ist, dann ist man manchmal so aufgeregt. Und wenn der andere dabei ist, ist man nicht so aufgeregt.

Melli: Man hat ja dann jemanden, der einem helfen kann. Und wenn man den fragt, dann kann er ihm die Antwort geben. Wenn ich es zum Beispiel nicht weiß oder die Lissi, dann frägt sie mich oder ich frag sie. Und dann weiß sie es, und dann überleg ich, ob das auch stimmt. Und dann ist es so.

Julia: Wenn einer in Schwierigkeiten steckt, dann kann ihm der andere auch helfen.
Ute: Und für wen ist das schön von den beiden?
Julia: Der hilft.
Ute: Für den, der hilft?
Viele: Für beide!
Effi: Ja! Weil, der eine hat den Spaß daran, die Frage zu beantworten. Und der andere hat den Spaß, was zu lernen.
Sandra: Ich find es so schön, wenn der Olli immer … Wenn der immer so tut, als … Wenn er rechnet, dann macht er irgendwie so ein komisches Gesicht. Da stützt er sich ab und rechnet. MIMT ES
Ute: Das hört sich so an, als ob der Olli sein ernsthaftes Rechnen mit ein bisschen Quatsch vermischt. Olli, ist das so?
Olli: Nö!
Sandra: Manchmal, da machst du so: Warte mal! … Und dann rechnest du.
Ute: Aber das soll gar kein Quatsch sein?
Olli: Nö!
Sandra: Aber das sieht so komisch aus!
Ute: Ja, jetzt weiß ich: Dir gefällt der Olli so gut, wenn er rechnet!
Katharina: Ich find das so schön, wenn ich es dem Simon erklären kann, und er weiß es dann. Dann wissen wir beide es. Und wenn einem von uns beiden was unklar ist, dann kann es der andere sagen.
Simon: Ja, genau!
DURCHEINANDER VIELER
Simon: Wenn es einmal wieder nicht unklar ist … Wenn es einmal wieder unklar ist, und der hat alles vergessen, und der andere weiß es noch, dann kann der andere dem vielleicht noch ein bisschen was dazu erklären.
Katharina: Man kann zusammen überlegen.

Ute: Und wenn du es nächste Woche nicht mehr weißt, Simon, was machst du dann?

Katharina: Dann geht er zu mir!

Simon: Dann geh ich zu ihr!

Ute: Toll! – Jetzt wollte ich mal was fragen … Wie ist das denn eigentlich …

Simon: Ist eigentlich so viel wie eine Rechenmaschine.

ALLGEMEINES GELÄCHTER

Ute: Eigentlich schöner, oder?

VIEL LACHEN UND ZUSTIMMUNG

Ute: Wie ist denn das: Derjenige, der sozusagen der Lehrer gewesen ist bei euch zu zweit: Hat der auch gelobt?

Melli: Bei der Lissi und ich war eigentlich keiner der Lehrer, weil wir beide es nicht so gut wussten. Die Lissi war ein bisschen besser, aber dann hab ich es erklärt.

Julia: Wenn einer mal die Antwort sagen darf, dann ist er ja froh, wenn er mal was sagen darf, weil der andre … der Lernende zu dem Lehrer immer etwas sagt. Und der andere nie dann zu was kommt.

Ute: Jetzt ist die Frage: Vielleicht ist das Loben gar nicht so notwendig, wenn man gut zusammen arbeitet?

Viele: Ja! Das find ich auch!

Sandra: Ich find, wenn man was fragen will beim Lehrer, beim Olli oder so, dann muss man nicht den Finger heben. Denn wenn man immer so lange heben muss, dann werden ja die Knochen faul. Dann kann man gleich immer reden.

Ute: Das heißt: Wir sollten sowas öfter machen!

LEBHAFTE ZUSTIMMUNG

Ute: Machen wir das doch jetzt mal aus: Wenn wir was Neues durchnehmen, dann besprechen wir das miteinander, bis ungefähr die Hälfte der Klasse das klar sieht, einigermaßen gut kann. Und dann tun wir immer zwei zusammen, wo einer es besser kann, und einer es noch nicht so gut kann. Und die arbeiten dann zusammen weiter!

LEBHAFTE ZUSTIMMUNG

Ute: Noch eine Frage: Man könnte ja meinen, wenn zwei zusammenarbeiten, und der eine kann es nicht, und der andere kann es gut, dass der, der es nicht kann, denkt: Ach, jetzt lass ich mir von dem anderen immerzu einsagen, dann habe ich es am Ende auch!

Katharina: Das hat der Simon nicht gemacht!

Effi: Die Astrid auch nicht!

Katharina: Der Simon hat richtig gerechnet! Und dann hab ich ihm erst die Fehler gesagt. Und dann ist erst ein Fehler rausgekommen.

Ute: Ja, würdet ihr das denn machen, dass der andere es dann vorsagt, und dann hat man es erledigt, und muss selber nicht denken?

VIEL VERNEINUNG RINGSUM

Katharina: Aber das hat der Simon kein bisschen gemacht!

Ute: Ja, warum würdet ihr denn das nicht machen?

Melli: Dann lernt man doch nichts!

Olli: Der eine sagt's ja dann vor! Dann brauch ich gar nichts mehr lernen.

Wolfgang: Dann nutzt man den andern ja richtig aus! – Man geht mit ihm zusammen, aber man denkt auch. – Wenn man da zusammen auch nicht richtig denkt, dann lernt man sowieso nichts. Dann kann man ja gleich alleine sitzen und überlegen.

Ute: Wolfgang, was du eben gesagt hast, finde ich ganz wichtig! Du hast gesagt: Da nutzt man den andern richtig aus. Das ist, als ob man sich tragen ließe von ihm und selber gar nicht geht.

Simon: Genau so ist das!

Marie: Das wär schon ganz praktisch, aber dann muss man es ja nochmal machen …

GROSSES DURCHEINANDER

Julia: Wenn der eine sich von dem andern alles vorsagen lässt, dann ist er so dumm. Und wenn er erwachsen ist, dann kann er es nicht mehr.

Sandra: Wenn der Olli mir alles vorgesagt hätte … Und das muss man ja irgendwann mal wieder, und dann kann man es nicht, und dann sagt der Lehrer: Ich denk, im letzten Jahr kannst du es doch so gut. Wieso kannst du es denn jetzt nicht mehr? Und dann kommt der Schwindel raus.

Ute: Ja, und außerdem: Wie würdest du dich denn fühlen, wenn du es gar nicht aus eigener Kraft geschafft hättest?

Sandra: Da würde ich mich irgendwie schon schlecht fühlen, wenn ich es meiner Mama oder dir gesagt hätte.

Melli: Ja, wenn die Lissi mir alles vorgesagt hätte, da fühl ich mich so gelogen irgendwie.

Sandra: Da fühlt man sich irgendwie so elend, als wenn man jemand belogen hat. Und dann …

Ute: Wen hättest du denn dann belogen eigentlich?

Sandra: Den Lehrer oder jemand anderes.

Ute: Und noch jemand.

Katharina: Ja, mich! Mich selber!

Ute: Und da fühlt man sich gar nicht gut.

Sandra: Da denkt man, dass er irgendwas hat. Und dann denkt man immer: Ach, der ist ja krank, und so. Und dann kommt der Doktor. Und dann weiß er es selber nicht.

Effi: Aber da kriegt man sich ja selbst nicht mehr richtig ein.

Julia: Da hat man dann so ein Gefühl, so ein misstrauisches Gefühl.

Ute: Gegen wen?

Julia: Ja, gegen sich selber. Und gegen die andern.

Astrid: Man möchte sich am liebsten in Luft auflösen, damit es nicht rauskommt!

Katharina: Wenn man dann einen Zettel hat, und der andere hat einem alles vorgesagt, und der Lehrer lobt einen: Toll hast du das gemacht! Dann hat man so ein komisches Gefühl, weil der Lehrer das gesagt hat.

Ute: Jetzt hab ich aber nochmal eine Frage. – Normalerweise geht es in der Schule so: Die Kinder kriegen jeder eine Aufgabe. Jeder arbeitet für sich. Am Ende kontrolliert der Lehrer und sagt jedem, wieviel Fehler er gemacht hat. Und jeder kriegt ’ne Note oder so. Das ist schon was Ernstes, wenn man sich mal überlegt, was dahinter steht! Dahinter steckt, denke ich, dass die Erwachsenen meinen, die Kinder würden nur so, wenn man ihnen dauernd auf die Finger guckt, und dauernd aufpasst, dass sie nicht mogeln, wirklich lernen. Und wenn man sie zu zweit arbeiten ließe oder zu mehreren, dann würden es sich die, die Mühe haben, zu bequem machen. Aber so, wie ihr jetzt geredet habt, ist das gar nicht so, oder?

X: Doch.

Ute: Was ihr eben erklärt habt, das hieße ja, dass ihr euch miteinander Mühe gebt. Und dann könnt ihr es beide. Und ihr habt beide Freude dran.

Dieses Gespräch hat mein Vertrauen in die Kinder, in ihren Lernwillen und ihre moralische Vernunft vertieft. Ihr Vertrauen, dass ich ihnen ernsthaft zuhöre, sie verstehen und möglichst nicht überfahren möchte, ist dabei sicher auch gewachsen. Vor allem aber haben sie sich bei der Arbeit gegenseitig als tüchtige, sogar liebevolle Freundinnen erlebt, auf die man bauen kann, wenn man sie braucht. Freunde, die man an jedem Schultag trifft, beständige FreundInnen.

Es ist mit Händen zu greifen: Das »gemeinsame Dritte«, die eine Aufgabe »Primzahlen finden«, zu der beide Kinder eine je eigene Beziehung haben, belebt die dritte Beziehung, die zwischen den beiden Kindern. Nicht ein Kind ist beständig HelferIn und vertritt die Lehrerin, wie zur Begründung von Partnerarbeit meist angenommen. Beide helfen einander, grad das macht die Zusammenarbeit so schön! So ist es aber immer, wenn die Triangulierung gelingt, auch wenn Erwachsene dabei sind: Alle lernen voneinander.

Auf den ersten Blick scheint es viel Zeit zu kosten, wenn man die Primzahlen so entdecken läßt. Wer weiß auch, ob die 45 Minuten einer Mathe-Fachstunde dafür immer reichen würden. Wenn man aber bedenkt, was es für die einzelnen Kinder und für ihr Miteinander in der Klasse bedeutet, wenn sie so freundschaftlich miteinander lernen können, wurde wenig Zeit verbraucht. »Soziale Erziehung« mit ihren oft zähen Diskussionen erübrigt sich, wenn Kinder im Unterricht sinnvoll zusammenwirken dürfen.

Wie aber könnte man ihnen oder irgendeinem Menschen, der ihr Fühlen und Denken achtet, verständlich machen, dass es nötig und sinnvoll sei, das Gelernte nun in einem Test zu prüfen, der alle Kinder nach ihrer Leistung in eine Rangreihe bringen soll, wobei von vornherein feststeht, dass es Versager geben wird und geben muss, denen niemand helfen darf? Dem gemeinsamen Lernen mit der Freude des »Wir haben es verstanden. Und wenn einer von uns es mal nicht mehr kann, dann weiß er doch, zu wem er gehen kann!« hätte ein benoteter Test folgen müssen, der zerstört, zumindest verwirrt hätte, was grad aufgebaut wurde – wenn die Primzahlen schon im Lehrplan für das zweite Schuljahr stünden. Zum Glück hatten wir uns im Vorgriff mit ihnen befasst. Da konnte nichts gefährden, dass alle Kinder sich gleichermaßen davon überzeugt hatten, den Primzahlen gewachsen zu sein. Schließlich waren sie alle miteinander FreundInnen!

Dreifacher Dialog

Unterricht kann man nicht abbilden, gelingenden Unterricht jedenfalls nicht. Dieses fröhlich lebendige Dreieck, das einmal ein Kind gebastelt und mir als Geschenk auf den Schreibtisch gelegt hat, sei mein Symbol für gelingenden Unterricht.

Man kann von erlebtem Unterricht erzählen und hoffen, dass sich in der Vorstellung der Zuhörenden ein Bild ergibt, das in seinen wesentlichen Zügen der Wirklichkeit gleicht, von der erzählt wird. Man kann mit Fotos und Filmen beobachteten Unterricht zeigen und hoffen, dass die, die sie betrachten, sie aus Eigenem so ergänzen, dass die Bilder, die sie sich vorstellen, der viefältig verflochtenen Wirklichkeit hinter Fotos und Filmen ähnlich werden.

Wohlgemerkt: Sie machen sich je eigene Bilder, nicht alle dasselbe Bild. Wie sollen sie sich dann über den gemeinten Unterricht verständigen? Selbst wenn sie ihn alle zugleich wirklich gesehen haben, reden sie nachher leicht aneinander vorbei, gewinnen sie schwer gemeinsame Klarheit.

Klarheit, die man braucht, um Unterricht rückblickend zu verstehen und vorausschauend zu planen. Klarheit, die enthüllt, was das ist im Kern des Unterrichts, das ihn fruchtbar macht oder versanden lässt. Es ist im lebendigen Unterricht verborgen. Es muss entdeckt werden.

Wenn diese in einer vielfältigen, widersprüchlichen Wirklichkeit entdeckte Kernstruktur aber sehr einfach ist? Dann glaubt man, sich zu irren. Man prüft sie immer wieder, weil man meint, so einfach könne es doch nicht sein. Schließlich hebt man den Kopf, um vernehmlich zu sagen: »Ich habe etwas gefunden, das solltet ihr euch ansehen! Es könnte uns helfen.«

Lehre der Samen

Eine Radiosendung gibt mir ein Beispiel. »Viele afrikanische Frauen müssen stundenlang laufen, um ihre Familien mit Wasser zu versorgen. Und was sie aus Flüssen oder Teichen schöpfen, ist oft trüb und enthält Bakterien.« Unreines Wasser macht krank, vor allem Kindern beschert es tödliche Durchfälle. Aber »die Menschen in ländlichen Gebieten können sich keine Anlagen zur Wasseraufbereitung leisten, für die sie die Chemikalien teuer kaufen und über weite Strecken transportieren müssten.«

Da bietet nun der Moringabaum eine schlichte Alternative. Hat man zwanzig bis fünfundzwanzig Liter trübes Wasser aus Teich oder Wadi geschöpft, schwenkt man darin eine halbe Stunde lang ein Tuchsäckchen mit zwei bis drei der erbsengroßen Samen vom Moringabaum. Die Schlammpartikel sammeln sich in Flocken, und sinken mit den Bakterien zu Boden. Das Wasser wird klar! Jahrhundertelang wurde im Sudan trübes Wasser so für den menschlichen Gebrauch gereinigt.

Heute hat man das Verfahren wiederentdeckt und auch eine wissenschaftliche Erklärung gefunden: Die trübenden Teilchen sind negativ geladen, stoßen sich gegenseitig ab, und bleiben so vereinzelt und in der Schwebe. Bringt man die positiv geladenen Moringasamen zwischen sie, ballen die Schwebstoffe sich zusammen. Sogar wenn man zuvor den Samen das kostbare Öl ausgepresst hat, kann man mit dem Rest noch Wasser klären.

Heute gibt es in Kenia Dorfschulen mit einer kleinen Plantage von Moringabäumen, unter denen vielleicht noch Bohnen wachsen, die nebenbei den Baum düngen. Schulgärten, in denen Lebenswichtiges zu lernen ist: Hilfe zur Selbsthilfe! Was die kleinen Moringasamen im armen Afrika bewirken, wird in den reichen Ländern mit der teuren, aufwendigen Technik von Wasseraufbereitungsanlagen erreicht.[1]

Die Geschichte dieser kleinen Samen lehrt mich den Mut, mein einfaches Modell des Dreifachen Dialogs anzubieten als ein Mittel, die vielfältig getrübten pädagogisch-didaktischen Verhältnisse in unseren Grundschulen zu klären. Einfach ist das Modell gemessen an all den Riesenanlagen aus Begriffen, Konzepten, Differenzen, Kontroversen, Projekten, Instituten usw., die die modernen Erziehungswissenschaften zur Analyse und Verbesserung von Unterricht installiert haben und betreiben. Karg ist es im Vergleich zum üppigen Angebot an Lehr- und Lernmitteln, didaktischen Schnäppchen und Prunkgebilden, die zu Kauf und Kopie zur Aufbereitung des Unterrichts angeboten werden.

Wie die Wasserkur mit Moringasamen ist mein Modell altmodisch einfach. Man kann es aber nicht wie ein Säckchen im trüben Wasser schwenken, man muss mit ihm die verwirrende Wirklichkeit des Unterrichts durchdenken.

Verborgene Struktur

Wenn man didaktische Situationen mit Hilfe dieses Modells durchdenkt, setzt sich ihre verwirrende Komplexität, und im Innern wird klar der Dreifache Dialog erkennbar – wenn er denn wirklich stattfindet, denn immer schon ist der Dreifache Dialog jedem gelingenden Unterricht ganz selbstverständlich eingeschrieben.

1 Renate Ell in: Wissenschaftsmagazin RADIUS, Bayer. Rundfunk, 2. Progr., 22.3.1999

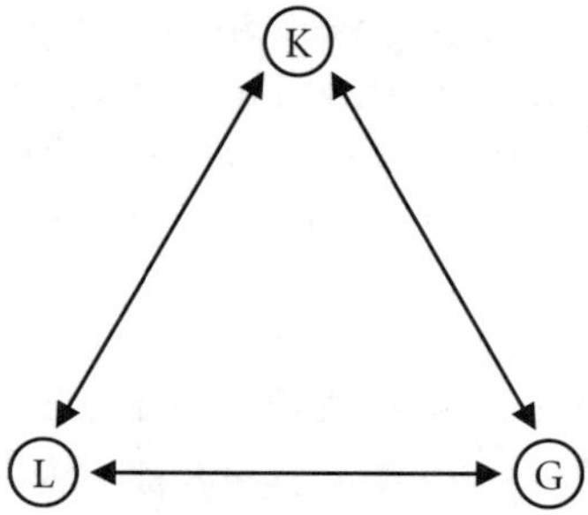

Immer sind da die Lernenden, ein Kind oder Kinder (K), ein Lehrer oder eine Lehrerin (L) und ein gemeinsames Drittes, der Gegenstand des Unterrichts (G).

Es gibt eine Beziehung, eine gegenseitig vertrauensvolle, dialogische Beziehung zwischen den Kindern und den – meistens, aber nicht immer erwachsenen – LehrerInnen.

Der Gegenstand interessiert die Kinder, spricht sie an, erregt ihre Aufmerksamkeit, berührt sie; sie bringen eine persönliche Beziehung zum Gegenstand mit, suchen sie aufzunehmen, zu klären, zu erweitern, zu vertiefen. Sie lernen im Dialog mit dem Gegenstand.

Die LehrerInnen haben ihre eigene Beziehung zum Gegenstand, sie ist stärker als die der Kinder von tradiertem Wissen bestimmt, und kann niemals mit der der Kinder zusammenfallen. Sie können sie nicht auf die Kinder übertragen, nicht in sie hineinpflanzen.[2] Trotzdem sind sie für das Lernen der Kinder verantwortlich. Und trotzdem kann die Beziehung der LehrerInnen zum Gegenstand darüber entscheiden, welches Lernen Kindern in ihrem Unterricht möglich wird.

Jede der drei dialogischen Beziehungen kann auch unabhängig von den beiden anderen bestehen und sich entwickeln. Jede

2 Wenn diese beiden Beziehungen zusammenfallen, wenn die Kinder am Ende des Unterrichts dieselbe Beziehung zum Gegenstand haben wie ihre LehrerInnen, wenn sie genauso denken, wie die, dann ist der Unterricht totalitär.

kann grundsätzlich oder in besonderen Situationen stark oder schwach ausgeprägt und wirksam sein. Zustand und Verlauf des einen Dialogs kann einen der beiden anderen Dialoge oder auch beide zugleich fördern oder auch hemmen. Entscheidend ist, dass sie trotzdem auch unabhängig voneinander gelebt und geachtet werden, und dass der Dreifache Dialog als der oft flüchtige Augenblick des glücklichen Zusammenwirkens der drei Dialoge nicht erzwungen werden kann.

Augenblicke des Dreifachen Dialogs

Denkbar ist: Ein Kind arbeitet an einer Aufgabe, gerät ins Stocken, bittet den Lehrer um Hilfe, beide beugen sich dann von links und rechts fachsimpelnd über die Aufgabe, wobei das Kind nicht bevormundet wird, nicht Schritt für Schritt gelenkt. Im Schutze der Geduld des Erwachsenen, der für sich die Lösung der Aufgabe weiß, sie dem Kind aber nicht aufdrängt oder nahelegt, entfaltet das Kind sein eigenes Lösungsdenken im Dialog mit dem Gegenstand.

Eine Freundin erzählt von ihrem Geschichtsunterricht in der sechsten Klasse einer Montessori-Schule, der sich gerade um die Römer dreht. »Ich hab einen ganzen Stapel Bücher besorgt, Sachbücher vor allem. Die benutzen die Kinder in der Freiarbeit. Sie bringen auch selbst immer wieder Neues mit. Sie schmökern und verfolgen ihre eigenen Fragen. Sie schreiben ab, was sie für sich festhalten möchten. Sie zeichnen und schreiben Geschichten. Die Hefte werden sehr schön. Und wenn wir dann im Kreis sitzen, hängen sie manchmal buchstäblich an meinen Lippen, und können gar nicht genug bekommen, wenn ich für sie ausbreite, was ich über die Römer und das Römische Reich weiß.«[3] Die Kinder erarbeiten sich die eigene Beziehung zum Gegenstand des Unterrichts, und sie sind neugierig darauf, was die

3 Christiane Schweiz, mündliche Mitteilung Oktober 1999.

Lehrerin weiß, lassen sich in ihre Beziehung zur römischen Geschichte einweihen. Dabei vertieft sich auch die Beziehung zwischen den Kindern und der Erwachsenen.

Eine Kollegin erzählt: »Neulich habe ich beim Spaziergang im Wald wunderschönes Moos gefunden, drei Arten dicht beieinander. In meinem Tuch habe ich mehrere Polster mitgenommen, um sie den Kindern zu zeigen. Die Verdoppelung des o wollte ich damit verknüpfen. Bis in die Nacht habe ich Kärtchen geschnitten und beschriftet. Stolz ging ich am nächsten Tag in die Schule: Etwas Schönes würde ich mit den Kindern teilen! – Und dann hatte ein Kind grade erlebt, dass die Mama zur Entbindung in die Klinik gebracht wurde. Das war es nun, was alle interessierte! Mein Moos habe ich gar nicht ausgepackt. Die Kärtchen sowieso nicht. Wir haben am Ende einen Babysitter-Kurs geplant und Y/y-Wörter gesucht. Und nachmittags habe ich die eigenen Babybilder und die meiner Kinder mit neuen Augen angesehen.«[4] Hier wird ein Plan der Erwachsenen hinfällig, weil für die Kinder ein anderer Gegenstand näher liegt als der, den sie ihnen mitgebracht hat. Sie nimmt das Interesse der Kinder ernst und auf, lässt ihren Plan fallen, und sorgt dafür, dass die Kinder etwas lernen, was auch ihr und dem Lehrplan wichtig ist, wenn es auch grad nicht dran sein sollte.

Ganz offensichtlich findet der Dreifache Dialog in der Situation statt, die Friedrich Copei 1930 beschreibt: »In der Heimatkunde ist am Ende des dritten Schuljahres der Heimatort mit seiner bergigen Umgebung … erwandert und erforscht, er ist erst im Sandkasten, dann in der Projektion auf die Wandtafel dargestellt; nun sind die Kinder so weit, dass sie ihre Landschaft auf der Heimatkarte wiedererkennen und Einzelheiten aus dieser Karte herauslesen. Wie sie die Berge und Hügel einzeln nach der Karte benennen, fällt ihnen auf, dass bei dem Namen jedes Ber-

4 In diesem Beispiel sind viele ähnliche Berichte zusammengefasst.

ges eine Zahl steht, und sie vermuten sofort richtig, dass das die Höhenangaben sind. Da fragt ein Schüler, wie man denn die Berge gemessen habe.« Und der Lehrer lässt weiterfragen, grübeln, vermuten, Fehllösungen laut werden, Unsicherheit aufkommen. Schließlich »gibt der Lehrer eine Hilfe: man solle es im kleinen an den Bergen versuchen, die im Sandkasten dargestellt sind.«[5]

Wie da aus der dreifach dialogischen Beziehung zwischen Kindern, wirklichem Gegenstand und Lehrer Erkenntnis entsteht, beschreibt Copei als einen unvergesslich glücklichen Prozess. Er wird möglich, weil es den Berg im Sandkasten als Gegenstand des gemeinsamen Nachdenkens für Kinder und Lehrer tatsächlich gibt. Der ist durch keinen Berg in virtueller Realität zu ersetzen. Er ist auch kein bloßes Konstrukt im Bewusstsein von Kindern und Lehrer. Er ist tatsächlich da, aufgehäuft aus wirklichem Sand in einem Kasten, an dem man sich stoßen kann.

Ähnlich anregend gegenwärtig ist der Magen als Gegenstand des Unterrichts von Edi Sutter. Die Verdauung soll verstanden werden, die Verwandlung von Nahrung in Nährstoffe und Kot. Zwei Mägen vom Metzger wurden aufgeschnitten und gesäubert, einer mit Plastikmaterial wieder gefüllt und zugenäht, beide untersucht und durchdacht. Dann der nächste Schritt: Unser »Magen fasst 400g Griessbrei, dann ist er voll. Wir haben Griessbrei gerichtet und füllen nun 400g davon in einen Plastiksack ab. Wir sind überrascht, alle wollen diesen gefüllten ›Magen‹ in die Hand nehmen. Offenbar haben wir hier das Interesse der Schüler gut getroffen. Und wir erzählen ihnen alles, was wir wissen über Völlerei, Fressmägen, Magenerweiterung und Magenschrumpfung. Dabei bedauern wir, dass wir uns vorher nicht besser über dieses Problem informiert haben. Es gäbe sicher

5 Friedrich Copei: Der fruchtbare Moment im Bildungsprozess. Heidelberg 1950 (Neuaufl.), S. 109

noch Interessantes und bezüglich der Gesundheitspflege Wichtiges zu sagen ...«[6]

Das Anfassen und Wägen einer breischweren Magenattrappe, das daran gemahnt, wie der eigene Magen im Bauch drückt, wenn man zuviel gefuttert hat, knüpft eine so intensive Beziehung der Kinder zum Gegenstand im eigenen Leib, dass sie genau zuhören, als der Lehrer ihnen erklärt, was dort unsichtbar geschieht. Kürzer: Der »Magen« in ihrer Hand geht sie an und macht sie neugierig, lernbereit. Man könnte auch sagen: Sie sind durch den handfesten »Magen« motiviert. Aber damit wäre das Ereignis zu technologisch oberflächlich verstanden.

Die Kinder lernen, was der Lehrer ihnen gibt, weil sie aus ihrer Beziehung zum Gegenstand heraus danach verlangen, und er aus seiner eigenen, kenntnisreichen Beziehung zum Gegenstand etwas zu geben hat. Das bekommt für ihn selbst im unerwarteten Gebendürfen neuen Wert. Ein Glücksmoment für alle, die dabei sind!

So belernend!

Hin und wieder erlebt man als LehrerIn dieses Glück, wenn man es mit den Kindern, dem Unterricht und seinen Gegenständen ernst meint und genau nimmt. »Das ist so belehrend – nein: belernend!«, sagte Kirja im ersten Schuljahr ganz ergriffen in so einem Glücksmoment. Ihm geschah das Lernen spürbar innen durch Anstoß von außen, und was da geschah, war ihm lieb und recht.

Aber in der Schule wie im Leben ist Glück nicht alle Tage zu haben. Man kann es nicht erzwingen, allenfalls begünstigen.

---

6 Edi Sutter: schauen, fühlen, tun. Unterricht mit Dreizehn- und Fünfzehnjährigen. Beispiele und didaktische Überlegungen. Verlag Schweizerischer Lehrerverein Zürich. Weinfelden 1987, S. 82f

Darum spreche ich auch vom gelingenden Unterricht, nicht vom erfolgreichen. Das Gelingen bleibt ein Geschenk. Wenn wir das vergessen, wird aus Didaktik Gängelei und Abrichtung und aus Lernen wird Gehorsam, Unterwerfung oder Pose.

Darum ist es nicht einmal recht, immer unbedingt und zuverlässig das auch erreichen zu wollen, was wir mit unserem Unterrichten anstreben. Wir müssen mit dem Gelingen auch dem Scheitern eine Chance lassen – beidem zugleich! Das ist paradox, und darum schwer zu ertragen. Didaktischer Rat, der sich auf das Machen des Lernens richtet, kann uns in diesem Paradox nicht helfen, schon gar nicht moderne Unterrichtstechnologie.

Hilfe finden wir, wenn wir mit dem Psychoanalytiker Winnicott über unser gutgemeintes Einflussnehmen nachdenken, ohne Angst vor dem, was wir dann erkennen müssen: »Die Versagungen des Lehrers enden nicht bei der Erkenntnis, dass Lehren immer etwas Unvollkommenes ist, dass es nicht zu vermeiden ist, Fehler zu machen, dass jeder Lehrer gelegentlich unfair oder engherzig handelt oder tatsächlich etwas Schlechtes tun kann. Schwerer als all dies zu ertragen ist es, dass auch die Arbeit der besten Lehrer von den Kindern manchmal abgelehnt wird. … Kinder bringen die Zweifel und das Misstrauen in die Schule mit, die zu ihrem Charakter und zu ihren Erfahrungen gehören, … Der Lehrer muss diese Enttäuschungen ertragen, und auch das Kind muss mit den charakterlichen Schwierigkeiten, Launen und Hemmungen des Lehrers fertig werden.« Das alles sind natürliche, alltägliche Bedingungen unseres Zusammenlebens, die im Umgang mit den verordneten Lehrplänen nicht ausgesperrt werden dürfen, sondern als gemeinsame Aufgaben im Unterricht angenommen werden müssen.

Winnicott schreibt weiter, »dass nichts irreführender für die Beurteilung pädagogischer Methoden ist als die einfache Feststellung von Erfolg oder Scheitern. Erfolg kann so leicht bedeuten, dass das Kind erkannt hat, Unterwerfung, ein Offenhalten des Mundes bei geschlossenenen Augen oder ein Hinunterschlucken ohne kritische Prüfung sei die einfachste Methode, um mit einem bestimmten Lehrer, mit einer bestimmten Sache oder der Bildung im ganzen umzugehen. Das ist falsch, denn es bedeutet, dass alle wirklichen Zweifel und Fragen verleugnet werden. Ein solcher Zustand ist in Hinblick auf die individuelle Entwicklung unbefriedigend, aber ein Genuss für einen Diktator.«[7]

Bei Winnicott lesen wir auch: »Ich nehme an, dass Schüler im allgemeinen Lehrer bevorzugen, die diesen heftigen Drang zum Lehren nicht haben, mit dem sie sich helfen, mit ihren eigenen Schwierigkeiten fertig zu werden.«[8] Seien wir also selbstkritisch! Im Einfluss auf Kinder kann man eigene unbewusste Seelennot beschwichtigen, kann sich der eigenen Bedeutung im Gebenkönnen versichern, wenn man ihnen nicht die Freiheit lässt, die Gabe kritisch zu prüfen oder abzulehnen und selbst auch Gebende in Gegenseitigkeit zu sein.

Man kann auch reichlich Macht genießen, wenn man ihnen nicht die Freiheit lässt, sich didaktischer Fürsorge zu entziehen. Manch gute LehrerInnen sind eigentlich HerrscherInnen über das Denken der Kinder. Wenn den Kindern nichts anderes gestattet ist, sagen sie und zeigen vor, was LehrerInnen von ihnen hören und sehen wollen, denen längst Hören und Sehen vergangen ist. Oder sie verweigern sich dem Lernen und rebellieren so gegen die strukturelle Gewalt einer Didaktik, die ihre Erfahrung und ihr Denken unterwerfen will.

Der Blick auf den Dreifachen Dialog erinnert uns daran, dass wir auch im glücklichsten Moment in unserer eigenen Beziehung zu den Gegenständen einsam bleiben müssen und über die Beziehungen der Kinder zu den Gegenständen letztlich nicht wirklich verfügen können. Wir müssen ihnen diese grundlegen-

7 Donald D. Winnicott: Kind, Familie und Umwelt. Stuttgart 1976, S. 194
8 a.a.O., S. 192

de Freiheit des Lernens lassen, und uns als Lehrenden die Freiheit des Scheiterns zugestehen, wenn unser Unterricht nicht Diktatur werden und an das Leben unter den Bedingungen von Diktatur gewöhnen soll. So betrachtet ist der Dreifache Dialog ein Modell demokratischen Unterrichts.

Lernen machen?

Wenn Kinder gezwungen werden, darauf zu verzichten, Interesse und Verstand selbstständig auf die Lerngegenstände zu beziehen, obwohl sie das könnten und gerne täten, bricht unter einem Übermaß didaktischer Regelung ihr Lernen zusammen. So schützen sie ihre Würde. Gehorsam tarnen sie sich mit dem Erwarteten, denken scheinbar in gegebenen Bahnen, täuschen mit passenden Antworten ihre LehrerInnen, sich selbst aber meist auch. Sie lernen nicht. Sie machen es nur recht. Wollen LehrerInnen das?

Didaktische Angst und Überbehütung liegen nahe, wenn man für das Lernen eines anderen verantwortlich ist. LehrerInnen sollen ja nach dem Willen der Eltern, der Gesellschaft, des Staates machen, dass die Kinder lernen. Das ist ihr Auftrag, dafür werden sie bezahlt. Am Gelernten wird gemessen, ob sie gute Arbeit geleistet haben – ob sie nun lehren oder unterrichten oder Lernen begleiten.

Frühere Generationen konnten noch unbefangener Einfluss nehmen auf Entwicklung und Lernen. So schreibt Otto Willmann[9]: »Der *Lehrende* macht einen Inhalt des Wissens oder Könnens zugänglich; der *Unterrichtende* arbeitet ihn in die Köpfe hinein.«[10] Das klingt uns gewalttätig, und es ist ja meist auch

9 Otto Willmann, 1839–1920, Philosoph und Pädagoge, seit 1868 Lehrer in Wien, Herbartianer, mit großem Einfluss auf die katholische Lehrerschaft und Pädagogik. (Brockhaus Enzyklopädie 1974)

10 Zit. nach Karl Stöcker: Neuzeitliche Unterrichtsgestaltung. Methodische Führung und Wegweisung zu einer fruchtbaren Bildungsarbeit. 5. Aufl. München 1960

aussichtslos, aber es zeigt die Entschiedenheit des Anspruchs der Didaktik, durch ein überlegtes und zwingendes Vorgehen dafür zu sorgen, dass bestimmte Dinge zu bestimmter Zeit in die kleinen Köpfe gelangen.

Bei Heinrich Roth heißt es dann schon ganz anders: »Das Geheimnis alles Unterrichtens liegt in der Herbeiführung einer fruchtbaren Begegnung zwischen Kind oder Jugendlichem und einem ausgewählten Ausschnitt der geistig erkannten oder gestalteten Welt, dem Kulturgut.«[11] Der Lehrer vermittelt diese Begegnung.

Dabei wird aber im didaktischen Verständnis aus dem Kulturgut der Stoff und aus dem Kind oder Jugendlichen der Schüler. Das sich dann ergebende Verhältnis von Lehrer, Schüler und Stoff finden wir bei Karl Stöcker als das »didaktische Dreieck« in dieser Form abgebildet:[12]

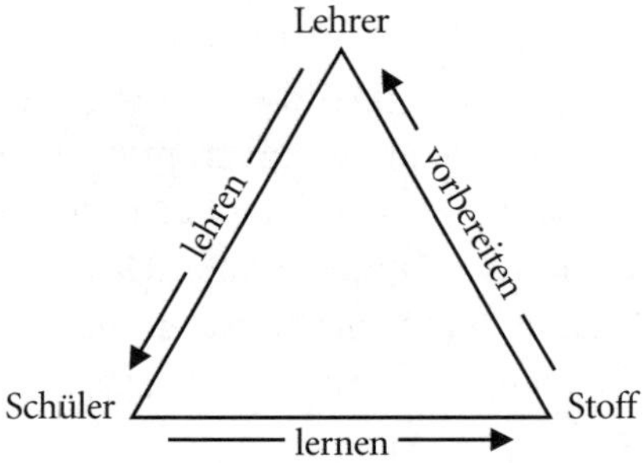

Es liest sich wie ein Dreieck der Pflichten, der Lehrer hat zwei davon: den Stoff vorbereiten und lehren. Wenn er sie erfüllt, ist zu verlangen, dass der Schüler den Stoff auch lernt. Da einem Unterricht mit diesem lange anerkannten methodischen Grundgerüst aber die »direkte Begegnung« von Kind und Bildungsgut

11 Heinrich Roth (1949), zitiert nach: Die originale Begegnung als methodisches Prinzip, in: Pädagogische Psychologie des Lehrens und Lernens, 11. Aufl. Hannover 1969, S. 109

12 Karl Stöcker, a.a.O., S. 31

fehle, entscheidet Stöcker: »Das didaktische Dreieck ist unzutreffend für den guten Schulunterricht.« Denn nur die direkte Begegnung mit einer Sache, einer Person, einem Bildungsgut sei wirklich bildend. Der Lehrer könne fast verschwinden, wenn nur der »Lehrbuchsachverhalt« wieder in die »Subjektnähe« des lernenden Kindes gebracht und ihm zum »Gegenstand« werde. Stöcker will ganz auf das überkommene didaktische Dreieck verzichten, obwohl er sagt, es sei »aus keiner Didaktik wegzudenken.« Er fürchtet wohl, mit ihm sei kein neuer Unterricht zu machen[13], bliebe es beim »Hineinarbeiten«.

Franz Huber will das didaktische Dreieck beibehalten, weil es besonders dem Anfänger im Beruf die Orientierung erleichtere. Er setzt auch nicht den Stoff, sondern den Gegenstand selbst in das Dreieck ein, und sagt: »Zwischen dem lernenden Schüler und dem Lerngegenstand findet ein *Wechselverhältnis* statt: der Schüler interessiert sich für den Gegenstand, er wendet sich ihm zu und vertieft sich in ihn; umgekehrt erregt dieser das Interesse des Schülers, er zieht ihn an, fesselt ihn und hat ihm allerhand zu sagen.« Das beschreibt eine dialogische Beziehung. Als »dritter Faktor« tritt wieder der Lehrer hinzu. »Dieser hat die Aufgabe, dem Schüler in der Begegnung mit dem Gegenstand beizustehen, auf dass diese Begegnung erfolgreich verlaufe, d.h. bildend wirke.«[14]

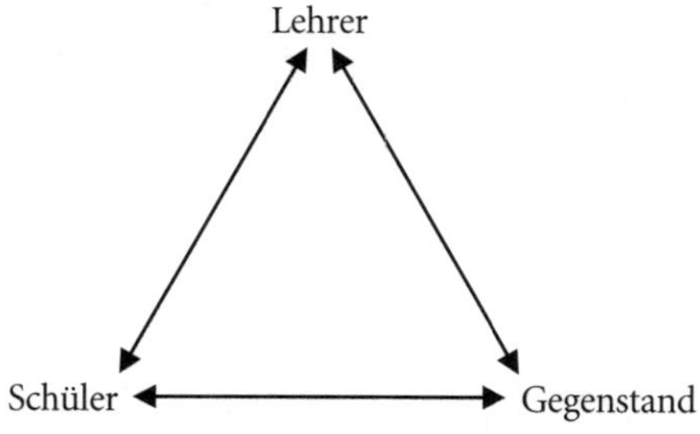

13 a.a.O., S. 32
14 Franz Huber: Allgemeine Unterrichtslehre, 8. Aufl. München 1963, S. 21

In Hubers didaktischem Dreieck bilden Schüler und Gegenstand die Basis des Dreiecks, wie Schüler und Stoff in Stöckers Darstellung. Der Lehrer steht wieder an der Spitze. Aber die Seiten sind hier nicht durchgezogen und nicht definiert, das Modell vertritt eine beweglichere Situation als bei Stöcker angenommen. »Vor allem macht es klar, dass der Lehrer immer den *Gegenstand* und den *Schüler* im Auge behalten und dabei beiden gleichermaßen gerecht werden muss.« Er soll »gleichzeitig noch die Auseinandersetzung des Schülers mit dem Gegenstand, also auch noch den Lernvorgang selbst, verfolgen«.[15]

In diesem didaktischen Dreieck geht es eigentlich nur um die Wechselwirkung zwischen Schüler und Gegenstand, die nimmt der Lehrer mit seiner Verpflichtung auf beide Partner gleichsam in die Zange. Da ist es folgerichtig, dass vom Schüler, nicht vom Kind oder Jugendlichen die Rede ist. Die Verantwortung des Lehrers für das Lernen der Schüler ist so beherrschend, dass eine eigenständige Verantwortung der Schüler für ihr eigenes Lernen nicht bedacht wird.

Zwei andere Auffasungen des didaktischen Dreiecks will ich nur streifen, die noch wesentlich starrer, lebensfremder, technokratischer sind. Sie sind erst in jüngerer Zeit formuliert worden. Einmal von Klaus Prange in einer eindeutig auf den Fachunterricht im Gymnasium bezogenen »Didaktik für Lehrer«[16], zum andern von Heinz Steinbring in einem Beitrag zur Unterrichtsforschung im Zusammenhang mit »mathe 2000«,[17] der mir allerdings von der lebendigen Wirklichkeit des Unterrichts im Rahmen dieses Projekts allzuweit abstrahiert erscheint.

15 a.a.O, S. 22
16 Klaus Prange: Bauformen des Unterrichts. Eine Didaktik für Lehrer. Bad Heilbrunn 1986
17 Heinz Steinbring: Voraussetzungen und Perspektiven der Erforschung mathematischer Kommunikationsprozesse. In: 10 Jahre »mathe 2000«. Bilanz und Perspektiven. Dortmund 1997

Klaus Prange nennt das didaktische Dreieck »hausbacken und altfränkisch« und »eine Hilfskonstruktion, die nur mühevoll der Vielfalt des tatsächlichen Unterrichts gerecht wird«[18], aber auch entschieden »ein notwendiges Baumaß des Lernens im Unterricht«[19]. Er gibt uns keine Zeichnung, aber seinem Text ist zu entnehmen, dass er nicht die Eckpunkte, sondern die Seiten des didaktischen Dreiecks mit Lernender, Lehrer (auch Mittler oder Vermittler) und Thema (nicht Inhalt, Gegenstand, Sache, Stoff) bezeichnet wissen will. Sein didaktisches Dreieck könnte dann so aussehen:

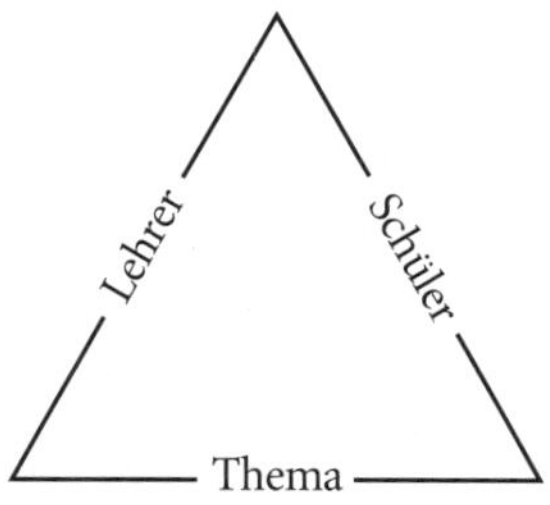

In den Themen erscheint »die Welt, so wie der Unterricht sie vergegenwärtigt«. Indem »der Lernende sie kennenlernt in sorgfältiger, aufmerksamer Anschauung, lernt er sich selbst kennen.«[20] Wenn ich Prange richtig verstanden habe, soll der Lernende sich nicht auf die Welt selbst, sondern auf deren unterrichtsgemäße Vergegenwärtigung in den Themen, das heißt: auf die vom wohlausgebildeten Lehrer dem Schüler verordnete Auslegung der Welt einlassen. Das werden, so legt Prange nahe, richtige Gymnasiasten auch können, wenn der Lehrer seinen Unterricht nur richtig baut. Sie lernen willig, wie ein Gedicht quasi bildungsamtlich zu interpretieren sei, ohne die

18 Klaus Prange, a.a.O., S. 36
19 a.a.O., S. 39
20 a.a.O., S. 66

Stimme des Gedichts selbst vorher mit eigenen Ohren zu hören.[21]

Prange interpretiert sein didaktisches Dreieck »kybernetisch als Regelkreis der Information oder hermeneutisch als Zirkel des Verstehens«. Wichtig ist ihm vor allem, »dass sich aus der triadischen Verfassung des Lernens, die darin sich spiegelt, auch bestimmte Aufgaben des Lehrers sich ergeben.«[22] Auf diese Aufgaben will er den Berufsanfänger verpflichten. Er soll den »würdigen Lehrgegenstand« so auf die Schüler hin thematisieren, »dass der Funke überspringt«, soll sich aber nicht persönlich mit dem Thema identifizieren und auch zu den Schülern Distanz wahren.[23] Kurz: Er soll im Unterricht Lehrer sein, nicht Mensch! Das mag im Gymnasium alten Stils gehen. Auch gutgehen? In der Grundschule verbietet es sich!

Heinz Steinbring interpretiert sein didaktisches Dreieck für den Mathematikunterricht[24] systemtheoretisch, und ich kann nicht recht verstehen, was er mir als Leserin erklärt. Die dicken Doppelpfeile zwischen Lehrer, Schüler und Mathematik sollen jedenfalls nicht bedeuten, dass es da wechselseitige Beziehungen gibt, wie ich sie kenne und verstehe.

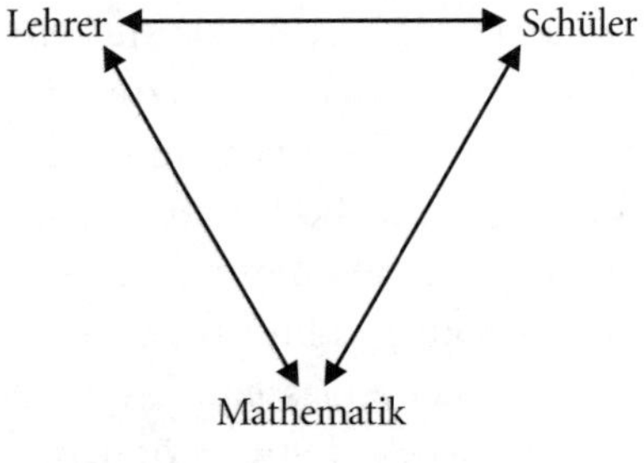

21 Wie Kinder ihren je eigenen Dialog mit Gedichten entwickeln können, wie das auch die Annahmen über die Zugänglichkeit von Lyrik korrigiert, ist nachzulesen in: Ute Andresen: Versteh mich nicht so schnell – Gedichte lesen mit Kindern. Beltz, Weinheim und Basel, Taschenbuchausgabe 1999.

22 Klaus Prange, a.a.O., S. 38

23 Klaus Prange, a.a.O., 73ff

24 Heinz Steinbring, a.a.O., S. 66

Lehrer, Schüler und Mathematik, die ich im Rahmen des Dreifachen Dialogs drei »Subjekte« nennen möchte, zwischen denen dialogische Beziehungen möglich sind, nennt Steinbring »Systeme«, zwischen denen sich »Interdependenzen« ergeben, oder »Kopplungen…, also nur indirekte, vermittelte Einflüsse und Rückwirkungen.« Da heißt es: »Das theoretische, mathematische Wissen ›ändert‹ sich, wenn es zum Gegenstand der Unterrichtskommunikation wird, und im Verstehensprozess des Schülers unterliegt das mathematische Wissen einer weiteren ›Änderung‹«.[25] Das klingt zugleich anspruchsvoll abstrahierend und zaghaft. Vielleicht bedeutet es nichts weiter als: »Wer über Mathe mit anderen redet und nachdenkt, lernt was.« Aber so schlicht kann Konstruktivismus nicht denken, vor allem nicht sich selbst darstellen.

Nun hat aber gerade das Projekt »mathe 2000« seinen Erfolg und sein Ansehen bei Kindern und LehrerInnen dem Umstand zu verdanken, dass es von Anfang an auf wirkliche Verständigung und Austausch gesetzt hat, vor allem auf den Dialog zwischen Theorie und Praxis, das Gespräch auf gleicher Augenhöhe zwischen Erwachsenen und Kindern wie zwischen WissenschaftlerInnen und LehrerInnen, in dem beide Seiten sich in Frage stellen lassen und lernen. Erich Ch. Wittman, Initiator von »mathe 2000«, spricht denn auch mit Respekt von der »Myriade winziger Unterrichtsexperimente«, in denen LehrerInnen diejenigen Ergebnisse der didaktischen Forschung tagtäglich testen, die sie interessieren. Und er sagt: »Die sich entwickelnde Theorie des mathematischen Lehrens und Lernens muss eine Verfeinerung, Erweiterung und Vertiefung des Berufswissens von Lehrern sein, nicht ein abgetrennter Bereich.«[26] Soviel Respekt vor LehrerInnen ist auf Seiten der Wissenschaft selten.

25 a.a.O., S. 72

26 Erich Ch. Wittmann: Das Projekt »mathe 2000« – Modell für fachdidaktische Entwicklungsforschung. In: 10 Jahre »mathe 2000«, Dortmund 1997, S. 47

Gut ist, dass Unterrichtsforschung neuerdings breit und genau fragt, was alles in den Kindern steckt, wie verschieden das rauskommt und wie vorsichtig man sein muss, wenn man von den Äußerungen der Kinder auf das schließen will, was in ihnen vorgeht. Verwunderlich ist aber, dass man kaum fragt, was LehrerInnen davon schon wissen, und ob manche nicht längst damit arbeiten, weil täglicher Umgang mit lernenden Kindern sie gelehrt hat, damit zu rechnen.

Gefährlich aber wird allmählich, dass manche LehrerInnen sich von der konstruktivistischen Zaghaftigkeit anstecken lassen, und sich vom Lernen der Kinder zu weit zurückziehen. Kinder brauchen zwar Bewegungsfreiheit für ihr Denken und Entscheidungsfreiheit für ihre eigenen Beziehungen zu den Gegenständen und Menschen, sie brauchen aber auch LehrerInnen, die mit ihnen und manchmal für sie wollen, dass ihr Lernen gelinge. Dieses spürbare Wollen ist, scheint mir, in der Denkweise des radikalen Konstruktivismus, der das, was ich im Dreifachen Dialog Subjekte nennen möchte, als »autonome, selbst-referentielle Systeme«[27] sieht, nicht unterzubringen. Es ist aber pädagogisch unverzichtbar.

Die Praxis fragt: Wie kann ich ein guter Lehrer, eine gute Lehrerin sein? Wie guten Unterricht machen? Unter welchen Bedingungen lernen unsere Kinder in der Schule tüchtig und mit Freuden? Die Praxis hofft da, wo sie unsicher wird, dass Forscher am Werke sind, die solche Fragen klären und beantworten werden.

Piaget gilt als Altmeister derer, die dem Denken der Kinder auf die Spur kommen wollen. Bei ihm lesen wir 1972: »Die … reichlich überraschende Feststellung, die sich nach dreißig Jahren ergibt, ist die, dass wir uns bezüglich der Resultate der Erziehungstechniken nach wie vor in Unkenntnis befinden.«[28] Ich be-

27 Heinz Steinbring, a.a.O., S. 72
28 Jean Piaget: Theorien und Methoden der modernen Erziehung. Wien 1972, S. 15

zweifle, dass sich das inzwischen entscheidend geändert hat. Man kann beobachten, was unter bestimmten Bedingungen auf Seiten der Kinder geschieht, auch gewisse Gesetzmäßigkeiten dabei feststellen. Daraus lässt sich aber nur bedingt so etwas wie Unterrichtstechnik ableiten, vielleicht aber Handwerk und Kunst des Unterrichtens inspirieren.

Heinrich Roth schreibt 1949: »In erster Linie wird es immer darauf ankommen, dass der Lehrer … das Kind mit dem Gegenstand ins Gespräch bringt.«[29] Und zwar so, »dass das Kind fragt, weil ihm der Gegenstand Fragen stellt, und der Gegenstand Fragen aufgibt, weil er eine Antwort für das Kind hat.«[30] Dabei »darf nicht nur über den Gegenstand geredet werden, sondern der Gegenstand muss selbst da sein. Nicht nur da sein, sondern Ereignis werden, hereinleuchten, ergriffen werden.« Roth spricht sogar entschieden von »Liebe zum Gegenstand«[31], und davon, dass Kind und Gegenstand »einander nicht mehr loslassen, sondern ins Gespräch kommen und miteinander zu leben beginnen.«[32] Dafür, dass das planmäßig geschehe, haben wir Schulen und LehrerInnen. Genau dafür!

Theoretische Frucht durchdachter Praxis

Auch in Schulen können Kind und Gegenstand miteinander ins Gespräch kommen, leichter aber geschieht es draußen in der unverschulten Wirklichkeit. Davon erzählt Roth in zwei Geschichten.[33]

---

29 Heinrich Roth, a.a.O., S. 112
30 a.a.O., S. 111
31 a.a.O., S. 114
32 a.a.O., S. 117
33 a.a.O., S. 115

»Ein Lehrer macht eine biologische Lehrwanderung. Er ruft die Kinder zusammen, um etwas zu erklären. Recht geteilte Aufmerksamkeit. Er entdeckt eine Seltenheit, vergisst die Kinder, untersucht. Alle Kinder stellen sich von selbst nacheinander ein. Sie wollen alle unbedingt wissen, was der Lehrer gefunden hat.« Die geheimnisvolle Beziehung des Lehrers zum Gegenstand macht die Kinder neugierig auf den Gegenstand, ihre Beziehung zu ihm beginnt. Sachliche Vorbereitung auf die Erklärungssituation genügt nicht, der Gegenstand muss den Lehrer selbst etwas angehen, damit er die Kinder neugierig machen, ihr Lernen wecken kann.

»Der Lehrer erklärt Kompass und Himmelsrichtung. Halbes Interesse. Die Klasse verirrt sich. Kompass und Karte werden notwendig. Der Lehrer arbeitet mit Kompass und Karte und bemerkt, dass er in der Eile selbst nicht ganz zurechtkommt. Alle Jugendlichen sind ganz dabei, wollen mitraten, besser wissen, sie diskutieren noch stundenlang.« Wer Kindern einmal draußen einen Kompass in die Hand gegeben hat, weiß, dass man sich nicht gleich echt verirren muss, damit der interessant wird. Man muss nur wirklich im Gelände sein, und wenn es der Schulhof ist.

Das Modell des Dreifachen Dialogs geht davon aus, dass Kinder, LehrerInnen und Gegenstände zunächst aus eigenem Recht existieren, da sind und eigene Würde haben, die geachtet werden will. Es nimmt an, dass es jeweils zweiseitige, dialogische Beziehungen geben kann zwischen LehrerIn und Kind oder Kindern, zwischen LehrerIn und Gegenständen, zwischen Kindern und Gegenständen. Diese Beziehungen können zunächst voneinander unabhängig sein und auch ohne Unterricht bestehen. Im Unterricht, wenn er gelingt, so dass Kinder in der und durch die Gegenwart eines Erwachsenen anders, besser, mehr, haltbarer lernen als sie es allein könnten, werden diese drei Beziehungen aufeinander bezogen.

Sie sind nicht immer gleich stark und gegenwärtig. Das wäre wohl kaum auszuhalten. Aber wenn eine der drei Beziehungsdimensionen nicht nur gelegentlich, sondern ständig fehlt, kann der Unterricht nichts taugen, ist er krank, misslingt er, selbst wenn alle Kinder gehorsam tun, was sie tun sollen, und der Lehrplan so erfüllt wird.

Wo Unterricht misslingt, können mit dem bewusst gesuchten Dreifachen Dialog die Selbstheilungskräfte der Schule gestärkt werden. Dies zu behaupten, ist frech angesichts der hochkomplexen, wissenschaftlich begründeten, ausgefeilten Systeme, die uns die Schule als lernende Organisation beschreiben und ihre Qualität verbessern helfen sollen. Und es muss anmaßend erscheinen als Behauptung, die aus der praktischen Arbeit als Grundschullehrerin abgeleitet wurde, unabhängig von den gängigen Theorien der Erziehungswissenschaften.

Aber diese Unabhängigkeit ist entscheidend. Und sie ist bitter notwendig, wenn man sich in der Praxis verantwortlich zurechtfinden und so handeln will, dass die Schule den Kindern bekommt. Dafür braucht man ein Orientierungssystem, dass in den modernen Erziehungswissenschaften nicht zu finden und auch nicht aus ihnen abzuleiten ist. Sie haben das pädagogisch-didaktische Feld, in dem LehrerInnen sich als in einem Ganzen bewegen, untereinander aufgeteilt, haben es unheilvoll segmentiert.

Dementsprechend beziehen heutige ErziehungswissenschaftlerInnen sich in Forschung und Lehre immer nur auf einen Teilaspekt der Schule oder des Unterrichts. Sie interessieren sich selten für Segmente, in denen sie nicht ExpertInnen sind, schon gar nicht für deren Insgesamt. Sie können daher keine Konzepte entwickeln, die dazu taugen, das Ganze zu verstehen oder sich gar verantwortlich handelnd darin zu bewegen. Ihre Konzepte wirken, wenn sie in Praxis übersetzt werden, darum oft verwirrend, gar zerstörerisch.

So ist dem Unterricht vielfach vor lauter Didaktik der eigentliche Gegenstand des Lernens, und damit seine existentielle Bedeutung verlorengegangen. Info-Päckchen über Lerngegenstände werden denen, die lernen sollen, verabreicht, möglichst in vorgefertigten didaktischen Arrangements und Arbeitsmitteln, die Kindern und LehrerInnen die Verantwortung für das Lernen abnehmen oder entwinden. Lernen soll durch Konsum ersetzt werden. Aber der fruchtet nicht. Ist nur Zeitvertreib.

Wenn StudentInnen für das Lehramt eigenen Unterricht vorbereiten sollen, dann fragen sie vor allem: »Was kann ich mit den Kindern machen? Wobei machen sie zuverlässig mit?« Sie greifen nach fremden Rezepten und vergessen, dass Unterricht sich für die Kinder lohnen sollte, nicht nur irgendwie Spaß machen. Eigenes, eine von ihnen selbst verantwortete Unterrichtssituation, können sie erst entwerfen, wenn sie eine ganz persönliche Beziehung zu dem Gegenstand gefunden haben, der im Mittelpunkt ihres Unterrichts stehen soll, wenn der sie selbst ergriffen hat. Dann sind sie begierig, ihre Erfahrung mit den Kindern zu teilen. Dann entwickeln sie Ideen, wie das gelingen könnte. Dann verstehen sie, welches Entgegenkommen im Hinsehen, Fragen, Handeln, Sprechen usw. sie den Kindern ermöglichen müssen, damit vielleicht der Dreifache Dialog gelingt und alle tüchtig lernen können. Dass dies zum LehrerInsein gehört, ist der Lehrerbildung derzeit weitgehend verlorengegangen.

Horst Rumpf spricht von einer »Beziehung zur Sache« und sagt zur Lehrerbildung: »… wenn die Leute ständig Lernen lernen und Kommunikationstraining und didaktische Feinstufungen …, sozusagen Zubereitungstechniken lernen«, werde die Sache »Material für die Zubereitungstechnik«, schrumpfe und werde gleichgültig. Er nennt das eine Katastrophe, die »eine sehr formale Didaktik mit zu verschulden hat, die in den letzten Jahrzehnten um sich gegriffen hat, wo man immer leerere, allgemeinere Begriffe für Didaktik hält und meint, wenn man sie hin- und herschiebt, dann hat man es sozusagen, und der Rest ist Füllsel.« Die Beziehung zur Sache sei aber auch von den Fachwissenschaften nicht herzustellen, wenn die so gelehrt würden,

»dass das Subjekt,... das irritationsfähige, das nachdenkliche, das staunfähige Subjekt, das die Welt nicht so hinnimmt, wie sie ist, sondern sie anders denkt, ... in dem wissenschaftlichen Subjekt, was sich in vielen Fachwissenschaften durchgesetzt hat, nicht mehr vorkommt.«[34]

Von einer Wissenschaft, die nicht mehr dazu da ist, »dass Menschen lebendiger erleben, dass Menschen aufmerksamer in die Welt schauen«[35], ist nicht zu lernen, wie Kindern zu helfen ist, die je eigene Beziehung zu den Gegenständen zu finden und gewissermaßen frühwissenschaftlich zu entwickeln. Von solcher Fachwissenschaft lernt man nicht einmal, wie wichtig diese Beziehung ist. Das lernt man heute in manchen Lern-Werkstätten, wo StudentInnen und LehrerInnen den Gegenständen selbst begegnen, wie es in der Freinet-Bewegung üblich ist. Missverstanden wird diese Möglichkeit, wo in der Lern-Werkstatt vor allem Begegnung mit fertigen didaktischen Konzepten und Materialien angeboten wird.

Andere Sprache, anderes Denken

WissenschaftlerInnen sprechen und schreiben meist in einer Sprache, die denen fremd sein muss, die im pädagogischen Feld arbeiten. Sie neigen dazu, LehrerInnen als kenntnisarme Laien zu verkennen, denen von Eingeweihten mit wissenschaftlichem Wissen vorangeholfen werden muss, weil sie Sprache und Denkweise der überlegenen Wissenschaft nicht beherrschen. LehrerInnen sind aber in anderes eingeweiht, sie sind ExpertInnen der praktischen Arbeit mit Kindern. Sie haben auch in Restbeständen aus alter oder Ansätzen aus neuer Zeit eine eigene Expertenkultur, in der man allerdings eine Sprache spricht, die der

34 Podiumsdiskussion: Lehrerbildung auf dem Prüfstand. In: Erziehungskunst, Heft 6, 1999, S. 656f

35 Rumpf, a.a.O., S. 657

Alltagssprache sehr nah ist. Das ist nicht armseliger Notbehelf, sondern nötig, weil LehrerInnen sich über ihr Wissen und ihre Erkenntnisse mit Kindern und deren Eltern verständigen müssen. Die Sprache, in der sie über ihre Arbeit nachdenken, muss denen verständlich sein.

Die Sprache des Alltags ist der Arbeit von LehrerInnen auch insofern angemessen und dienlich, als diese handwerklich oder künstlerisch ist. Sie geht gelegentlich Hand in Hand mit der Sprache des Feuilletons und der Poesie. Sie ist keine Sprache der kühl skeptischen Prüfung, sondern der Nachdenklichkeit und der Hoffnung. Damit macht sie sich den Wissenschaften verdächtig. PädagogInnen, die sich in der Sprache ihres Arbeitsfeldes äußern, gelten der Wissenschaft nicht als GesprächspartnerInnen, sie werden als Fälle wahrgenommen, die in Konzepten und Sprache der Wissenschaften zu interpretieren sind, um so erst Bedeutung zu erlangen. Sogar Janusz Korczak gilt dann als Fall, als »nichtprofessioneller Pädagoge«.

An dieser Stelle ist deutlich zu sagen: Den Dreifachen Dialog habe ich im Durchdenken eigener und von anderen erzählter Praxis gewonnen. Erst als ich nach dem »didaktischen Dreieck« suchte, weil mir jemand gesagt hatte, der Dreifache Dialog sei dessen »Neubewertung«, lernte ich das kennen. Die Auseinandersetzung mit den Funden hat mir geholfen, den eigenen Entwurf immer genauer zu fassen.

Es wird nun erkennbar, dass der Dreifache Dialog so radikal von der prinzipiellen Unabhängigkeit der Subjekte und Beziehungen ausgeht, die im Unterricht zusammenkommen, dass er nicht auf die alten Vorstellungen vom didaktischen Dreieck zurückzuführen ist. Das Modell entspringt einem weiblichen Denken, das mit dem vielfältigen Alltag mit Kindern, mit deren Lernen und dessen Gegenständen vertraut ist. Ein Denken, das Beziehungen nicht als sicheres Ergebnis etablierter Strukturen annimmt, sondern als Frucht beständiger Arbeit von Menschen in gegenseitiger Verantwortung wahrnimmt.

Anders gesagt: Der Dreifache Dialog als Konzept entspringt

dem Bemühen, mich als GrundschullehrerIn von verordneten, mir fremden, mich störenden Begriffen und Denkweisen zu lösen, und meine Erfahrungen als Lehrerin selbstständig zu deuten. Ich nehme Kants »Wahlspruch der Aufklärung« in Anspruch, der uns auffordert: »Sapere aude! Wage, klug zu sein! Habe Mut, dich deines eigenen Verstandes zu bedienen!«[36] Das gilt für Männer und Frauen, für Erwachsene und Kinder. Es gilt überall, auch in der Schule.

Was mir einleuchtet, meinen Unterricht erhellt und mir mit den Kindern hilft, das kann nur ich selbst entscheiden! Was den Kindern einleuchtet und weiterhilft, entscheiden sie ebenfalls selbst. Das bedeutet keinen Verzicht auf Zusammenarbeit und Austausch im Unterricht oder auf skeptische Prüfung und durchdachte Begründung dessen, was dort geschieht, wohl aber Verzicht auf die Erfüllung fremdgedachter Pläne für die gemeinsame Aufgabe von Kindern und LehrerInnen.

GrundschullehrerInnen werden zwar vielfach zur Rechenschaft gezogen, wenn ihnen die Kinder nicht so geraten, wie andere das wollen. Sie dürfen aber kaum mitreden, wenn ihre Aufgaben definiert werden. Es gibt mancherlei Patriarchen – und deren Nachfolgerinnen – die am Schreibtisch Beschlüsse für die Frauen in der Grundschule fassen. Aber selbst wenn die gut sind, helfen sie wenig, »wenn die Ausführenden nicht einbezogen werden. Menschen, die an etwas arbeiten, das sie zwar für ›richtig‹ halten, das aber ihrem Wesen widerstrebt, können die Anstrengung nur selten für längere Zeit aufrechterhalten. Dann besteht das Risiko, dass sie dogmatisch, unglücklich oder sogar gefährlich werden.«[37] Das Allgemeine überwältigt dann das Individuelle.

---

36 Immanuel Kant: »Beantwortung der Frage: Was ist Aufklärung?«, in: Werke, Band 6, Seite 53.

37 Elizabeth K. Minnich: Von der halben zur ganzen Wahrheit. Einführung in feministisches Denken. Frankfurt a.M./New York 1994, S. 234

Nur mit mündigen GrundschullehrerInnen werden wir festhalten und ausbauen können, was in der Grundschulreform schon erreicht wurde. Sie müssen für sich selbst sprechen können und ernstgenommen werden – in ihrer eigenen Sprache. Der Dreifache Dialog empfiehlt sich als Konzept für Gespräche zwischen Theorie und Praxis mit Bezug auf den gemeinsamen Gegenstand Unterricht. Er kann auch helfen zu bestimmen, an welcher Stelle des Unterrichts Probleme und Chancen für das Ganze wurzeln – in den Kindern, den LehrerInnen, den Gegenständen oder in den jeweiligen Beziehungen. Und er kann helfen, zu vereinbaren, welchen Aspekt des Unterrichts forschende Wissenschaften und Lehrerbildung jeweils aufzuklären und zu entwickeln hoffen.

Der Ausgang vom Dreifachen Dialog ist sinnvoll, weil das Konzept ganz einfach ist, der Kern des Unterrichts, um den sich komplexe Denksysteme ordnen können, der aber nicht übersehen, fehlen oder blockiert sein darf.

Didaktische Triangulierung

Weil ich nicht mehr täglich in der eigenen Grundschulklasse unterrichte, fehlt mir die ständig sich erneuernde Gewissheit, dass die Kinder viel lernen, wenn man sich mit ihnen offen der Welt und den einzeln daraus hervorgehobenen Gegenständen zuwendet. Aber ich kann mich, gestützt auf alte Aufzeichnungen, an das Glück des »belernenden Augenblicks«[38] erinnern und erlebe ihn gelegentlich als Gast mit StudentInnen in der Grundschule, wenn sie sich in ihrer Vorbereitung auf eigenen Unterricht auf den Gegenstand selbst eingelassen haben und sich den Kindern liebevoll zuwenden, neugierig auf deren Gegenstandsbezug.

In Veröffentlichungen zur Psychologie der Familie finden wir den Begriff »Triangulierung« oder »Triangulation« bezogen auf

38 s.o. S. 116

das Dreieck Mutter, Kind und Vater[39]. Vom Nachdenken über die Beziehungen dort können wir für den Unterricht lernen. Hier wie dort müssen die drei Partner klar auseinander treten und gleichzeitig dialogisch miteinander verbunden bleiben, damit alle einzeln und miteinander entwicklungsfähig sind und bleiben und einander gerecht werden. Ich kann darum den »belernenden Augenblick« auch den »Moment der didaktischen Triangulierung« nennen. Hier sei er noch einmal praktisch durchdacht.

Seht hin! Hört, fühlt, schmeckt, riecht achtsam!

Erinnert Euch! Fragt nach! Und sprecht miteinander, tauscht eure Eindrücke und Gedanken aus.

Wenn ihr euren Dialog mit dem Gegenstand aufgenommen habt und er etwas zur Ruhe kommt, wenn ihr mir gezeigt habt, was euch wichtig ist am Gegenstand, dann zeige und sage ich euch, was ich von dem Gegenstand weiß und verstehe.

Nehmt das, so weit es geht, in eure Wahrnehmung des Gegenstandes auf, lasst es sich mit dem verknüpfen, was ihr schon aus Eigenem mitbringt in unser Gespräch.

Danach sollt ihr euch eures erweiterten Wahrnehmens, Wissens und Verstehens versichern, es schreibend oder zeichnend festhalten und aufheben. Dabei wird es wahrscheinlich klarer und fester.

Vielleicht werdet ihr auch noch neugieriger auf den Gegenstand selbst.

Das fasst die Position der Lehrerin im Dreifachen Dialog in alltagstauglicher Formulierung, wie er stattfindet, wenn etwa die Kinder im ersten Schuljahr Kastanien auflesen, sie miteinander drehen und wenden, betrachten und betasten, spielerisch ordnen, in Erinnerungen wiederfinden, um sich dann von der Lehrerin noch einmal, diesmal geordnet und alle zugleich, den Blick

---

39 Elfriede Löchel: Zur Genese des Symbols in der kindlichen Entwicklung. In: Kinderanalyse, Heft 3, 1996, S. 277ff

auf Einzelheiten des Gegenstandes Kastanie lenken zu lassen, genaue Begriffe für Eigenschaften und Unterschiede erfahren und erproben und sich belehren lassen über den Zusammenhang dieses blanken, warmen Dings in ihrer Hand mit dem großen Baum, dem Gang der Jahre und Jahreszeiten und des Wachstums und Fruchtbringens.

Dann KASTANIE schreiben, nur dies eine Wort auf ein leeres Blatt, und mit Muße alles zeichnen, was nun in den Stift drängt – darin erlebt sich ein lernendes Kind als Mensch mit geachteter Würde. Wenn es auf dem Heimweg sich erneut unter einem Kastanienbaum bückt, wissend, dass der mehr als achtzig Jahre alt sein muss, älter als die Großmutter, weil er jünger keine Früchte tragen kann, mag es sich geborgen fühlen in der Welt, innerlich reich und mit klarem Blick ausgestattet durch Schulunterricht.

Es ist gut, dass Kastanien bald ihren Glanz verlieren, sonst könnte man sie nicht so leichten Herzens anbohren, um Männchen, Frauchen und Tierchen zu basteln. Man würde sie nicht so gerne als Wildfutter zum Förster bringen oder unters modrige Laub legen, wo sie fast schwarz werden und keimen, wie Josef Kramer es mit seinen Kindern in Hackstock tut[40].

Vom Glanz und der Würde wirklicher Kastanien scheinen all die LehrerInnen nichts zu ahnen, die ihren Kindern Arbeitsblätter vorlegen, wo alles Wissenswerte lehrplangemäß schon aufgezeichnet ist und die Kinder nur noch das eine Wort einsetzen dürfen: KASTANIE – einmal neben den Baum, einmal neben die grüne Frucht, einmal neben den Samen. Sie tragen es ein wie Lernbeamten oder -untertanen in ein Formular. Sie tun ihre Pflicht. Was kann die ihnen bedeuten?

Die Schwierigkeit meines einfachen Modells entsteht daraus, dass drei Dialoge aufeinander bezogen sind, drei zweiseitige Beziehungen, die man jede für sich sehen und verstehen muss, ohne zu vergessen, dass die Partner auch einem Dritten noch

40 s. Seite 234

dialogisch verbunden sind. Wenn man liest, was Martin Buber und Romano Guardini über den Dialog schreiben, kann man sich die Spannung im Dreifachen Dialog vergegenwärtigen, kann sie fühlen und glaubt sie wohl auch gleich mit dem Verstand zu fassen, ohne sie doch aussprechen zu können. Darum hier zwei Zitate als Einladung, dort weiterzulesen.

»Die person-gerechte Haltung ist vor allem Abstand. Erst ein Freigeben: – *Du da drüben – Du sollst Du selbst sein!* –

Damit ist der Zusammenhang der Unmittelbarkeit zerrissen. Die naive Selbstsucht ist aufgegeben, welche sagt: – *Ich bin die Mitte der Welt. Alles sonst ist nur Umwelt. Alles hat Sinn nur von mir her, zu mir hin.* – Die echte Du-Haltung sagt: – *Auch dort ist Mitte. Und alles Seiende ist Umwelt auch für Jenen.* –[41]

Buber erzählt von der »tief erregenden Begebenheit«, als Junge einen Apfelschimmel zu kraulen. »Wenn ich sie jetzt, von der sehr frisch gebliebenen Erinnerung meiner Hand aus, deuten soll, muß ich sagen: was ich an dem Tier erfuhr, war das Andere, die ungeheure Anderheit des Anderen, die aber nicht fremd blieb, wie die von Ochs und Widder, die mich vielmehr ihr nahen, sie berühren ließ. Wenn ich über die mächtige, zuweilen verwunderlich glattgekämmte, zu anderen Malen ebenso erstaunlich wilde Mähne strich und das Lebendige unter meiner Hand spürte, war es, als grenzte mir an die Haut das Element der Vitalität selber, etwas, das nicht ich war, gar nicht ich war, gar nicht ich-vertraut, eben handgreiflich das Andere, nicht ein anderes bloß, wirklich das Andere selber, und mich dort heranließ, sich mir anvertraute, sich elementar mit mir auf Du und Du stellte.«[42]

Und dazugestellt das »Gesetz der Lehreraufmerksamkeit« in einem Zitat aus der Freinet-Pädagogik, das andeutet, wie mächtig

---

41 Romano Guardini: Vom Sinn der Gemeinschaft. Zürich 1950, S. 44
42 Martin Buber: Begegnung. Autobiographische Fragmente. Heidelberg 1986, S. 25f

LehrerInnen sein können, auch wenn sie die Kinder mit Didaktik verschonen und gar nichts machen: »Bereits die Aufmerksamkeit des Lehrers kann genügen, damit sich die Klasse einer Aktivität intensiv zuwendet.«[43]

Bevor wir uns beklagen, dass heutige Schulkinder so müde und gleichgültig, auch gehässig und zynisch sind, sollten wir darüber nachdenken, dass ihre Haltung ein Ausdruck von Verzweiflung sein kann. Sie müssen verzweifeln, wenn sie auf eine Weise, die sie nicht verstehen, um die entwicklungsnotwendigen Dialoge betrogen werden. Sei erwarten diese Dialoge, ohne darum bitten zu können, wenn die Verantwortlichen ringsum nicht wissen, was sie den Kindern in der Schule schuldig sind: den gemeinsamen Dialog mit der wirklichen Welt zugleich mit dem Dialog mit Erwachsenen, die selbst im Dialog mit der Welt stehen.

43 Paul Le Bohec/Michèle Le Guillou: Patricks Zeichnungen. Erfahrungen mit den therapeutischen Wirkungen des freien Ausdrucks. Bremen 1993, S. 11f

Zwingende Zufälle, Gegenstände überall

Er war damals »verliebt in die Wirklichkeit«,
weil diese Wirklichkeit
seinem suchenden Geist Widerstände bot,
an denen er seine eigenen Möglichkeiten,
auch Grenzen erfuhr.

Horst Krüger über Goethe

Katzen gehen eigene Wege

Im Lehrplan für die Heimat- und Sachkunde im zweiten Schuljahr ist ein »Einblick in die Haltung eines Haustieres, z.B. Hund, Katze, Kaninchen« vorgesehen. Nahrung, Lebensgewohnheiten, Pflege, Unterbringung und allgemein die Schwierigkeiten der Haustierhaltung sollen durchdacht werden. Wenn es um die Gründe für die Anschaffung und die typischen Verhaltensweisen geht, mag auch Liebe zu Tieren und Freude an ihnen mitschwingen dürfen, vor allem aber wird Besorgnis und Vernunft verlangt: »Besprechen von Schwierigkeiten bei der Tierhaltung (Unterbringung, Kosten, regelmäßige Pflege, Nachwuchs, Unterbringung im Urlaub); Überdenken, welche Folgen sich aus der unüberlegten Anschaffung für ein Tier ergeben; Erläutern falsch verstandener Tierliebe (z.B. Überfüttern, übermäßige Zuwendung); Berichten über Gefahren durch mangelnde Hygiene.«[1] In diesem Blickwinkel finde ich nur »die Katze«, nicht aber Blinka, Mimi und Pumi, meine eigenen Katzen. Ich denke, auch die Kinder mögen die Tiere, die viele von ihnen sich so dringend wünschen, in diesem Winkel nicht suchen.

Immer mal wieder erfahre ich, dass ein Kind meiner Klasse sich nach einem eigenen Tier sehnt, wenn es im Kreis ein Erlebnis erzählt oder mir einen Tagebucheintrag zu lesen gibt. Ich kenne den Kummer und die Kämpfe der Kinder, die ihre Eltern berennen und wider alle Vernunft hoffen, die würden endlich erlauben, dass ein Hund, eine Katze, ein Wellensittich, wenigsten

1 Lehrplan für die bayerischen Grundschulen, 12. Auflage, 1991, S. 104f.

eine Maus angeschafft wird, auch wenn sie längst einsehen könnten, dass man in der eigenen Familie daheim kein Tier halten kann. Sie wollen es nicht einsehen!

Darf ich erwarten, dass die Kinder sich jetzt, nur weil der Lehrplan das will, ohne Murren auf die Seite der Erwachsenen stellen, und mit mir zusammentragen und einsichtig durchdenken, was an Argumenten gegen ihren Wunsch aufgeboten werden kann? Wenn man schon keine Katze, keinen Hund und auch kein Kaninchen bekommt, sollte man wenigstens kindlich eigensinnig auf dem Wunsch beharren und ordentlich wütend sein dürfen auf die sturen Eltern. Sollen die doch vernünftig sein, wenn sie das so toll finden!

Und noch ein zusätzliches Problem gibt es in der Klasse: Wie sollen wir im Unterricht mit der schreienden Ungerechtigkeit umgehen, dass es unter uns Kinder gibt, die tatsächlich doch eine Katze haben, oder sogar einen Hund, womöglich ein Pferd? Das Leben in der Grundschule ist schwieriger, als die Lehrpläne wissen!

Trotzdem will ich die Katze zum Gegenstand des Unterrichts machen! Aber nicht vom Lehrplan und der dort vorgeschlagenen Thematisierung werden wir ausgehen, sondern von den Beziehungen, die die Kinder der Klasse bereits zur Katze an sich, zu bestimmten Katzen oder zu Katzen allgemein haben. Wenn diese Beziehungen sich in Wünschen kristallisieren, sollen die den Kern unseres Unterrichts bilden. Eine Frage in die Runde: *Bist du schon einmal einer Katze begegnet? Hast du etwas mit Katzen erlebt? Kennst du eine bestimmte Katze richtig gut? Weißt du etwas über Katzen? Könntest du, möchtest du etwas über Katzen schreiben?* Alle Kinder haben etwas über Katzen zu schreiben und wollen das auch gerne tun.

Ich verspreche ihnen, ihre Geschichten nachher getreulich und richtig abzuschreiben, also mit ihren Worten und Wendungen rechtgeschrieben. Sie versprechen mir, die Wörter gleich so richtig zu schreiben, wie es ihnen ohne Krampf möglich ist. Sie sollen sich nicht um die Rechtschreibung sorgen, wenn sie alle Konzentration für das eigentliche Erzählen brauchen. Sie sollen aber auch nicht die Sorge um die Anpassung ihrer Wörter an die Konvention ganz mir zuschieben, sondern sich zuständig wissen auf der Grundlage des Prinzips: *So gut ich es eben kann, so mache ich es. Und so ist es dann auch recht.*

Eigentexte erhalten

Das Abschreiben der Geschichten der Kinder ist mir eine Lust! Anders als das Korrigieren mit dem Rotstift habe ich diese Arbeit immer als unmittelbar sinnvoll empfunden. Schließlich muss ich da nicht mäkeln und zerstören, sondern ich vollende und werte auf. Mit jedem Text wird ein kleines Werk fertig, das mir für ein Weilchen das Kind, das es geschaffen hat, ganz naherückt, und mir erlaubt, die Welt oder einen besonderen Gegenstand durch seine Augen zu sehen. Blatt für Blatt sammle ich innere Bilder, die sich mir allein nicht zeigen würden. Blatt für Blatt finde ich mich bereichert. Spätestens nach einem Wochenende kann ich den Kindern ihre nun makellosen Geschichten in die Hand geben.

Und wie ich selbst meine eigenen Texte und zugleich mich, die sie geschrieben hat, als aufgewertet erlebe, wenn ich sie als endgültiges Druckwerk, das andere für mich hergestellt haben, in der Hand halte, erleben die Kinder sich gewiss geehrt durch den Dienst, den ich ihnen mit dem Abschreiben und Ausdrucken ihrer Texte erweise. Kurze Texte bekommen durch größere Schrift zusätzliches Gewicht. Bei manchen Texten lässt ein überlegter Zeilenfall den Gedankengang klarer hervortreten. Immer lasse ich – hoffentlich – die Wortwahl und die Ausdrucksweise des Kindes möglichst unangetastet.

Meine Arbeit an ihrer Geschichte sagt den Kindern: *Diese Geschichte, deine Geschichte ist es wert, dass ich sie in eine würdige Form bringe!* Was aber sagt es ihnen, wenn ich ihre Geschichte mit Rotstift verwüste und sie dann zwinge, alles abzuschreiben unter der Drohung, dass ich den Rotstift nochmals zücken werde, wenn ihnen wieder Fehler unterlaufen? Später, wenn die Texte der Kinder sehr lang werden und sie sich schon ordentlich in Schwung geschrieben haben, können sie auch die Endfassung selbst besorgen. Dann lassen sie sich auch mit Korrekturen am Entwurf unterstützen. Aber auch dann müsste ich nichts ausstreichen oder überschreiben, müsste Kinder nicht selbstherrlich kränken. Tue ich es doch, weil es so üblich ist, bleibt es doch meine Entscheidung und meine Schuld.

Ich hab lange Jahre so korrigiert, wie es üblich ist. Und all die Zeit habe ich mich geärgert, wenn die Kinder beim Abschreiben nochmals Fehler machten. Ein rotverwüsteter Aufsatz meiner eigenen Tochter hat mir die Augen geöffnet: Als sie mich bat, mich mit ihr über das Blatt zu beugen, um herauszufinden, wie sie richtig abschreiben könnte, hab ich mich verwirrt und unbehaglich gefühlt. Ich wollte nur weg von diesem Blatt! Da ist mir bewusst geworden, wieviel Kraft man braucht, sich dem eigenen Text zuzuwenden, wenn er so missachtet wurde. Wie sollte man beim Abschreiben achtsam alle Zeichen beachten, bis zu i-Punkten und t-Strichen, wenn man dabei so heftige Fluchttendenzen beherrschen musste, wie ich sie spürte? Dabei war das nicht einmal mein Text, war nicht ich es, deren Äußerungen rot missachtet wurden! Da endlich erkannte ich, dass man anders korrigieren müsste.

Künftig nahm ich einen Bleistift, wohl auch mal einen grünen oder roten Stift, je nachdem, welcher sich am klarsten abhob von der Schreibspur des Kindes. Eine feine Spitze sollte mein Stift haben, denn ich setzte in den schmalen Freiraum oberhalb des Wortes des Kindes in klarer Druckschrift nur den Wortteil richtig hin, der ausgewechselt oder ergänzt werden musste. Manchmal war es nur ein Buchstabe. Und das bedeutete jeweils: Alles kann so bleiben, ist in Ordnung, bis auf diese eine Stelle. Das ursprüngliche Wort stand weiterhin da, trotz der weit verbreiteten, hysterischen Angst vor Falschwörtern, die sich angeblich unauslöschlich einprägen.

Die Korrektur musste beim Abschreiben bedacht und eingefügt werden, nichts war einfach nur abzuschreiben. Eine weit anspruchsvollere Aufgabe als das übliche Abschreiben! Aber jetzt entstanden beim Abschreiben kaum noch Fehler. Das bestätigte mein Vermutung: So, ohne rotverwüstete Eigenwörter, war es für die Kinder leichter, sich achtsam der Aufgabe zuzuwenden. Ich durfte hoffen, dass sich mit dieser Arbeit allerlei Rechtschreibwissen, dass sie schon aufgelesen hatten, weiter ordnete und klärte. Obwohl die Fehler stehengeblieben waren!

Warum ist mir das Rechtschreibproblem nun gerade in das Kapitel über die Katze gerutscht? In unserem selten benutzten Lesebuch hatten wir eine Geschichte von Rudyard Kipling gefunden, zauberhaft wie alle seine »Just so Stories«[2], die seit hundert

2 Deutsch zu finden in zweierlei Übersetzung in: Geschichten für den allerliebsten Liebling, Hamburg 1987/Genau-so-Geschichten, Zürich 1990

Jahren (seit 1902) Kindern eine ordentliche Portion Pfiffigkeit verabreichen: »Die Katze geht ihre eigenen Wege.« Diese Geschichte habe ich den Kindern vorgelesen, nachdem wir ihre Katzengeschichten ausgiebig gewürdigt hatten. Sie haben Kiplings Geschichte gerne noch einmal selbst gelesen. Ein Satz, der wie ein Refrain Kiplings Geschichte durchzieht, wurde in der Klasse zum geflügelten Spruch: »Und sie lief zurück durch die weiten wilden Wälder, wedelte wild mit dem Schwanz und wanderte weiter auf ihre wilde Weise.«

Das Bild der anmutigen, stolzen Katze mit dem erhobenen Schwanz kommt mir in den Kopf, wenn ich an die geschilderte Korrekturstrategie denke. Es symbolisiert etwas, was ich direkter nicht benennen könnte. Ich wünsche, dass alle Kinder es sich durch den Rechtschreibunterricht und alle sonstigen Zähmungsversuche der Schule hindurch bewahren – in ihren eigenen Texten, in Eigentexten.

Allerlei Katzen

Hier werden Katzengeschichten aller fünfundzwanzig Kinder gedruckt. Ich wüsste nicht, auf welche man verzichten könnte, wenn doch gezeigt werden soll, wie vielfältig das ist, was die Kinder dieser einen Klasse mit Katzen erlebt und an ihnen beobachtet haben, was sie von ihnen wissen und über sie denken, kurz: wie mannigfaltig die Beziehungen der Kinder zum Gegenstand bereits sind, bevor unser Unterricht überhaupt begonnen hat. Das alles müsste stummgehalten werden, wollte ich sofort mit dem lehrplan- und schulbuchgemäßen, ordentlich durchgeplanten Durchnehmen der Katze beginnen, in dem das Mitgebrachte der Kinder nur laut werden dürfte, wenn es in meinen Plan passt. Da bräuchten die Kinder sicher mindestens soviel

Kraft, flink sich meldende Assoziationen im Zaum zu halten, wie aufzufassen, was ich ihnen biete. Wie könnte auch die Verknüpfung des Neuen mit früheren Erfahrungen und vorhandenem Wissen gelingen, wenn das Mitgebrachte sich nicht äußern darf?

Nun, wir haben den mitgebrachten Erfahrungen, Erlebnissen, Gedanken und dem Wissen der Kinder das erste Wort gegeben. Sie haben ihre Geschichten geschrieben. Ich habe sie abgeschrieben. Sie wurden im Kreis vorgelesen. Man konnte nachfragen, ergänzen, genauer fassen. Alle Kinder bekamen alle Geschichten in Kopie. Dann haben wir miteinander die wichtigen Begriffe, alle Katzen-Kunde-Wörter aus den Texten geklaubt und an der Tafel versammelt. Und dann haben wir uns den Lehrplan und die Schulbücher vorgenommen, um unser gemeinsames Wissen zu ordnen, zu prüfen und zu ergänzen. Wir wussten schon sehr viel! Ich schließe mich hier ein, weil ich durchaus Mitlernende war. Trotz der drei Katzen, die mit mir lebten, war ich durchaus keine den Kindern überlegene Expertin. Kann man das in Bezug auf Katzen überhaupt sein? Sie sind sehr unterschiedliche, eigenwillige Geschöpfe, die Katzen wie die Kinder.

Natürlich gab es irgendwann auch einen Eintrag ins große Heft, in dem festgehalten wurde, was man von Katzen auf jeden Fall wissen sollte – nach unserem Urteil. Und als ein Kind uns zeigte, dass es in »Bimbo«, der Kinderzeitschrift, die jeden Monat für uns kam, einen »Pflegetip: Die Katze als Heimtier« gefunden hatte, hab ich die Seite für alle Kinder als Lesetext für die Hausaufgabe kopiert. Auch wenn wir das meiste schon wussten, war das Blatt interessant zu lesen. Auch die Pflegetips für Hund, Marienkäfer und Meerschweinchen, und die Pflegewarnung in Bezug auf Äffchen und Schildkröte wurden Lesehausaufgaben. Am nächsten Tag jeweils wurden die Artikel vorgelesen und das besprochen, was sich anbot. Die Kinder wurden immer nachdenklicher, sachlicher gegenüber ihren Wünschen, ein Tier zu besitzen. Beim Elternabend dann hat man sich ausdrücklich bei mir bedankt: *Diese Artikel waren ein gute Hausaufgabe. Sie haben uns geholfen, vernünftig und gelassen darüber zu beraten, ob der Wunsch nach einem Heimtier für uns erfüllbar wäre. Niemals hätte ich so wirksam erklären können, dass man einem Tier gerecht werden muss, wenn man es zu sich nimmt.*

Katzengeschichten

Meine Katze

Einmal habe ich eine Katze gefunden, die war ganz traurig.
Dann habe ich ein bißchen nachgedacht: Was soll ich mit der Katze machen? Ich hab sie mitgenommen nach Hause.
Zu Hause habe ich ihr Milch gegeben und was zum Essen und habe ihr einen Namen gegeben: Mimi. *Alenka*

Ich wünsche mir eine Katze

Meine Mama hat mir gesagt: »Wenn dein Maxi tot ist, dann kaufe ich dir eine Katze.« Da habe ich mir eine Katze gewünscht.
Aber dann hat sie gesagt, wir reden nochmal darüber. Und dann habe ich gesagt: »Und wenn die Katze tot ist, dann kaufst du mir ein Meerschweinchen.« Dann hat meine Mama gesagt: »Nein, mir kommt kein Käfigtier hier rein!« *Isabella*

Hund und Katze

Einmal war ich in unserer Ferienwohnung in Obscharam. Dort ist eine Katze, die kommt immer, wenn wir da sind. Einmal kamen unsere Freunde mit dem Hund dorthin. Ich trug die Katze den Berg hoch und plötzlich kam der Hund auf mich zugeschossen, sprang auf mich zu, die Katze zischte ab, der Hund hinterher, die Katze war schneller, raste in unser Haus, schnell machte ich die Tür zu. Katze in Sicherheit. Schnell den Hund an die Leine. Puh! *Patrick*

Ein Erlebnis mit einer Katze

Am Sonntag war schönes Wetter, da bin ich vier Stunden draußen gewesen. Da ist auf einmal eine Katze über die Wiese gelaufen. Und dann wollte ich zu ihr laufen. Auf einmal hat sie sich ganz flach auf den Rasen gelegt, und dann hat sie einen Satz gemacht, und dann hat sie miaut. Ich ging zu ihr und sah, daß sie eine Maus unter ihren Tatzen hatte. Dann hat sie die Maus in den Mund genommen und ist dann ins Gebüsch gesaust. Ich glaube, sie hat sie dann gefressen. *Marion*

Katzen streicheln

In Rom sind ganz viele Katzen, sie sitzen auf Autos und unter Autos. Einmal war ich in Rom, da war auf einem Auto eine Katze. Ich habe ihr meine Hand hingehalten. Sie hat ihren Kopf reingelegt, und ich habe sie gestreichelt. *Sophie*

Ein Kater

Als ich bei meiner Freundin war, hatte sie einen großen Kater. Er ist immer vom Stuhl auf den Schrank und vom Schrank auf einen anderen Stuhl gehüpft. Da haben meine Freundin und ich Kekse gegessen. Da ist der Kater plötzlich auf den Tisch gesprungen und hat die ganzen Kekse gegessen. *Karin*

Ich wünsche mir eine Katze!

Meiner Mutter habe ich gesagt (oder Vater), daß ich mir eine Katze wünsche. Aber meine Mutter fand, daß ich mir keine wünschen soll. Das fand ich gemein. Aber ich wußte, warum: weil wir jeden Tag nicht zuhause sind (außer Samstag und Sonntag). Und in den Ferien geht es auch nicht, weil wir wegfahren. Die Katze können wir nicht mitnehmen.
Und jetzt habe ich keine Katze. *Andrea*

Ein Erlebnis mit Katzen

Ich bin mal spazieren gegangen. Da hab ich eine Katze gesehen. Ich wollte sie streicheln, sie ist aber weggelaufen. Und als ich weitergegangen bin, da war sie wieder da. Aber dieses mal ist sie nicht weggelaufen, und ich hab sie gestreichelt. Aber plötzlich sprang sie und kratzte mich. Ich jagte sie und ging nach Hause. Und meine Mutter fragte mich: »Was ist passiert?« Ich erzählte ihr die ganze Geschichte, und sie hat gesagt: »Das ist nicht schlimm.« *Kinga*

Erlebnis mit einer Katze

Mit einer Katze habe ich erlebt, daß ich eine junge Katze im Arm hatte und sie gestreichelt habe. Dann ist die Mutter gekommen, ist draufgesprungen und hat mir mein Gesicht zerkratzt!!!!!!!!!!!!!!!
»Hilfe!«
Manchmal sind Katzen sehr angriffslustig!
Kleine Katzen sind sooo niedlich! Unser Nachbar in Goldau hat eine Katze, die lebt schon mehr als fünf Jahre bei ihnen, sie heißt Ninnie!
Jedes Jahr kriege ich junge Katzen vom Nachbarn. *Toni*

Unsere Katze

Als ich einmal von der Schule zurückkam, saß die Mieze, unsere Katze, eingerollt auf meinem Bett. Da rief ich: »Mama, komm mal!« Sie kam, und ich zeigte auf mein Bett dahin, wo die Mieze schlief. Meine Mama nickte, warum, weiß ich nicht.

Als wir gegessen hatten, gingen meine Mutter und die Mieze auf den Balkon. Da sprang die Mieze auf die Brüstung. Als ich dann auch rauskam, erschrak ich sehr, und es dauerte ein bißchen, um sie wieder runter zu kriegen. Dann hat sie ihr Fressen gekriegt, um sich zu erholen. *Jan*

Katze streicheln

Ich kam von der Schule. Die Katze Muschi von der Hausmeisterin war im Vorgarten. Wenn schönes Wetter ist, dann ist sie manchmal draußen. Sie ist an einer langen Schnur befestigt. Die Schnur geht durchs offene Fenster ins Zimmer. Ich habe sie gestreichelt, und sie wollte mit mir spielen. Dann bin ich hochgegangen. *Sabine*

Die Maus kann sich nicht retten

Es war in Jugoslwawien in den Ferien, da bin ich auf unseren Kirschbaum geklettert. Da sah ich meinen Kater, der versteckte sich im Gras. Er wartete, daß sich die Maus hinlegt. Dann schlich er sich näher an und packte die Maus. Mein Kater heißt Miki. *Sasa*

Katzen

Katzen haben scharfe Augen und ein gut ausgeprägtes Gehör. Man kann das testen, wenn eine Katze in etwa dreißig Meter Entfernung wegschaut und man ahmt die Laute der Katze nach. Leise! Sie dreht sich bestimmt um. *(Getestet von Julian Traut)*

Die Mutter

Wir hatten früher viele Katzen, doch sie sind weggelaufen oder überfahren worden. Jetzt haben wir nur noch zwei Katzen, und die Mutter ist auch weggelaufen. Aber als ich eines Tages wieder den Katzen Milch gab, war die Mutter wieder da. Jetzt kommt sie manchmal zu Besuch. *Patricia*

Das Katzenerlebnis

Sara, so heißt unsere Katze. Als ich fünf Jahre alt war, saß sie immer auf dem Kratzbaum, und wenn ich vorbeiging, hat sie wie eine Tigerin auf mich gelauert. Und wenn ich sie sah, schrie ich: »Sari, kschsch!« Dann rannte sie davon. Habe ich sie aber übersehen, dann hat sie mich gekratzt. So ist sie heute noch, unsere Sara. *Isabell*

Katzenerlebnis

In den Ferien waren wir mal in Perbing, da hatten wir auch eine Katze. Einmal ist die Eva mit mir und meiner Katze spazieren gegangen. Da sind wir an einen Bauernhof hingekommen. Da war auch ein Hund, aber eingesperrt. Aber er hat gebellt. Und die Katze ist sofort weggelaufen. Und wir sind natürlich hinterher. Aber wir haben sie nicht mehr eingeholt. *Josef*

Berlin

Einmal waren wir in Berlin. Da haben wir Verwandte, die haben eine Katze. Die ist mal vom fünften Stock in den Hof gefallen. Als wir wieder mal da waren, mußten wir unseren Hund Tavi einsperren. Einmal kam er raus. Und der Tavi jagte die Katze durch die Wohnung. Als er wieder draußen war, hat mein Vater ihn geschimpft. *Felix*

Katze im Wagen

Einmal war ich mit meiner Freundin in Asch. Und da war ich alleine, und da kam sie plötzlich zurückgerannt und rief: »Ich hab eine Katze gekriegt!« Und dann fuhren wir mit der Katze zu einem Fluß, und dann fuhren wir wieder nach Hause. Und der Schluß ging so aus: Wir haben sie doch nicht gekriegt. *Romo*

Die Katze

In der Türkei habe ich eine Katze auf den Arm genommen und habe sie auf den Rücken gelegt und bin mit ihr auf dem Arm spazieren gegangen. Ein anderesmal habe ich die Katze wieder auf den Arm genommen. Sie hat einen Vogel gesehen. Sie ist mir weggesprungen und hat den Vogel geschnappt und gegessen. *Sema*

Katze

In Italien bei unserem Ferienhaus habe ich einmal mit sechs Jahren eine Katze gestreichelt, und danach hab ich mir mein Auge gerieben. Dann mußte ich schrecklich niesen und habe kleine Augen gekriegt. Und warum? Weil ich ein Katzenhaar ins Auge bekommen habe. So hat sich herausgestellt, daß ich eine Katzenallergie habe. *Diana*

Eine Katze

Ich wünsche mir eine kleine Katze, denn ich mag Katzen gern, und weil sie so weich ist, und weil sie so anschmiegsam ist, und weil sie geduldig ist, und weil sie uns Mäuse vom Leibe hält, und weil sie kuschlig ist, und weil sie sich anfassen läßt, und weil sie so süß miaut. Weil man mit ihr spielen kann, oder man kann mit ihr rausgehen, und man kann sich wärmen, wenn man friert, man kann sich an ihr ausweinen oder man kann ihr Geheimnisse erzählen. *Christian*

Die Katzen

Ich habe zwei Katzen, einen schwarzen Kater und ein weißes Weibchen, und die heißen Felix und Susu. Meine Mama hat ein Bad genommen, und dann ist der Felix hineingeflogen. Und zwar ist er raufgehüpft und dann ausgerutscht. *Marina*

Drei Katzengeschichten

- Mich hat schon einmal eine Katze gebissen, weil ich eine Dose Katzenfutter in der Hand gehalten habe. Ich wollte mit meiner Freundin der Katze das Futter in die Schale geben, aber der Katze hat es zu lange gedauert.
  Es hat nicht sehr wehgetan!
- Ich war mal bei meiner Oma, die hatte eine Katze. Ich hab eine Schnur genommen und habe ein Salatblatt drangemacht und bin rumgelaufen. Die Katze ist mir hinterhergelaufen. Als ich das Blatt etwas hochhob, ist sie hochgesprungen. Am Schluß hat sie es doch erwischt. Und dann haben wir zwei das Spiel nochmal gemacht. Das war was!
- Meine Kusine, die hat eine Tigerkatze, und die frißt immer die Tauben der Nachbarn. Und manchmal sitzt sie auch auf dem Baum von meiner Kusine. Und sie ißt keine Mäuse, die mag sie einfach nicht, weil sie sicher zu faul ist, um Mäuse zu fangen. Sie will lieber Katzenfutter, als Mäuse essen, so wie wir lieber Kuchen essen als ein Butterbrot. *Anna*

Die Katzenfalle

Wir haben eine Hütte in Frankreich! Dort haben wir verwilderte Katzen! Wir, d.h. mein Freund und ich, haben eine Falle gebaut! Weil eine von den Katzen eine Zecke hatte!

Die Falle ging so: Wir haben eine Schnur an einen Stock gebunden! Und eine Kiste draufgestellt!

Sie ist nicht reingegangen. *Max*

Ich wünsche mir eine Katze

Ich will eine Katze haben, weil man mit Katzen so gut schmusen kann. Und weil man so gut mit ihr spielen kann. Und weil sie uns die Mäuse aus der Wohnung hält. Aber eins finde ich blöd, und zwar, daß die Katze alles kaputtbeißt. Denn dann muß man alles neu kaufen. Und dann können wir auch kein Essen und kein Klo für die Katze kaufen.

Marcel

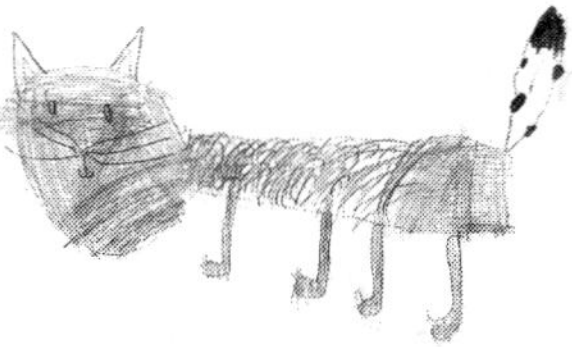

Als ich »Bartels Abenteuer« entdeckte, den Katzenroman von Marlen Haushofer, habe ich ihn von Anfang bis Ende vorgelesen.[3] Nicht an einem Tag natürlich, sondern Stück für Stück jeden Tag vor der großen Pause, wenn die Kinder dicht vor mir saßen und ihr Pausenbrot aßen, um in der Pause dann die Hände frei zu haben und spielen zu können. Marlen Haushofer wusste sehr viel von Kindern. Ihren Bartl schildert sie aus einer ähnlichen Haltung gegenüber dem Tier, wie sie sich in den Geschichten der Kinder zeigt, die nun die Katzengeschichte der großen Kollegin mit einer ganz besonderen Aufmerksamkeit hörten, die zu spüren war, aber nicht zu beschreiben wäre.

---

3 Marlen Haushofer: Bartls Abenteuer. Wien 1964. Inzwischen gibt es den Roman auch als Taschenbuch.

Bilder von Katzen

Die kleinen Katzen, die sich in diesem Kapitel tummeln, zeigen stark verkleinert Bilder, die Kinder im ersten Schuljahr mit Bleistift gezeichnet haben, ohne dass die Katze vorher Unterrichtsgegenstand gewesen wäre. Ich verstehe sie nicht etwa als unterschiedlich geschickt und zutreffend gezeichnete Abbilder der einen, typischen Katze, sondern als Bilder von Katzen, die so unterschiedlich sind, wie die Katzen, denen die Kinder begegnet sind. Jedes der Kinder hat sich zugetraut, einfach so, ohne Vorbesprechung oder Klärung, eine Katze zu zeichnen. Manchen Bildern sieht man an, dass das Kind sich nicht zum erstenmal an einer Katze versucht hat. In allen kann man lesen, was das Kind über Katzen weiß oder sich beim Zeichnen klarmacht. Rätselhaft ist mir, wieso sich fast alle Katzen nach links wenden.

Adelheid Staudte hat in einem Aufsatz das Verhältnis von leibhaftiger Begegnung mit einem Tier und dessen symbolischer Repräsentation in Zeichnungen am Beispiel der Katze untersucht.[4] Der Kater Tiger wird im geschlossenen Korb in den Kreis der Kinder gestellt. Er ist zu hören, und die Kinder wollen ihn befreien. Er wird herausgeholt und ist zu sehen. Die Lehrerin berichtet über Tiger, Kinder erzählen »von eigenen Erlebnissen mit Katzen und anderen Haustieren. Die anderen Kinder hören je-

4 Adelheid Staudte: Zum Beispiel »Katze«. Aktive Wahrnehmung und symbolische Repräsentation im Unterricht. In: Adelheid Staudte (Hrsg.): Ästhetisches Lernen auf neuen Wegen. Weinheim/Basel 1993, S. 96–106 (Jüngere Veröffentlichungen zeichnet sie als Adelheid Sievert.)

doch kaum zu, sie wollen vor allem den Kater selbst beobachten. Mit einem mitgebrachten ›Spielzeug‹ gelingt es, den Kater zum Spielen, Anschleichen und Springen zu motivieren. Diese Beobachtungen werden jedoch kaum verbalisiert, da es immer Neues zu sehen gibt. Auf Fragen einzelner Kinder hin wird zwar noch über das Leben des Katers in der Stadt, sein Futter u.ä. gesprochen, das Hauptinteresse der Schüler ist jedoch darauf gerichtet, den Kater anzufassen, ihn zu streicheln und selbst zu halten.« Die »Schüler« sind halt Kinder!

»Die Lehrerin gibt die Anregung, den Kater zu zeichnen oder zu malen.«[5] Mich wundert, dass es nicht heißt, sie hätte den Kindern eine Aufgabe gestellt. Dass die Kinder sich vom wirklichen Kater losreißen oder losgerissen werden müssen, um ihr Bild zu beginnen, wundert mich nicht. Sie haben nicht genügend Muße gehabt, diejenige Beziehung zu Tiger aufzunehmen und auszukosten, die ihnen in dieser Situation, wo ein Tier wirklich anwesend ist, als erste gemäß ist: gelebte Beziehung in leibhaftiger Berührung und einfühlender Beobachtung. Danach erst könnten sie freiwillig Abstand nehmen von Tiger, um ihre Beobachtungen in Sätze oder in ein Bild zu fassen, die aber auch noch keine abschließenden Äußerungen wären, sondern eine vertiefende, klärende Arbeit an der Beziehung zu Tiger, der damit erst zum Gegenstand von Unterricht würde. Wann und unter welchen Umständen er für die Kinder eine Katze von vielen ähnlichen würde, gar »die Katze«, lässt sich nicht leicht sagen. Darüber haben wir noch viel zu wenig nachgedacht.

Die Fülle der Aussagen über Katzen und die vielen verschiedenen Beziehungen zu Katzen, die sich in den hier versammelten Katzengeschichten zeigen, dazu all die eigenwilligen Katzengeschöpfe, die uns in den Bildern der Kinder gegenübertreten, lassen sich auch von mir nicht mit einem verallgemeinernden Blick

---

5 a.a.O., S. 97

umfassend wahrnehmen. Trotzdem bin ich als Lehrerin sicher: Da gibt es viele Individualitäten, aber auch das Katzenhafte, das, was alle Katzen ausmacht, »die Katze« eben. Aber was ist das denn? Das Fell, der Schwanz, der Gang, das Raubtierhafte, die Krallen? Was muss man über Katzen wissen, um Bescheid zu wissen? Was soll im Unterricht den Kindern klar werden und in der anschließenden HSK-Probe vorgezeigt werden? Auf welche Katze soll sich das Wissen, dass die Kinder sich im Unterricht aneignen sollen, beziehen? Was ist das Wesentliche, das in den Unterricht gehört?

So lange ich meine, es sei leicht, das Wesentliche über Katzen zu wissen, sehe ich sie tatsächlich in einem ganz engen Rahmen, als erfahrene Lehrerin wohl im üblichen Schulbuchhorizont. Und da gibt es viele Eigenarten und Probleme nicht, mit denen vertraut sein muss, wer beispielsweise mit Mimi und Pumi zusammenleben will. Die waren durch unseren Umzug so irritiert, dass sie ihre Katzentoilette nicht mehr zuverlässig benutzten. Ein Buch sagte mir, »Was Katzen wirklich brauchen« und gab mir »Tips für ein unbeschwertes Zusammenleben«.[6] Da löste sich manches Rätsel, das meine Katzen mir in mehr als zwanzig Jahren aufgegeben hatten. Gleichzeitig wurden sie mir aber noch rätselhafter. Ich sah sie nicht mehr als ziemlich eigenwillige Verkörperungen der Gattung »Katze«, sondern als Wesen, über die man sehr viel wissen muss, um sie verstehen und angemessen mit ihnen verkehren und für sie sorgen zu können. Die beiden fremdvertrauten Persönlichkeiten wurden mir so interessant, als wüsste ich fast nichts von ihnen.

Und da fällt mir ein Toilettentraining für Katzen ein, dass mein Bruder im Internet für mich gefunden hat: Eine Katze kann, so behauptet das Papier, dazu erzogen werden (dressiert werden), eine Menschentoilette zu benutzen. Wenn jemand »die Katze«

6 Gwen Bohnenkamp: Was Katzen wirklich brauchen. Tips für ein unbeschwertes Zusammenleben. Stuttgart 1997

nur in so abgerichteten Exemplaren kennt, mag er meinen, ihre Natur zeige und erschöpfe sich in dem, was sie in ihrer von Menschen gemachten Situation leben kann. Die denaturierte Katze, optimal angepasst an die Stadtwohnung!

Im Haus von Freunden schaut gelegentlich eine verwilderte Katze vorbei, ein sehr würdevolles Geschöpf. Sie ist ein Wesen ganz aus eigenem Recht, hat eine stolzere Haltung als meine Wohnungskatzen, die sich den von mir gesetzten Bedingungen, meinem Bild von Katzen in manchem haben anpassen müssen.

Mit Adelheid Staudte gesprochen gilt für das Haustier Katze »in Analogie zum Werkzeug die materialistisch begründete Überlegung, daß sie in ihrer heutigen Erscheinungsform und Funktion ein Ergebnis historisch-gesellschaftlich entwickelter menschlicher Bedürfnisse darstellt.«[7] Vielleicht ahnen Kinder, denen wir im Unterricht die Katze vorstellen, dass wir vorhaben, sie mit einem Bild der Katze abzuspeisen, selbst wo wir ein lebendiges Exemplar mit Namen Tiger in ihren Kreis bringen, und verteidigen ungebärdig ihren eigenen Blick, weil sie noch hoffen, der könnte etwas gelten im Rahmen gemeinsamen Bemühens um Erkenntnis. Vielleicht haben sie die Hoffnung auf eine unmittelbare Beziehung zu den Gegenständen des Unterrichts schon aufgegeben, wenn sie sich klaglos unseren Lehrplänen fügen.

Auch die Kinder selbst müssen sich dem Bild anpassen, das wir uns von ihnen gemacht haben. Braven Kindern gelingt das. Widerspenstige, auch verhaltensgestörte Kinder zeigen uns, was die braven Kinder von sich selbst geopfert haben, um uns genehm zu sein. Wir Erwachsenen sollten uns ein Gewissen daraus machen, Kindern in der Schule nicht mehr Selbstverleugnung abzuverlangen, als wirklich nötig und sinnvoll ist. Unterricht darf sich nicht auf ein »konstruiertes Kind« beziehen, und sei dieses Bild mit noch so viel empirisch gesicherten Daten aus der Ent-

7 Adelheid Staudte, a.a.O., S. 102

wicklungspsychologie oder Kindheitsforschung gezeichnet. Es bleibt ein Bild, künstlich und armselig im Vergleich mit jedem wirklichen Kind, das wir vor uns haben. Im Umgang mit ihm müssen wir uns bewähren als Mensch gegenüber seinem Mitmenschen, der den andern liebevoll im Blick behält und voller Achtung weiß:

Kinder gehen eigene Wege.

Hans hat einen Flügel

Es gibt Ausflüge, bei denen man auf jeden Fall immer auch nebenbei und eher zufällig etwas lernt. Und es gibt Lernausflüge, bei denen das Lernen Programm ist. So ein Ausflug war der zu Hans Krieger, einem langjährigen Freund, Journalist von Beruf und Pianist im Privaten. Er lebte damals allein in einer kleinen Wohnung, die man von Schwabing aus leicht mit der U-Bahn und zu Fuß erreichen konnte. Wie die Idee entstand, ihn mit der Klasse zu einem Privatkonzert zu besuchen, weiß ich nicht mehr. Er hat sich damals gerne erzählen lassen, was ich mit meinen Schulkindern erlebte, und hat mich wahrscheinlich manchmal darum beneidet, dass ich so leichthin vieles, was mir lieb und wichtig ist, mit den Kindern teilen konnte. Da lag es nahe, dass er gleich zustimmte, als ich ihn darum bat, uns einen Begriff von klassischer Musik zu geben, bei den Kindern Interesse dafür zu wecken. Und natürlich sollte er uns auch sein Instrument zeigen, was es kann und wie er mit ihm umgehen muss, wenn er es spielt.

Wir haben den Konzertbesuch nicht groß im Unterricht vorbereitet, ich habe den Kindern nur den Hans, wie ich ihn kannte, vertraut gemacht, indem ich erzählte, was ich mit ihm schon erlebt hatte. Zum Beispiel war er einmal der Nikolaus für meine Tochter gewesen, als sie noch sehr klein war, und hatte mit ihr und drei Gastkindern im dunklen Garten mit schwingendem Mantel getanzt. Das Konzert wollte Hans allein planen, ich sollte gemeinsam mit den Kindern zu Gast sein.

Unterwegs in der U-Bahn waren die Kinder schon ganz auf

»Klassiker« eingestimmt. Wir hatten Wochen vorher den Botanischen Garten besucht, dort auch einen uralten Pomeranzenbaum betrachtet, und Eva, die grad ein Praktikum bei uns machte, hatte am nächsten Tag ein Gedicht von ihrem Mann mitgebracht, das er »Ein Klassiker« genannt hatte. Daraus ergab sich ein intensives Interesse der Kinder für die Klassiker unter unseren Dichtern. Ich habe an anderer Stelle davon berichtet.[1]

Daran sollte das Konzert nun anknüpfen, so dass die Kinder danach wüssten, unabhängig vom Einfluss des Elternhauses: *Die Musik der Klassiker, das ist auch etwas für mich!* Am Goetheplatz fragte ein Kind laut in den U-Bahn-Wagen: »Wohnt der Goethe hier?« Ein anderes wollte wissen: »Gibt es hier auch eine Schillerstraße?« Amüsant und verblüffend für die anderen Fahrgäste, für mich ein Grund, stolz zu sein. Als Lehrerin ist man ja schnell mal stolz, wenn die Kinder in der Öffentlichkeit zeigen, dass sie in der Schule etwas gelernt haben.

Als wir beim Hans ankamen, zogen alle brav ihre Schuhe an der Wohnungstür aus, gaben dem Gastgeber höflich die Hand, legten die Jacken im Schlafzimmer ab und setzten sich im Wohnzimmer, das bis auf den Flügel und Sitzgelegenheiten für uns ausgeräumt war, auf die Plätze. Hans hat uns dann etwas von Beethoven erzählt, und uns mit Musikauszügen und Erklärungen eine Einführung in den zweiten Satz der Pathétique gegeben. Fragen durften frei geäußert werden und wurden sogleich beantwortet, mit Worten oder Klängen. Dann hat Hans uns den Satz als Ganzes vorgespielt. Später hat er uns ähnlich eine Fuge von Johann Sebastian Bach vorgestellt.

In der Pause gab es Saft und frische Luft, und der Flügel konnte untersucht und ausprobiert werden. Wir bekamen erzählt, wie und wann der Flügel erfunden wurde, und mit welchen anderen Instrumenten er verwandt ist. Dann durften wir

---

1 Ute Andresen: Versteh mich nicht so schnell. Gedichte lesen mit Kindern. a.a.O., S. 31ff

noch ein Impromptu von Schubert hören, und schließlich mussten wir alle gehen, Hans in seine Redaktion, wir zurück in die Schule. Als Gastgeschenk ließen wir fünf von Kindern ausgesuchte und gedruckte Gedichte aus der großen Anthologie zurück, die ich in die Klasse mitgebracht hatte, um den Kindern die Klassiker in ihrem literarischen Umfeld zu zeigen.

Nun wurde eigentlich nach einem so erlebnisreichen und interessanten Ausflug immer etwas geschrieben, um das Wesentliche noch einmal zu vergegenwärtigen, zu klären und auch aufzuheben. Meist haben alle miteinander Stichwörter gesammelt, die habe ich auf Zettelchen geschrieben, dann wurden sie verlost, und jedes Kind schrieb zu seinem Stichwort das, was ihm selbst wichtig war als eine Facette des gemeinsamen Erlebnisses. Aus allen Texten zusammen entstand dann ein kleines Buch, das für alle zum Lesen bereitlag.

In diesem Fall habe ich selbst den klärenden, bewahrenden Text geschrieben, mit der Schreibmaschine auf Blätter im Format DIN A 5, die ich dann auf das Doppelte vergrößert und für die Kinder kopiert habe, einen gut lesbaren Text, in dem sie sich alle wiederfinden konnten. Sie hatten mir vorher aufgegeben, was alles darin vorkommen sollte. Das war unsere »mündliche Wiederholung«. Wichtige Begriffe, Sammelpunkte frischen Wissens, waren dann im Text groß herausgehoben. So konnte man lesend bei ihnen innehalten, um sich zu besinnen: *Was war da um dieses Wort? Was habe ich da erfahren, als es auftrat? Was weiß ich seither, was ich vorher nicht wusste?* Da jeder Text voll eigener Erfahrung nicht nur einmal gelesen wird, auch nicht nur allein, da er erlaubt, auf eine Erfahrungsinsel zurückzukehren und sich dort noch einmal umzusehen, durfte ich auch in diesem Fall damit rechnen, dass »Hans hat einen Flügel« von allen Kindern mehrfach gelesen würde, auch ohne unterrichtlichen Nachdruck, und das sich so mehrfach die Beziehung der Kinder zu unserem Gegenstand »klassische Musik« vertiefen und stärken würde.

Heute sind diese sechs Blätter nicht nur eine lebendige Erinnerung für die Kinder, für mich und natürlich auch für Hans. Sie sind auch ein Symbol der Tatsache, dass es für Grundschulkinder das Glück gemeinsamen Lernens gibt, wenn da ein großherziger Erwachsener ist, der viel weiß und kann, und darum etwas zu geben hat und es gerne gibt. Ein Erwachsener, der sich auf Kinder einzustellen weiß, der mit ihnen sprechen kann, ohne, wie Erich Kästner schrieb, in die Kniebeuge zu gehen, und doch auf gleicher Augenhöhe. Es müssen nur Kinder zu ihm kommen, die neugierig sind auf das, was er zu geben hat, und sich ihm und seiner Gabe offen zuwenden, weil sie spüren, dass er sie ernstnimmt. Was ist dieses Gabe? Sein Flügel und die Musik, die er darauf spielt, Gegenstand seiner Liebe. Diese Liebe teilt er mit den Kindern, er zeigt ihnen seinen Dialog mit dem Flügel und der Musik, er unterstützt ihre selbstständige Annäherung an den Gegenstand, indem er ihre Fragen beantwortet, sie die Musik hören, den Flügel berühren und erkunden lässt, sie mit ihren Gedanken anhört und ernstnimmt, und weckt in ihnen den Keim einer eigenen Beziehung zu seinem Gegenstand; vielleicht wird auch für die Kinder einmal Liebe daraus.

Wieviel den Kindern die Stunden bei diesem fremden Erwachsenen bedeuteten, zeigte sich auch darin, dass manche ihm später noch Briefe schreiben wollten. Sie wünschten sich, den Kontakt zu Hans und seiner Musik zu halten. Auf Recordern in Kinderzimmern, die sonst eher der Wiedergabe von Märchen und Kinderpop dienten, waren in der nächsten Zeit auch die klassischen Stücke zu hören, die Hans uns vorgespielt hatte. Wir haben sie uns auf einer Cassette zusammengestellt und die dann für alle in der Klasse kopiert.

Schau mal! Horch mal!

Erinnerung ist eigenwillig. Von »Klassikern« weiß ich nichts, wenn ich an diesen Sommermorgen denke, an dem die Kinder zu mir kamen, um irgendetwas mitzubekommen von dem, was Musik ist und was sie für mich bedeutet. Warum ich mit Bach, Schubert, Chopin lebe, warum ihre Musik mir ein Lebenselement ist. Ja, ich habe Schubert und Beethoven gespielt und sogar versucht, den Kindern eine Ahnung davon zu vermitteln, was eine Fuge von Bach ist: ein spielerisch geordnetes harmonisches Miteinander der Stimmen, das strenge Regeln braucht, aber in seiner Regelhaftigkeit leblos bliebe, wenn die Harmonie des Miteinanders nicht noch etwas anderes aussagte: Liebe. Und wie hätte das Wunder des Ineinsklingens von drei Themen unterschiedlichen Charakters und je ganz eigener Gestaltprägung auch nur erahnt werden können ohne zuvor ein Staunen darüber, wie ein solcher Zauber des Zueinanderfindens der Töne aus so einem schwarzglänzenden Kasten mit gespannten Metalldrähten und ein paar hölzernen Hämmerchen kommen kann? Also erstmal den Deckel weit auf und die Kinder sehen und ausprobieren lassen, wie die Tasten ein Hebelwerk in Gang setzen und eines der liegenden Hämmerchen nach oben schnellen lassen, sodass es anstößt mit seinem Filzbelag an die darüberliegende Saite und sie zum Schwingen und Klingen bringt, und wie beim Loslassen der Taste sich eine Dämpferhaube über die Saite legt und den Ton verstummen lässt. Und dann ausprobieren, welche geheimen Freundschaften und Verschwisterungen es unter den Tönen gibt, wie manche einander mehr zugetan sind als andere, so nahe verwandt oder so innig aufeinander bezogen, daß der eine ganz von selbst mit einstimmt, wo der andere zum Klingen gebracht wird, wenn nur durch stummes Niederdrücken der Taste der dämpfende Filz von der Saite abgehoben ist. »Obertonreihe« heißt das, die Grundlage der Harmonie, aber der Begriff zur Sache war noch ganz unnötig, denn hier galt es erst einfach horchend etwas zu entdecken, was zum naturhaft Gegebenen der Musik gehört. Jedes Kind bekam »seinen« Ton zugewiesen, den es anschlug und dem es nachlauschte, um ihn sich einzuprägen, und dann drückten sie mit großer Achtsamkeit ihre Taste noch einmal, ganz behutsam, damit die Saite auf keinen Fall vom

Hammer erreicht wird. Und wenn dann ein anderes Kind drunten im Bass den zugehörigen Grundton anschlug, dann leuchteten die Augen auf mit bewundernder Freude, denn wirklich ganz von selbst erklang jedem Kind sein Ton, den es doch so sorgfältig nicht angeschlagen, nur durch Heben des Dämpfers freigegeben hatte; er erklang spontan, zum Singen erregt allein durch das Aufklingen eines anderen, ihm nahe verbundenen Tones.

Dies ist für mich die dominierende Erinnerung und das Zentralerlebnis dieser Vormittagsstunde vor mehr als zehn Jahren: dieses Aufleuchten der Augen beim Aufblitzen einer Ahnung von Erkennen, und ich vermute, dass in diesem erleuchteten Staunen nicht nur die Lust am Entdecken liegt, sondern auch ein freudiges Gewahrwerden von etwas in der Welt, das nach Einung strebt und dem man sich anvertrauen kann. In diesen Minuten habe ich erlebt, was wohl das Glück des Lehrerseins ausmacht: begleitend dabeizusein, wenn das erwachende Bewusstsein sich der Welt öffnet und ergriffen innewird, dass diese Welt auch ihm sich öffnet, von sich aus spricht und anspricht. Und ich habe ein wenig davon erspürt, wie wichtig es für den Lehrer sein mag, ganz unwichtig zu sein, wenn die Dinge sprechen. Denn eigentlich habe ich gar nichts getan. Ich habe nur gesagt: »Schau mal! Horch mal!« Die Kinder haben geschaut und gehorcht. Und sie haben sich gefreut, weil sich ihnen etwas mitgeteilt hat.

Hans Krieger

ALLTAGSSTRASSE, UNBEKANNT

Ich hatte zugesagt, für eine Zeitschrift ein Unterrichtsprojekt zu erproben und zu beschreiben: »Unsere Straße« für ein Heft über Stadtverkehr. »Stadtverkehr« behandeln in der Grundschule? Gar noch im ersten Schuljahr, das ich grad unterrichtete? – Das geht nicht! Ich weiß nicht, wie ich das Thema anpacken soll! Vielleicht kann ich mit den Kindern darüber reden, was sie gerne auf der Straße täten, aber nicht tun können, weil zu viele Autos durchfahren. Oder ich spreche mit ihnen über ihren Schulweg. Das Thema fing an, mich zu beschäftigen. »Unsere Straße«, das sollte die Haimhauserstraße in Schwabing sein, die Straße, die alle Kinder aus der Klasse kennen, weil dort unsere Schule steht.

Wie aber anfangen? Ich kam zu keinem Schluss und wandte mich an die Kinder: Im Kreis am Boden sitzend sagte jedes, was es über unsere Straße wusste, was es dazu im Kopf hatte, was ihm einfiel, woran es sich erinnerte: *Vor der Schule ist ein Zebrastreifen, und da steht morgens ein großes Mädchen von der Realschule als Schülerlotse für uns. – Wenn wir erst um 9 Schule haben, sind keine großen Mädchen mehr da. – Morgens vor acht ist die ganze Straße voll mit großen Mädchen aus der Realschule. – Wenn ein Auto vor der Schule hält, weil ein Kind aussteigt, ist manchmal die ganze Straße verstopft. – Der Kindergarten ist auch in der Straße, da war ich früher. – Ich auch! – Ich geh' da immer noch in den Hort. – Wenn meine Mama mich manchmal abholt, gehen wir immer zum Metzger rein und ich krieg eine Leberkässemmel. – Da beim Metzger ist auch ein kleiner Laden, wo es Wolle gibt. Da hängen so süße Kindersachen im Fenster. – Neulich hab ich an der Ecke einen Laster gesehen, der kam gar nicht rum.*

Es sprudelte nur so heraus, immer neue Bilder, neue Zusammenhänge, neue Themen. Wie sollte ich das alles unter das Thema »Stadtverkehr« ordnen?

Während ich versuchte, möglichst alle Äußerungen zu notieren, wurde klar, dass unsere Straße eine geradezu ideale Stadtstraße ist. Man muss nur hinschauen, hineingreifen ins Leben der Straße, und es wird interessant und überraschend. Überraschend vor allem, weil manche von uns jahrelang durch diese Straße gegangen sind, in ihr gelebt haben, ohne sie wirklich zu sehen.

Daheim dann, angesichts meiner vollgekritzelten Notizzettel, treffe ich eine schnelle Entscheidung: keine große Planung, sondern einfach Schritt für Schritt vorgehen, wie es sich anbietet, sich uns aufdrängt!

Am nächsten Tag machen wir einen Ausflug in die Straße vor unserer Schulhaustüre. Es ist der erste Lernausflug mit einem großen Arbeitsauftrag und ich bin froh, dass an diesem Tag Studentinnen bei uns sind, sonst hätte ich Eltern um Hilfe bitten müssen. Ich habe Umdrucke vorbereitet. Darauf sind alle Läden und Institutionen erwähnt, die die Kinder genannt haben. Daneben ist Platz für die Hausnummer, die eingetragen werden soll. Einige Zeilen sind frei für Läden, die wir noch nicht erwähnt haben und die darum auf dem Zettel fehlen.

Und nun suchen die Kinder in Gruppen mit ihrer Studentin die Läden und ihre Hausnummern straßauf und straßab. Wenn etwas unklar ist, gehen die Mutigsten ins Haus und fragen. Merkwürdig: Viele Häuser haben mehrere Eingänge, mehrere Läden, aber nur eine Hausnummer. Und die Eckhäuser dort, wo Occamstraße und Marktstraße kreuzen und dort, wo unsere Haimhauserstraße als Sackgasse an der Münchner Freiheit endet, gehören teilweise gar nicht in unsere Straße. Jedenfalls nicht

ihrer Hausnummer nach. In München lässt sich das sehr leicht feststellen, weil auf dem Nummernschild immer auch der Straßenname steht. Auch das hatten die meisten Kinder noch nie bemerkt. Gut, dass sie nun lesen können!

Als wir wieder in der Klasse ankommen – nicht nach einer halben Stunde wie ausgemacht, sondern nach anderthalb – sind alle erschöpft und voller Eindrücke. Die Kinder haben in der Metzgerei halbe Schweine hängen sehen und zugeschaut, wie eine Maschine Würste ausspuckte. Sie haben eine Glaserei entdeckt und eine kleine Schreinerwerkstatt, beide in Hinterhäusern. Sie haben die Hausnummer der Kirche nicht gefunden und auch nicht den Arzt. Nur Kathis Gruppe kennt sich aus, weil Kathi gegenüber wohnt und ihre Oma zu dem Arzt geht. Ich höre vieles aus kleinen Bemerkungen heraus, aber ein geordnetes Gespräch mit allen ist nach dieser Anstrengung nicht möglich.

Am nächsten Morgen ein Gespräch im Kreis: *Erzähle von irgendeiner überraschenden Entdeckung*! Ich staune. Die Kinder haben Menschen gesehen, wo ich auf Ornamente, schöne Fenster, spezielle Angebote in den Läden geachtet habe. Sie erzählen sogar von Bäumen, Rasenflecken und Unkrautbüscheln, die vor diesem Ausflug irgendwie unsichtbar waren. Hausaufgabe: *Schau dir deine Straße daheim an. Was würdest du uns zeigen wollen?* Die meisten Kinder wollen am liebsten gleich etwas erzählen. Alle haben am nächsten Tag etwas zu bieten, daraus ergibt sich manche Verabredung für den Nachmittag.

Mittags, kurz vor Schulschluss, gehen wir noch einmal vor das Schulhaus. Jedes Kind schreibt auf einem Zettel mit länglichen Kästchen die Nummern von Autos auf, die im Straßenabschnitt vor der Schule stehen. Hätte ich doch bloß vorher noch auf die Verkehrsgefahren aufmerksam gemacht! Aber es passiert nichts, keiner geht einen Schritt zu weit. Ein Junge bleibt lange zurück, weil er über der Freude, seinen eigenen kleinen Bruder durch den Zaun des Kindergartens zu entdecken, uns und die Aufgabe vergessen hat.

Als eine Frau kommt, in ihren Wagen einsteigen und wegfahren will, wird sie gefragt, warum sie denn da bei uns geparkt habe. *Weil ich hier wohne,* sagt sie und zeigt auf ein Haus. Sie wartet, bis sich alle Kinder das Kennzeichen ihres Autos aufgeschrieben haben. Auf der anderen Seite erklärt ein Mann, er parke da, weil er im Haus gegenüber in einem Büro arbeite. *Hab ich's mir doch gedacht*, sagt eines der Kinder befriedigt.

Weil das Sammeln von Autonummern solchen Spaß gemacht hat, bekommt jedes Kind noch einen Zettel mit Kästchen. Den nimmt es mit heim, um in der eigenen Straße parkende Autos einzutragen. Am nächsten Tag stellt sich heraus, dass in manchen Straßen fast nur Nummern aus München vorkommen. Das sind Wohnstraßen mit einzelnen Läden für die Anwohner. In anderen Straßen fanden sich viele auswärtige Nummern, weil Anziehungspunkte für Fremde in der Nähe sind. Gespannt verfolgen die Kinder, welche Nummern ich enträtseln kann. Manchmal weiß ein Kind Bescheid, weil die fragliche Nummer aus dem Ort stammt, wo seine Verwandten wohnen. Alle kommen in unsere Stadt!

Julia hat es schwer, weil vor ihrem Haus niemand parken darf, obwohl die Straße da sehr breit ist, vierspurig sogar. Warum? Alle Kinder kennen diese Straße und wissen, dass dort immer viel Verkehr ist. Julias Straße ist eine Hauptverkehrsstraße. Ich bin wieder überrascht. Mit einer so klaren Unterscheidung von Stadtstraßen verschiedener Ordnung anhand einer so einfachen Hausaufgabe hatte ich gar nicht gerechnet.

Wir beschließen, eine Deutschlandkarte aufzuhängen und dazu alle ausgewählten Nummernschilder auf Karton. Auf der Karte kann man mit Nadeln festhalten, woher die Autos kommen, die wir bei uns in Schwabing treffen. Eine Straßenkarte aus der Tankstelle muss doppelt gekauft werden, damit Vorder- und Rückseite zusammengesetzt das ganze Bundesgebiet ergeben. Ich schneide die Bundesrepublik an den Grenzen entlang aus und lasse nur Namenskarten auf die benachbarten Länder weisen. Später können wir uns die einmal genauer ansehen. Die Kinder brauchen jetzt eine klare Grenze, um München als einen Teil eines umgrenzten Gebietes begreifen zu lernen. So also sehen das Land und die Stadt auf einer Karte aus, wenn alles nur flach gezeichnet werden kann!

Und wie sieht nun unsere Straße aus? Als ich den Kindern die Aufgabe gebe, die Haimhauserstraße zu zeichnen, verliere ich die Nerven und schimpfe, weil die meisten es *falsch* machen, offenbar *nicht aufgepasst haben*. Es dauert eine Weile, bis ich angesichts liebevoll ausgeführter Einzelheiten – Schulhaus, Bäume, Metzgerladen – erkenne, dass die Kinder die Straße immer noch ganz anders erleben als ich. Und sie stellen das, was sie wissen, anders dar, als ich es unter dem Einfluss langjähriger Stadtplaneindrücke tun würde.

Ich lasse sie schließlich geduldig gewähren, beruhige mich und schäme mich ein wenig, wenn eins der Kinder kommt und mir strahlend zeigt, was es gerade gezeichnet hat: lauter winzige Autos, eine Karambolage auf der Kreuzung, einen Abschleppwagen, Strichmännchen auf dem Zebrastreifen. Jedesmal steckt eine ganze Geschichte drin, die ich gelten lassen muss. Gerne!

Nur ein Kind zeichnet die Ursulastraße richtig in sein Bild. Sie mündet nämlich in unsere Haimhauserstraße ein, und zwar ganz nah bei der Schule, und kreuzt sie nicht. Alle Kinder bis auf dieses eine lassen sie über unsere Straße laufen, *mitten durch den Zaun*, an dem sie jeden Schultag vorbeigehen. Dahinter ist ein Teil der Höfe von Kindergarten und Schule. Ich resigniere. Für Planzeichnungen sind Erstklässler noch zu klein! Das Einführen der Karte war vielleicht doch ein Fehler.

Zwei Tage später will ich sie darauf aufmerksam machen, dass unsere Straße einen Knick hat. Man kann sie immer nur ein Stück weit sehen, dann biegt sie ab, verschwindet scheinbar hinter einem Haus. Um zu verdeutlichen, wie das zustande kommt, nehme ich die Kreide und skizziere nun doch wieder einen Plan an der großen Tafel. Und so, mit meinen Erklärungen, können die Kinder offenbar etwas mit der Planzeichnung anfangen, können sie lesen. Sie sind ganz bei der Sache, und ich entwickle mit ihnen den Zusammenhang unserer Straße mit Quer- und Parallelstraßen.

Als ich am Ende entspannt zum Schwamm greife, halten sie mich zurück. *Wisch das nicht ab!* Also bleibt die Planskizze für eine Weile an der Tafel stehen. Und immer wieder sehe ich in den nächsten Tagen Kinder, die sich darin zurechtzufinden versuchen. Ich werde ihnen wohl auch noch einen Plan für ihr Heft zeichnen und abziehen müssen! Sie können sich doch schon hineindenken!

Auf zwei Karteikarten schreibe ich »Grundschule« bzw. »Realschule«, dazu beidesmal »Schülerzahl« und »Unterrichtszeit«. Mit je einer dieser beiden Karten schicke ich zwei Kindergruppen in die beiden Sekretariate im Haus, damit wir genau erfahren, wie viele Schulkinder jeden Tag in die Straße und in das Schulhaus strömen, wann sie kommen und wann sie gehen.

Die Sekretärin in der Realschule hat uns auf der Maschine ausgerechnet, wieviele Realschülerinnen es gibt, berichten Philipp und Orest, als sie zurückkommen. Sie sind nach diesem Erlebnis auch Feuer und Flamme, als ich ihnen ähnliche Karten für die Geschäfte in der Straße gebe. Und am nächsten Tag sind sie voller Geschichten über den Nachmittag.

Überall, beim Arzt, beim Goldschmied, beim Elektriker haben sie Auskunft bekommen. Manchmal gab es auch längere Gespräche. *Wir haben den Mann in der Hemdenschneiderei gefragt, was er zwischendrin macht, wenn er nur fünf Kunden am Tag hat. Ob er sich nicht langweilt. Da schneidet er Hemden zu, hat er gesagt. – Du, Kathi, der Goldschmied hat gesagt, er kennt dich. – Im Taxihof ist auch ein Laden für Süßigkeiten, den sieht man gar nicht von der Straße. Die Männer essen viel Süßes, hat die Verkäuferin gesagt.* Orest und Philipp sitzen vor der Tafel auf Stühlen. Die anderen Kinder, am Boden vor ihnen sitzend, fragen die beiden aus. Die berichten so lebendig, dass wir es alle miterleben können. *In die Wäscherei sind wir auf Zehenspitzen reingegangen. Da lag soviel Wäsche am Boden! Die wollten wir nicht schmutzig machen.* Am Nachmittag wollen sie mit den restlichen Karten noch einmal losziehen.

Am nächsten Tag dann schauen wir uns die Zahlen an: Der eine hat 300 Kunden, der andere nur 3 am Tag. Alle Patienten, Kunden, Gäste zusammen ergeben eine unvorstellbar große Zahl von Besuchern in unserer Straße, die wir so nie wahrnehmen. Sie verteilen sich auf den ganzen Tag. Nur die Schüler kommen und gehen in Massen auf einmal. Das ist wie Ebbe und Flut.

Wo kommen nur all die Menschen her? Und wie kommen sie in unsere Straße? Mit dem Auto die wenigsten, weil meist alle Parkplätze belegt sind. Sie können auch nicht alle ganz in der Nähe wohnen und also zu Fuß kommen. Nun ja, manche benutzen ein Fahrrad, das kann man überall abstellen. Und manche fahren mit dem Taxi. Viele aber, vor allem viele Realschülerinnen werden wohl mit dem Bus oder mit der U-Bahn kommen. Gleich dort, wo unsere Straße beginnt, ist eine U-Bahnstation. Und dort an der Münchner Freiheit ist auch ein Busbahnhof.

Ich nehme mir vor, zwei größere Lernausflüge mit den Kindern zu machen: einen mit der U-Bahn zu allen Endstationen, da gehen wir raus und schauen uns mal um. *Wie sieht es dort aus? Anders als in unseren Straßen? Wie kommt man von dort aus weiter?* Und einen Ausflug werden wir mit dem Bus machen, einfach nicht aussteigen, bis wir wieder dort ankommen, wo wir losgefahren sind. Als ich mich nach der geeigneten Buslinie umsehe, erfahre ich, daß die Straßenbahnlinie 14 durch die ganze Stadt fährt, durch die verschiedensten Viertel. Die müssen wir einmal nehmen von Endstation zu Endsation! Ich bin sicher, dass die Kinder, so klein sie sind, dann auch versuchen werden, unsere Fahrtrouten auf dem Stadtplan wiederzufinden und so ein erstes Bild von der ganzen Stadt gewinnen.

Vorher müssen wir uns die Menschenmenge veranschaulichen, die in die Straße kommt. Ich erinnere mich an einen Plan, den ich einmal in unserem Polizeirevier an der Wand gesehen habe. Zusammengesetzt aus mehreren Teilen ergab er ein Bild der Straßen des Reviers, so groß, dass man mit Augen und Fingern und Spielzeugautos sich darin bewegen könnte. So einen

Plan brauchen wir! Ich muss, so lästig das ist, mit der Polizei und dann mit dem Vermessungsamt telefonieren. Dort gibt es diese Blätter. Wenn ich sie habe, werde ich unsere Straße mit Filzstift hervorheben, vielleicht noch die angrenzenden Straßen. Dann legen wir den Plan auf den Fußboden, setzen uns drumherum und lassen die Menschen kommen, etwa alle Kinder unserer Schule und der Realschule in Gestalt von Klötzchen aus den Cuisinaire-Kästchen, die die Kinder haben: *Angenommen es ist viertel vor acht Uhr morgens. Dann sind einige in der Schule, viele kurz davor, manche zwei Straßen weg, etliche noch im Bus unterwegs …* Das werden wir uns erspielen.

Wenn wir erst die Besucherzahlen der Theater und Wirtschaften, der Disco und des Kabaretts ermittelt haben, die abends aufmachen, wenn kein Schulkind mehr in der Straße ist, können wir auch mit ihnen die Straße beleben und das miterlebte »Gezeitenbild« ergänzen. Diese Etablissements sehen während unserer Schulzeit sehr geheimnisvoll aus. Sie sind fest geschlossen und man kann sich kaum vorstellen, dass es dort abends hell ist, dass dort Menschen eng beieinander sitzen, reden und lachen und Bier trinken. Und wenn sie dann heimgehen, dann machen sie Krach!

Schwabinger Kindern ist das Problem der Lärmbelästigung durch vergnügungssüchtige Nachtschwärmer bekannt, aber es ist ihnen wohl nicht ohne weiteres klar, wie es auch in der Struktur unserer Schulstraße wurzelt. Uns begegnen die Nachtschwärmer indirekt, als wir uns fragen, warum jeden Morgen gegen neun ein Müllauto unter unserem Fenster einen solchen Krach macht. Das Müllauto kommt doch daheim nur einmal in der Woche! Wir überlegen: *Gegenüber, auf der anderen Straßenseite, stehen Müllkästen, in die der Straßenfeger seinen Wagen leert. Manchmal laufen sie über, soviel Dreck bleibt abends und nachts bei uns in den Staßen liegen.*

Als wir uns die Abfallkörbe an der Straße und die Müllkästen näher anschauen wollen, kommt das Müllauto, das die Schultonnen leert. Wir schauen eine Weile zu. Als es wegfährt, zeigt sich dahinter ein Bierlaster. Der Fahrer lädt volle Fässer und Flaschen für die Gastwirtschaft gegenüber ab, und leere Fässer und Flaschen lädt er auf. Trotzdem ist niemand zu sehen, der uns sagen könnte, wieviel Gäste abends kommen, nur eine Putzfrau, die uns das Fenster vor der Nase schließt.

Wir gehen weiter zur »Lach- und Schießgesellschaft«. Auch dort ist am Tag Ruhe, man kann nur ein paar Bilder im Schaukasten ansehen. Ich erzähle den Kindern etwas über dieses Kabarett, über das laute Leben, das sich dort am Abend entfaltet, und wie es ist, da drinnen in der Enge zu sitzen und mit ganz fremden Menschen laut zu lachen. Die Diskothek und das Stehcafé mit Weinhandlung etwas weiter habe auch ich noch nie betreten.

Abends muss es in unserer Straße wohl recht laut sein! Um das genauer erfassen zu können, entwerfe ich einen Tageskreis mit 24 Segmenten, für jede Stunde ein Segment, die Zeiten am Rande eingetragen. Alle Segmente von 20 Uhr bis 7 Uhr schraffiere ich. Das ist die Zeit, in der Ruhe sein sollte, weil Kinder schlafen wollen sollen. Ich ziehe viele Blätter mit diesem Kreis ab, die Hälfte in weiß, die andere in grau.

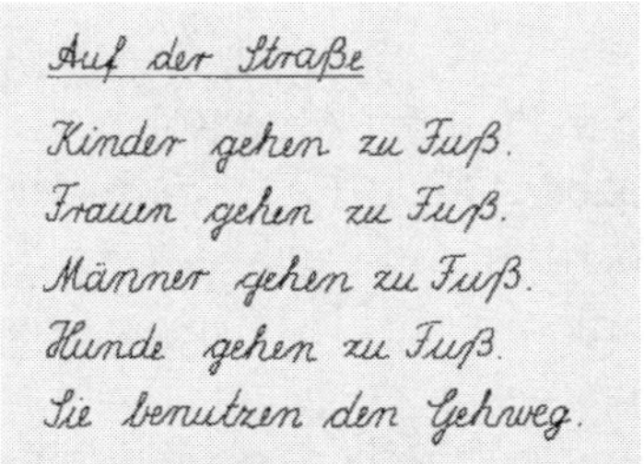

Wir setzen uns um unseren großen runden Tisch und klären, wie viele und welche Stunden ein »Tag« hat: wann er beginnt, wann wir schlafen, wann wir zur Schule gehen usw. So am runden Tisch können offenbar alle dem Gespräch folgen und verstehen etwas von dem, was ich am Tageskreis zeige. Dann tragen wir mit einem dicken Filzer in einige Bögen die Öffnungszeiten von Geschäften ein, auch die des Theaters und der Wirtschaft. Sofort wird deutlich, dass die Schlafenszeit durch späte Besucher gestört wird. Mehrere Blätter nebeneinander gelegt zeigen größere Bewegungen in der Straße. Die einen gehen, die anderen bleiben noch, die nächsten kommen schon.

Diese Tages-Kreise scheinen die Kinder zu fesseln. Und weil ich ihnen noch nicht zutraue, die Zeitgrenzen der Öffnungs- und Schließzeiten selbst zu markieren, schneide ich für jede Wirtschaft, jedes Geschäft die Segmente, in denen sie geöffnet sind, aus dem grauen Papier aus. Dann können die Kinder es in einen der Kreise auf weißen Grund kleben. Die Zeiten stehen ja beidesmal am Rand und müssen nur zur Deckung gebracht werden. Die Besucherzahlen der Geschäfte werden dazugeschrieben. Die großen Zahlen sind kaum ein Problem, obwohl sie den Stoff der ersten Klasse natürlich übersteigen.

Und die Menschen, die in unserer Straße ihren Arbeitsplatz haben? Die Verkäufer, Geschäftsinhaber, Kellner, Schauspieler, auch die Lehrer? Die haben wir noch gar nicht erfasst. Irgendwann werden wir also auch noch die Arbeitsplätze in unserer Straße erkunden.

Vorher aber werden wir einen Ausflug machen, bei dem wir möglichst überall reingehen und etwas kaufen oder bestellen, reparieren lassen oder erfragen. Ich werde meine schmutzige Bettwäsche mitbringen, und wir werden sie in die Wäscherei tragen. Der Goldschmied könnte vielleicht mein silbernes Teesieb reparieren. Beim Glaser bestellen wir kleine Glasscheiben, um sie dann zu hintermalen. Beim Elektriker besorgen wir Sicherungen, vielleicht auch eine Taschenlampe und Glühlämpchen zum

Experimentieren. Der Besuch im Naturkostladen wird vielleicht dazu anregen, eine Gesundheitswoche in der Schule zu machen. Mal sehn!

Hausaufgabe: *Frag daheim, ob etwas für die Familie in unserer Straße zu besorgen sei.* Wenn wir zusammen all das erledigen, was dann zu tun ist, könnten wir wohl am besten in jedem Geschäft nach der Zahl der Beschäftigten fragen. Und vielleicht können wir mit dem Metzger einen Termin für einen Besuch in den hinteren Räumen ausmachen.

Dann, Tage später, sind wir unterwegs, um uns alle Verkehrszeichen in der Straße anzusehen. Dazu alle sonstigen Einrichtungen, die dem Verkehr dienen und ihn begrenzen: Es gibt abgesenkte Bordsteine an Einfahrten und an den Straßenecken für die Rollstuhlfahrer. Es gibt Einbahnstraßenschilder, Park- und Halteverbote. Und gerade als wir an die Kreuzung Marktstraße kommen, stellt ein Bauarbeiter dort ein Schild auf, das die Straße für den Verkehr sperrt, weil ein riesiger Laster frischen Beton liefert und rückwärts eingefahren die Straße verstopft.

Plötzlich stehen wir auf dem Bürgersteig vor einem gelben Personenwagen. Ein Mann steigt aus und wird sofort bestürmt: *Warum stellst du dich mit deinem Auto einfach auf unseren Fußweg?* – Er lacht. Er hat nämlich eine Sondererlaubnis von der Stadt, weil er nämlich im Dienst ist und das gelbe Auto ist nämlich ein Dienstfahrzeug, weil er jetzt nämlich nachschauen muss, ob in den beiden Telefonzellen alles in Ordnung ist, die Nachtschwärmer machen nämlich manchmal was kaputt in ihrem Bierdusel. – *Ach so ist das!* sagen die Kinder und wundern sich, dass das Auto so gelb ist wie ein Postauto. Woher sollten sie auch wissen, daß Telefon und Post zusammengehörten, damals noch.

In der Klasse versucht jedes Kind, aus dem Gedächtnis alle Verkehrszeichen aufzuzeichnen, die es gesehen hat. Wir holen aus dem Lehrerzimmer eine Menge Zeichen aus Metall mit kleinen Ständern. Mit denen kann man doch sicher auf dem Schulhof oder in der Turnhalle gut Verkehr spielen! Ich weiß nicht recht, wie. Am besten, ich überlasse das ganz den Kindern. Und erst, wenn sie sich eingespielt haben, wenn sie im Spiel ihre eigenen Erfahrungen schon geklärt haben, werden wir mit Arbeitsblättern und Fragebogen ans systematische Erfassen der Verkehrszeichen gehen.

Das Müllauto wird, als es uns wieder einmal stört, zum Anlass, die genauen Begriffe für all die Fahrzeuge zusammenzusuchen, die wir schon einmal in der Haimhauserstraße gesehen haben: Taxi, Motorrad, Traktor mir Anhänger, Polizeiauto, Wohnwagen, Betonmischmaschine … Die ganze Tafel ist schließlich voll. Ich schreibe alle Wörter noch einmal auf Papierstreifen, wir verlosen sie am nächsten Tag im Kreis, und jedes Kind sagt als der Fahrer des erlosten Fahrzeugs, wer er ist und was er in der Straße will. *Ich bin ein Lastwagen und bringe Stangen und Bretter für das Gerüst an der Schule.* Ein Umstand, der uns ein paar Tage lang in Atem hält. *Ich bin ein Baby im Kinderwagen und meine Mama fährt mich durch die Haimhauserstraße in den Park, damit ich frische Luft bekomme. Ich bin ein Kind mit einem Roller und fahre hin und her, weil ich keine Schule habe.* Es ist spannend auch für mich.

Dann malt jeder sein Fahrzeug auf ein Blatt. Wer mag, kann vorher tauschen. Alle Blätter zusammen werden zu einem Leporello geklebt, den wir zuerst an die Wand hängen und später im Regal aufbewahren können. Sollen wir noch Texte zufügen?

Mit der Zeit wird klar, dass unsere Straße mit allem, was darin lebt, sich bewegt und getan wird, uns noch lange beschäftigen soll. Wahrscheinlich noch im zweiten Schuljahr. Die Pflanzen in der Straße etwa wären ein Thema für sich. Da sammelt sich ja allerlei an, was Zufall und Wind mit sich bringen. Dann ist auch die Straße im Teil vor der Schule abschüssig, weil es hier früher in die Isarauen hinunterging. Manchmal stieg das Wasser bis zur Kirche. Die Kirche müssen wir auch noch genauer ansehen und die Spuren, die vom alten Schwabinger Dorffriedhof geblie-

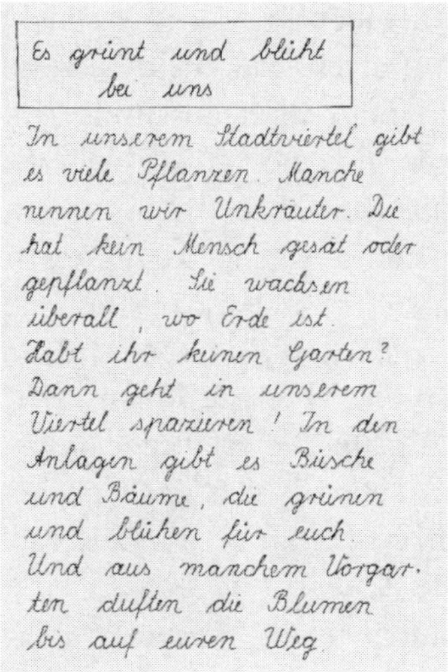
Es grünt und blüht
bei uns

In unserem Stadtviertel gibt
es viele Pflanzen. Manche
nennen wir Unkräuter. Die
hat kein Mensch gesät oder
gepflanzt. Sie wachsen
überall, wo Erde ist.
Habt ihr keinen Garten?
Dann geht in unserem
Viertel spazieren! In den
Anlagen gibt es Büsche
und Bäume, die grünen
und blühen für euch.
Und aus manchem Vorgar-
ten duften die Blumen
bis auf euren Weg.

Das Müllauto

Das Müllauto hält an.
Der Müll aus der Tonne
kippt in das Müllauto.
Das Müllauto macht Krach.
Hinter dem Müllauto
warten viele andere Autos.

ben sind. Dann die Häuser. Zwei frühere Schulhäuser stehen in der Nähe unserer Schulhauses, fast daneben, und man weiß kaum noch, dass sie mal Schulhäuser waren.

Wir werden uns einmal die Böden ansehen und vielleicht mit verschiedenen Schraffierungen in unsere Planskizze einzeichnen. Ach ja, die großen Mädchen! Die Schülerlotsinnen sollten uns einmal besuchen und erzählen, wie und warum sie das machen, Kindern über die Straße helfen. Manche Kinder gehen ja extra auf die andere Straßenseite, an irgendeiner, womöglich gefährlichen Stelle, nur um dann von den schicken Mädchen mit Koppel und Kelle wieder herübergeleitet zu werden. Und dann müssten wir mal herausfinden, wann die einzelnen Geschäfte beliefert werden, woher ihre Waren kommen und mit was für Fahrzeugen sie gebracht werden. Und wie viele Menschen wohnen eigentlich in unserer Straße? Finden wir vielleicht ältere, die schon lange da wohnen und uns einmal erzählen können, wie es früher hier aussah und zuging?

Unsere Straße wird immer interessanter, je länger wir sie erkunden!

Wenn ich den Kindern handfeste Aufgaben gebe und sie lesen üben, genaue Bezeichnungen sich einprägen und aus dem Kopf zu schreiben versuchen, Sätze von einem Blatt abschreiben – *Nicht so oft schauen!* –, einen kleinen Text über unsere Straße sich als Nachschrift einüben, wird nicht genörgelt oder gebummelt. Mit diesen Aufgaben nehmen sie die eigene Welterkenntnis sprachlich in die Hand. Und da sie überschaubar sind und genügend Zeit und Unterstützung gegeben ist, dass jedes Kind sie bewältigen und auch beenden kann, geben sie ihnen Gelegenheit, sich in der Arbeit an der Aufgabe die erfahrene Wirklichkeit mit Muße tätig zu durchdenken, sie sich zugleich begrifflich und in kleinen Werken anzueignen und ihr zugleich gegenüberzutreten. Diese gesammelte Arbeit in der Klasse wirkt in gesteigerter Aufmerksamkeit draußen in die weitere Welterfahrung und Wirklichkeitswahrnehmung zurück.

Das ist aber nur möglich, wenn Aufgaben- und Leseblätter nicht irgendwo anders formuliert werden, wenn die Kinder sie im Schulbuch, im Arbeitsheft oder auf einem kopierten Arbeitsblatt vorgelegt bekommen. Nur wenn sie sich aus den Wirklichkeits-Erkundungen der Klasse ergeben, wenn sie deren Frucht sind, können sie die Wirklichkeits-Wahrnehmung befruchten. Dann erleben die Kinder ihr Lernen als unmittelbar fruchtbar, lernen gern und scheuen die damit verbundenen Mühen nicht.

Die Haimhauserstraße

Wir sitzen im Kreis, überlegen miteinander und sammeln,
was wir über unsere Straße herausgefunden haben:
Es gibt da zwei Schulen in einem Haus, zwei Kindergärten,
einen Hort, eine Kirche und eine Erziehungsberatung.

Es gibt viele mehrstöckige Miethäuser mit Wohnungen.
In einem dieser Häuser wohnt Kathi.
Gegenüber hat ein Arzt seine Praxis im ersten Stock.
In manchen der Häuser ist unten ein Laden,
die Werkstatt eines Handwerkers oder etwas ähnliches.
Sie ziehen tagsüber viele Menschen an.

Es gibt eine Metzgerei, eine Apotheke, eine Glaserei,
ein Woll-Lädchen, einen Naturkostladen, ein Fotolabor,
zwei Antiquitätenläden, einen Lampenladen,
einen Goldschmied, eine Wäscherei, eine Weinhandlung,
einen Kleiderladen, ein Papiergeschäft,
eine Elektrohandlung, eine Hemdenschneiderei
und einen Taxi-Hof mit Werkstatt und Tankstelle.

An zwei Ecken ist je eine Wirtschaft.
Es gibt ein Steh-Café und eine Steh-Bar,
ein Theater und ein Kabarett.
Sie ziehen bis in die Nacht Menschen an.

Morgens kurz vor acht Uhr stehen Schülerlotsinnen
am Zebrastreifen vor unserer Schule.
Wenn wir später zur Schule kommen, sind keine mehr da.
Morgens vor acht Uhr sind viele große Mädchen
in der Straße unterwegs zur Realschule in unserm Haus,
und kleinere Kinder kommen zur Grundschule.

Am Schutzgitter vor der Schule lehnen am Vormittag
viele Fahrräder von Schülern und Schülerinnen.
Sie sollten eigentlich im Hof abgestellt werden.

Manchmal wird morgens vor der Schule Reklame verteilt.
Dann liegt bald viel Abfall auf dem Fußweg herum.
Gegenüber der Schule steht ein großer Kasten mit Kies
zum Streuen von Wegen und Fahrbahn bei Glatteis.
Daneben sammeln die Straßenkehrer den Abfall,
den die Nachtschwärmer auf der Straße zurücklassen.

Gegenüber ist auch der Kirchhof an der Sylvesterkirche.
Dort wachsen Gras und Bäume und Sträucher.
Dort singen Vögel und es laufen Hunde herum.
Dort sitzen Menschen auf den Bänken und plaudern,
meistens sind es ältere Leute.

Unsere Straße beginnt an der Münchner Freiheit
und endet an der Biedersteiner Straße.
Sie ist eine Einbahnstraße und führt am Ende bergab.
Die Haimhauserstraße kreuzt zwei Querstraßen:
die schmale Marktstraße und die breite Occamstraße.
Die Ursulastraße mündet in die Haimhauserstraße.

Durch die Straße fahren Menschen mit Lastwagen,
Personenwagen, Motorrädern, Mopeds und Fahrrädern.
Sie benutzen die Fahrbahn und fahren alle in eine Richtung.
Fußgänger und Dreiradfahrer benutzen die Fußwege
links und rechts von der Fahrbahn in beiden Richtungen.
Die Bordsteine sind an vielen Stellen abgesenkt,
das freut Rollstuhlfahrer und Mütter mit Kinderwagen.
Es gibt Parkbuchten für Autos und Schutzgitter.
Zebrastreifen und Verkehrsschilder regeln den Verkehr.

Wo wohnen wir eigentlich?

Es hat lange gedauert, bis ich wusste, wie wir in dieses Thema einsteigen könnten. Die Idee, die mich überzeugte und die dann Wirklichkeit wurde, wurzelt in einem plötzlichen Mut zum Egoismus. Ich hab zweimal in der dritten und vierten Klasse eine ganze Menge Heimatkundethemen behandelt. Davon sind mir ein Regalfach voller Bücher im Wohnzimmer, ein Berg Papiere – historische Informationen, Planskizzen, Stoffsammlungen, Zeitungsartikel, Kinderaufsätze, Unterrichtsnotizen – im Keller und Bruchstücke der Stadtteilgeschichte im Kopf geblieben.

Und trotzdem: Jede Unterrichtseinheit zur Heimatkunde ist wie ein neuer Anfang, strengt mich viel zu sehr an mit all den Überlegungen, wie das Thema einzugrenzen und auszuschmücken sei. Und wie verknüpft sich das, was ich vorbereite, in der Erfahrung der Kinder dann mit dem Stadtviertel, in dem sie leben? Ich schwimme! Und schwimmend soll ich den Kindern eine Insel herrichten, auf die sie ihre Wahrnehmungen, ihre Neugier, ihr bisschen Wissen stützen, erweitern und vertiefen können.[1]

---

1 Diesen Text habe ich 1983 als Aufsatz für die Zeitschrift »Geographie heute« geschrieben; ich lasse ihn weitgehend unverändert, obwohl ich mich später unbefangener und freier mit den Kindern zusammen auch den Gegenständen der Heimatkunde zugewandt habe. Er zeigt, meine ich, eine allmähliche Öffnung des Unterrichts, in der die Lehrerin mehr Verantwortung, als in diesem Fall unbedingt nötig, festhält. Aber die Angemessenheit des Öffnungsgrades ist nicht allgemein zu entscheiden, sondern abhängig davon, dass Lehrerin und Kinder sich jeweils in der Zusammenarbeit aufgehoben und nicht eingeengt fühlen, und mit den Arbeitsergebnissen froh werden. Das war hier der Fall.

Weil ich in meine eigenen Materialien, Unterlagen und in mein Wissen eine mir dienliche Ordnung bringen wollte, entschloss ich mich: Das wird alles nach Straßen geordnet! Dann kann ich leicht alles wiederfinden. Für die Kinder entsteht so ein großer Ordner, der in der Klasse bleibt. In den können sie hineinarbeiten. Später können die Kinder nachfolgender Klassen das nachlesen und daran anknüpfen und das Dossier[2] ergänzen. Es müsste die doch interessieren, Spuren »alter Kinder« zu finden, ihnen nachzugehen und wieder eigene Spuren für Nachkommende zu hinterlassen. Auch das wäre erfahrene Geschichte.

Die Aufgaben geben u.a. eine Anleitung, sich auf die eigene Beziehung zum Gegenstand – der Schulsprengel und das darin eingebettete Zuhause – zu besinnen, sie zu klären und zu bereichern. Sie sorgen auch für die Erledigung von Lehrplanaufgaben. Hier geht es nicht darum, eine ganz bestimmte Lösung zu erarbeiten oder sich ein Können anzueignen, es geht um individuelle Beziehungsarbeit zwischen Kind und Gegenstand. Das Ergebnis ist meist auch für die Lehrerin eine Überraschung, die anschließende Verständigung über die Ergebnisse im großen Kreis wird grundsätzlich als unmittelbar sinnvoll erlebt. Da verständigen sich Fachleute, die miteinander befreundet sind, und erleben, dass sie miteinander klüger werden und vorankommen.

Erste Aufgabe:
Jedes Kind schreibt fünf Minuten lang alle Straßennamen aus dem Viertel auf, die es kennt. Die werden dann an der Tafel zusammengetragen, abgeschrieben und daheim alphabetisch geordnet. In der zweiten Klasse, in der stattfand, was hier beschrie-

2 In der Freinet-Pädagogik spielen Dossiers eine wichtige Rolle, Ordner und selbstgefertigte Bücher, in denen sich die Erkundungen der Kinder so niederschlagen, dass wieder andere sich darin informieren können. Die Art, wie ich Aufgaben stelle, entspricht aber nicht dem traditionellen Zugang zum Gegenstand nach Freinet, er wird dort von Anfang an stärker von den Kindern gesucht. Mir erschien es meist sinnvoll, die erste Annäherung an den Gegenstand durch Aufgaben etwas zu beschleunigen.

ben wird, müssen wir uns auch mit dem Alphabet befassen! Am nächsten Tag hatte ich das vollständige Verzeichnis der Straßen und Plätze, die zu unserem Schulsprengel gehören, auf Matrize[3] getippt und abgezogen. Das sind 73 Namen. Genug für uns, nicht zuletzt weil wir in einem historisch sehr dichten Viertel leben.

Drei Kinder sind bei uns zu Gast. Sie wollten unbedingt, dass ihre Straßen in Zukunft mit beachtet würden. Mühsam für mich, aber natürlich notwendig. Es wird dann immer etwas traurig für sie, wenn wir sagen »bei uns« und eben nur den Sprengel, unser Schwabing meinen.

Zweite Aufgabe:
Die ganze lange Liste durchlesen und ankreuzen: *Welche Straßen und Plätze kennst du?* In den Gruppen ergeben sich intensive Gespräche, immer wieder höre ich: *Ach so!*

Dritte Aufgabe:
Zu dritt auf einem Stadtplan – ich habe einen Stapel Pläne aus der Werbeaktion einer Bank aufgehoben – möglichst alle Straßen von der Liste aufsuchen und ankreuzen. An zwei Tagen sind die Kinder jeweils etwa eine Stunde lang intensiv beschäftigt, meist liegen sie auf dem Bauch am Boden quer über dem Plan. Die Straßen sind winzig und die Schrift ist kaum zu lesen. Aber die Sucherei macht Spaß, wird als ernsthafte Arbeit begriffen.

Vierte Aufgabe:
Für einige Straßen erzähle ich, woher sie ihren Namen haben.

3 Als sich die Möglichkeit auftat, bequem zu kopieren, statt umständlich Matrizen abzuziehen, war ich froh und sah dem Kopierer als Forschritt für die Schule an. Inzwischen denke ich, manchen LehrerInnen sollte man verbieten, den Kopierer zu benutzen. Sie bedienen sich wahllos aus dem Angebot an Kopiervorlagen, raubkopieren aus Büchern und Arbeitsheften und sparen sich die Mühe, selbst Texte und Arbeitsblätter im unmittelbaren Zusammenhang mit den Erfahrungen der Kinder und dem eigenen Unterricht zu entwerfen. Irgendwie soll es passen!

Gleich wollen alle wissen, wie das mit ihrer eigenen Straße ist. Ich verspreche, es zu erkunden. Die Straße, in der unsere Schule steht, ist die Haimhauserstraße, als Schulklasse wohnen wir also in der Haimhauserstraße. Im Zimmer des Rektors hängt ein großes Gemälde von Schloss Haimhausen, das leihen wir uns aus. Der Name der Straße muss mit dem Schloss zusammenhängen. *Tut es nicht!* Sagt der Rektor. *Die Straße heißt nach dem Grafen von Haimhausen. – Und der hat nicht in dem Schloss gewohnt? – Das soll wohl nicht so sein.* – Aber egal, wir schauen uns das Bild vom Schloss an!

Da gibt es Gärten und Kanäle und Wiesen und Ringelspiele und Hirsche und Rehe und Pavillons und Büsche und Bäume und Inselchen und Kühe und verschiedene Häuser und überhaupt alles, was man sich denken kann rund um ein Schloss. Jedes der Kinder sucht sich aus, wo es wohnen möchte, allein oder mit andern zusammen, alle jedenfalls als Prinzen und Prinzessinen. Wie viele Lebensmöglichkeiten gibt es auch in diesem Schloss! Wohnen im Schloss!

Am nächsten Tag will jedes Kind sich selbst ein Schloss malen, auf einem großen Bogen mit Wasserfarben. Dafür muss ich an zwei Tagen je etwa eine Stunde einräumen. Ein paar Kinder brauchen länger für ihr Schlossgemälde, sie malen in den Pausen weiter. Und alle Bilder werden so schön, dass wir so viele wie möglich auf dem Flur aufhängen. Am Ende sind es alle! (Es ist pädagogisch eigentlich nicht zu verantworten, dass oft, viel zu oft, nicht alle Kinder einer Klasse ihr Bild nicht an der Wand wiederfinden, wenn ausgestellt wird. Das untergräbt ihre Selbstachtung und ihre Fähigkeit, sich in Bildern auszudrücken. Wer Kindern eine Malaufgabe gibt, sollte soviel Zeit und Liebe darauf verwenden, Kinder so weit zu unterstützen – durch Geduld, Anteilnahme, Interesse, Respekt, Ermunterung, vielleicht auch zurückhaltende Ratschläge –, dass am Ende alle Kinder, und gerade die sich für wenig begabt halten, ihr Bild mit Stolz ausstellen können. Auswahl bedeutet Konkurrenz und Entmutigung derer, die schon kaum mehr Mut haben.)

Fünfte Aufgabe:
Schreibe einen Aufsatz mit dem Titel »Ein Tag bei mir zu Hause, im Schloss«. Das wird ein Hausaufsatz, und natürlich lassen sich viele Kinder helfen. Aber am Ende ist jede der Geschichten ganz eigenartig und passt zu dem, der sie geschrieben hat. Alle im Kreis vorzulesen, als sie sauber abgeschrieben sind, dauert fast eine Stunde. Aber die Kinder hören bis zu Ende aufmerksam zu. Ich habe Mühe damit, weil ich sie ja schon vom Korrigieren kenne, mich da schon über vieles gefreut habe. (Am Ende des zweiten Schuljahres sind die Kinder, wenn sie bisher viel geschrieben haben, so geübt, dass sie ihre zurückhaltend korrigierten Aufsätze selbst abschreiben können, ohne dass ihnen das die Lust am Schreiben nimmt. Das Abschreiben ist dann die Vollendung des Werkes.)

Gewissermaßen zur Belohnung für soviel Freude lese ich ein Buch vor: »Die Prinzessin auf der Nuss«. Da wird erzählt, wie der Sohn der Prinzessin auf der Erbse sich eine Frau sucht, die am Ende gar nicht so ist, wie es sich die Mama, selbst schrecklich vollkommen und zimperlich, gewünscht hat. Mir war die Geschichte eingefallen, als im Kreisgespräch über das Leben im Schloss auch Missmut aufkam über all die Einschränkungen wegen der schönen Kleider und des feinen Benehmens, die sehr hinderlich sein können. Mir gibt das Gelegenheit, pingelig wie eine Erbsenkönigin zu mahnen, auch bei uns wäre etwas mehr Ordnung in den Garderobenschränken standesgemäß.

Sechste Aufgabe:
Zähle die Schritte von der Schule bis nach Hause! – Eine schwierige Aufgabe, weil keins der Kinder so weit zählen kann. Mein Rat: *Nimm einen Zettel und schreibe die Zahl auf, bei der du nicht weiterkommst. Dann fang wieder bei 1 an. Ich rechne dir das dann zusammen.* Sonya sagt am nächsten Tag, sie sei ganz erschöpft gewesen, als sie zu Hause ankam. Aber sie strahlt dabei. Und Kathrin und Martina, Zwillinge, aber nicht gleichgroß, haben doch beide 2800 Schritte gebraucht. *Wir haben immer gleichgroße Schritte gemacht. Und erst um eins waren wir daheim. Aber es war toll!*

Einige Kinder haben mit solchen Aufgaben, die aus der Routine fallen und Initiative verlangen, immer Mühe und vergessen sie leicht. Sie holen das Schrittezählen nach, damit wir auch ihre Zahl in die Liste eintragen können. Wir messen dann in der Schule die Schrittlängen und vergleichen sie. Damit wird beiläufig das Lehrplanthema »Messen mit Meter und Zentimeter« eingeleitet. Wären die Kinder älter, könnten wir auch mit dem Weg auf der Karte, dem Maßstab, der Schrittlänge und – zahl herumrechnen. (Wir haben das nicht versucht, weil ich es den Kindern nicht zugetraut habe. Dumm von mir!)

Im Umkreis der Schule gibt es alte und neue Einfamilienhäuser, ein kleines Schloss, ein Krankenhaus, ein Hotel, Pensionen, große Mietshäuser, alte Bauernhäuser, Appartementhäuser, Hochhäuser usw. usw. Jetzt sind die Straßen und ihre Anordnung schon so deutlich im Bewusstsein der Kinder, dass wir sozusagen innerlich miteinander im Viertel herumspazieren können, um all die Hausarten an der Tafel zu sammeln.

Wir erinnern uns an einen Ausflug zu einem riesigen Baugelände in der Nähe, auf dem ein neues Wohnviertel entsteht. Wir haben uns seinerzeit angeschaut, wie die Bagger und Laster die Erde bewegten. Unterwegs hatte ich angeregt, zum Zeitvertreib bei den Häusern, an denen wir vorbeikamen, die Klingelschilder anzuschauen und zu überlegen, was man da über das Haus erfährt. Wo so verschiedenartige Häuser beieinanderstehn, wie bei uns, kann das sehr spannend sein. Daran erinnern wir uns jetzt. *Aber wie sieht das Haus aus, in dem ich selbst wohne? Was weiß ich eigentlich davon?*

Siebte Aufgabe:
Schau dir dein Haus an und zeichne es möglichst genau! – Am nächsten Tag im Kreis am Boden haben die Kinder ihre Bilder vor sich. Kathi hat sich ihr schmuckreiches Haus mit dem Papa zusammen angeschaut, er hat es ihr skizziert, und dann hat sie es sehr schön gezeichnet. Philipp hat mehr als drei Stunden gewerkt, ist sehr stolz und auch sicher, dass die vergessenen restlichen Hausaufgaben dagegen nicht ins Gewicht fallen. Katrin hat ihr Hochhaus sehr groß und sehr grau gemalt und die Fenster-

reihe, die sie vergessen hatte, nachträglich mit Tintenlöscher eingefügt. Alle Kinder haben ihr Haus neu entdeckt und etwas zu erzählen. Joki weiß nun, dass über seinem Eingang SALVE steht, dass das Latein ist und was es bedeutet: Sei gegrüßt!

Achte Aufgabe:
Suche zwei Dinge in der Nähe deiner Wohnung, die du uns zeigen möchtest. Ich werde kommen und sie fotografieren. – Da hab ich mir was vorgenommen! Ich werde mir zwei Nachmittage freinehmen und versuchen, mir selbst ein Fest daraus zu machen. Im Sprengel kann ich das mit dem Rad erledigen, in die drei Stadtviertel unserer Gastschüler muss ich mit dem Auto fahren. Dort werde ich auch mehr fotografieren, weil es dort ganz anders aussieht als bei uns in Schwabing. Das wird ein Stück Ausgleich für die drei. Und vielleicht schaffen wir es auch, mit öffentlichen Verkehrsmitteln als Lernausflug alle mal dorthin zu fahren.

Neunte Aufgabe:
Schau dir in deiner Straße an, wie die Türen aussehen. Schreibe auf, bei welcher Hausnummer es eine freundliche, warme Haustür gibt und wo sie eher kalt ausschaut. – Vorher haben wir über Türen geredet, über Jokis SALVE und dass eine Tür sein sollte wie eine Begrüßung, wie ein Händedruck. Wir haben Grußsprüche gesammelt und jedes Kind sollte sich überlegen, welchen Spruch es gerne über seine Tür schreiben würde. – Am nächsten Tag sagt Philipp, der in einer abseits gelegenen Siedlung mit lauter gleichen Häusern wohnt, und darum mit dem Rad in eine andere Straße gefahren ist: *Nach zehn Türen musste ich heim und aufs Klo.* Aber er hat soviel gesehen, dass er wie die anderen Kinder auch bei der nächsten Aufgabe sofort zu zeichnen anfängt.

Zehnte Aufgabe:
Mache einen Entwurf für eine schöne Tür, wie du sie gern hättest an deinem Haus. – Später wird die Tür ausgeführt: weiß auf far-

biges Tonpapier geklebt, bemalt, aufgeschnitten wie eine richtige Tür. Ein Blatt wird dahintergeklebt, jedes Kind zeichnet sich in die Tür, auch Lampe, Spielsachen, Möbel dazu, bereit, einen Gast zu empfangen. Über der Tür steht ein Spruch, und die Hauswand ist bewachsen oder von Fenstern durchbrochen, manche ebenfalls zum Öffnen. Diese Türen sind eine reiche Freude.

Elfte Aufgabe:
Schreibe auf, was den Gast hinter deiner Tür erwartet. – Wieder eine Fülle von Überraschungen für mich, als im Kreis vorgelesen wird, und für die Kinder eine Vertiefung ihrer Selbsterfahrung.

Hinter meiner Tür erwartet dich
meine Wohnung.
Es ist ein sehr schöner Teppich drinnen
und es gibt viele Pflanzen.
Und der Garten dazu ist eine Pracht.

Hinter meiner Tür erwartet mich
meine Mama, da freue ich mich,
oder meine Oma, mein Papa!
Das wär nicht schlecht.
Eine Freundin?
Na, wie wäre denn das?
Unser Putzmann, die Handwerker?
Ein großer Schlumpf.
Nein, sogar das Schneewittchen.
Eine Ente?

Zwölfte Aufgabe:
Stelle dich daheim an ein Fenster und schau hinaus. Schreibe eine halbe Stunde lang auf, was du siehst. – Am nächsten Tag werden im Kreis lange Listen vorgelesen voller Ampeln, Autos, Fußgänger, Haustüren, aber auch die Beschreibung eines Gartens, in

dem eine grüne Laube steht, und Bäume, die blühen, sind dabei. Die Ausblicke sind so unterschiedlich und charakteristisch für die einzelnen Straßen, dass ich verspreche, alle Zettel ohne Namen abzutippen und zu hektografieren, damit man dann raten kann, wer das jeweils geschrieben hat. Wir wissen ja mittlerweile soviel übereinander, dass man hoffen kann, zu erraten, wessen Fensterblick es ist. Anschließend kleben alle ihre Texte ins Ich-Heft und zeichnen dazu.

Wenn ich bei uns aus dem Fenster schaue …

Die Autos fahren im gleichen Abstand an unserem Haus vorbei, immer eine Minute lang. Die Menschen haben alle einen Hund bei sich. Jeden Nachmittag kommt ein Reklameauto vorbei, immer um die gleiche Zeit. Ich sehe immer die gleiche Frau mit ihrem Hund Schnurli. Um halb drei kommt Herr Winkler nach Hause, er hat immer um zwei Dienstschluss.
Ich sehe drei Häuser, viele Autos, 2 Ampeln,
2 Telefonzellen, 1 Briefkasten, 1 Zigarettenautomat,
1 Esche, 1 Ahorn und noch ein paar Bäume, 5 Einfahrten,
6 Zäune, 2 Straßenschilder, 3 Vorgärten, viele Menschen,
4 Gehsteige, 4 Straßen, 2 Kastanien, 1 Kreuzung,
3 Straßenlampen, 2 Kabel, 1 Haustür, 1 Balkon, viele Vögel.

Dreizehnte Aufgabe:
Ich habe für die Wohnstraßen aller Kinder die Begründung des Namens herausgesucht und in einen klaren, wenn auch durchaus »erwachsenen« Text übertragen, das Ganze dann für alle zum Lesen und Aufheben vervielfältigt. *Schreib den Text, der zu deiner Straße gehört, in Schönschrift für unseren großen Ordner ab.* – Alle Straßen haben vor 80 bis 100 Jahren ihren Namen bekommen. Am Alter der Straßennamen wird deutlich, dass unser Viertel noch nicht so lange städtisch ist. Ein Anlass, zu erzählen, dass vor dieser Zeit Schwabing noch überwiegend dörflich war.

Jetzt fallen auch die Hinweise auf die alten Dorfhäuser in der Nähe der Schule auf fruchtbaren Boden.

Ich bemerke, wie die Kinder den alten Plan von Schwabing, den ich ihnen aus dem Lehrmittelzimmer geholt habe, wo nur einige der heutigen Straßen zu finden sind, mit dem Straßennetz vergleichen, das sie im Kopf haben. Wenn etwas unklar ist, wird diskutiert – unter Fachleuten. Die Kinder haben wohl mittlerweile auch nur in der Klasse Gesprächspartner, die die Straßen so gut kennen, wie sie selbst.

Vierzehnte Aufgabe:
Stell dir vor, du wirst später berühmt! Dann hängt an dem Haus, in dem du jetzt wohnst, vielleicht später eine Gedenktafel, die etwas von dir erzählt. Was wird darauf stehen? – Die Kinder schreiben auf, wann sie sich selbst buchstäblich bemerkenswert finden: wenn sie Flöte spielen, tanzen, mit Pferden umgehen, Fußball oder Basketball spielen... Sie zeigen auch, bei welchem Tun sie mit sich selbst im Reinen sind: wenn sie ihr Leibgericht essen, mit Puppen spielen, mit Freunden oder Geschwistern beisammen sind... Entwürfe für das Erwachsenenleben finden sich kaum. Sie sind sich jetzt schon wichtig genug.

Fünfzehnte Aufgabe:
Schaue dich in der Nähe deiner Wohnung um, was da wächst und blüht. Sammle einzelne Blätter und presse sie zwischen Zeitung im Lesebuch. – Inzwischen ist der Frühling da, das Blühen und Grünen drängt förmlich ins Klassenzimmer. Täglich gibt es etwas Neues zum Anschauen. Man weiß wirklich nicht, was zuerst betrachtet und besprochen werden sollte.

Mir scheint, dass die Kinder jetzt viel deutlicher als vor unserm Stadtviertel-Unterricht sehen und erleben, was um sie her vorgeht. Unser Teil Schwabings ist ihnen zum interessanten Gegenstand geworden, und sie genießen es, Fragen zur Stadtteilgeschichte zu stellen, wo jemand etwas wissen könnte, oder selbst daheim mit ihren Kenntnissen zu glänzen. Alles, was sie noch in Erfahrung bringen oder was ihnen zufällig zu Ohren kommt, können sie nun auf das Netz der Straßen im Schulsprengel beziehen, durch die sie täglich oder auch nur hin und wieder gehen und fahren. Wenn wir am Ende des Schuljahres die Eltern zu einem Schwabing-Spaziergang einladen, werden wir an vielen Stellen anhalten können und eins der Kinder wird, vielleicht

Straßen - Geschichte

Die Stadt München ist mehr als 800 Jahre alt. Unser Stadtviertel gehört zu München. Aber die Straßen, in denen wir wohnen, haben ihren Namen meist vor weniger als 100 Jahren bekommen.
Wie erklärt sich das?
Schwabing war vor noch nicht langer Zeit ein Dorf vor den Toren Münchens. Hier wohnten Bauern, Fischer und Handwerker.
Viele Wege und Straßen waren nicht gepflastert und zwischen den Häusern lagen Gärten und Felder. Reiche Bürger Münchens ließen sich Sommerhäuser in die schöne Landschaft bauen. Die Sylvesterkirche war die Dorfkirche und der Haimhauserplatz der Dorffriedhof.
Als die Stadt sich nach Norden hin aus-dehnte, wurden neue Straßen quer durch Äcker, Felder und Gärten gelegt und an ihren Rand baute man Miethäuser und Villen.
Einige Straßen folgen den alten Dorfwegen. So war die Gohrenstraße früher ein Viehtriebweg und die Biedersteinerstraße der Krautangerweg.

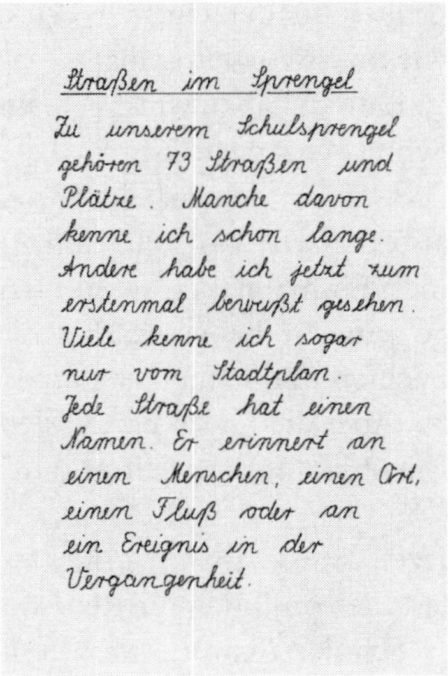

Straßen im Sprengel

Zu unserem Schulsprengel gehören 73 Straßen und Plätze. Manche davon kenne ich schon lange. Andere habe ich jetzt zum erstenmal bewußt gesehen. Viele kenne ich sogar nur vom Stadtplan. Jede Straße hat einen Namen. Er erinnert an einen Menschen, einen Ort, einen Fluß oder an ein Ereignis in der Vergangenheit.

hoch auf der Schulter eines Vaters sitzend, erzählen, was es da zu sehen gibt oder was dort früher geschehen ist. Das Stadtviertel wird ein lebendiges, offenes Thema bleiben, weil genaues Zusehen und Zuhören immer wieder neue Einzelheiten zeigt und weil sich auch immer wieder etwas verändern wird. – Nachtrag: Die geplante Führung der Eltern hat nicht stattgefunden, aber wir haben einmal an den Straßenschildern rings um die Schule mit Bildern geschmückte Texte angebracht, die den Passanten etwas von der Geschichte der Straße oder von ihrem Namen erzählten.

Grundschulkinder lieben Heimatkunde. Sie wären zufrieden, wenn man ihnen nur Geschichten dazu erzählen würde. Das können LehrerInnen nur, wenn sie dort, wo ihre Schule steht, selber auch daheim sind. Viele sind dort fremd, sind zugezogen oder pendeln täglich ein. Für sie ist es so wichtig wie für die Kinder, dass man sich im Unterricht nicht nur aus Büchern mit abgepackter Heimatkunde bedient, sondern selbst hinschaut und nachfragt und sich einen Reim auf die Spuren der Vergangenheit in der eigenen Wirklichkeit macht. Dann spürt man, wie man Wurzeln schlägt.

Einmal haben wir einen alten Mann eingeladen, der in unsere Schule gegangen ist. Er hat uns von der Zeit erzählt, als in Schwabing viele arbeitslose Arbeiter mit ihren Familien lebten, als es da viel Not und Suff gab. Am eindrucksvollsten war aber dies: Einmal haben sie mit dem Lehrer einen Ausflug in die Berge gemacht, haben sich verirrt, mussten in einem Heustadl übernachten und kamen erst am nächsten Tag abends wieder daheim an. Aber die Eltern hatten sich keine Sorgen gemacht, die Kinder waren ja mit dem Lehrer unterwegs.

Irgendwann fiel mir auf, dass in dem, was ich über Schwabing las, nie von Juden die Rede war. Gingen jüdische Kinder in unsere Schule? *Es war eine Schule für katholische Kinder!* sagte der Rektor. Als ich gründlich suchte, fand ich, dass drei Straßen von unserer Schule stadteinwärts ein jüdisches Lehrlingsheim war, wo man für die Emigration nach Palästina ausgebildet wurde, drei Straßen stadtauswärts ein Heim, in dem Kinder lebten, deren Eltern man die Wohnung genommen hatte, weil sie Juden waren. Die meisten dieser Kinder wurden deportiert und umgebracht. Überall sind wir dem Grauen und der Gewalt näher, als Heimatkunde für Grundschüler es wissen will. Dürfen wir die Augen davor verschließen? Müssen wir schon den Kindern die Augen dafür öffnen?

Meine, deine, unsere Energie

Ich frage mich, ob andere Erwachsene, andere Lehrer so viel schlauer sind als ich, soviel mehr wissen und durchschauen und imstande sind, schlüssig über Energie und unseren Umgang damit nachzudenken und zu reden, gar einen Unterricht zum Thema zu planen und dann auch mit Erfolg nach Plan abzuwickeln. Mir verwirrt sich mancherlei, wenn ich für mich allein über Energie nachdenke. Und noch mehr verwirrt sich, wenn ich mich mit meinen Schulkindern, aufgeweckten und ehrlichen Zweitklässlern, in das Thema vertiefe.

Ich kann also keinen nachahmenswerten Unterrichtsplan vorlegen, wo es um Energie gehen soll. Ich kann nur berichten von Versuchen, unsere Verwirrung als Chance zu begreifen: Wir sind immer wieder in die Verwirrung eingetaucht, haben Neugier, Unruhe, Unsicherheit, Ungeduld und auch Widerwillen empfunden und sind dann irgendwann wieder aufgetaucht, und zwar an einem Punkt und mit Erkenntnissen, die ich nicht hätte vorhersagen können.

Das alles hat noch kein vorzeigbares Lernergebnis gezeitigt. Aber das, was wir da zusammen erlebt und bedacht haben, wirkt auf mich stimmig, sogar richtig. Und das, was ich in Schulbüchern für die sechste Klasse über Energie lese, wirkt auf mich manchmal trügerisch. Wenn es da heißt: »Wir haben also gelernt …« ist mir, als sollte ich überredet werden, Behauptungen glauben, statt wirklich etwas zu erkennen und dann auch zu wissen. Unsicherheit und Zweifel bleiben mir scheinbar erspart, weil mir alles von höherer Warte vorgelegt wird und ich das nur zu übernehmen brauchte, um in die Aura des Eingeweihtseins eintreten zu dürfen. Tatsächlich aber werden meine Unsicherheit und Zweifel verdrängt, nach innen gedrängt, und ich fühle mich womöglich noch schuldig, weil mein Eingeweihtsein nicht echt ist. Dabei habe ich es mir ja nicht schuldhaft erschlichen, sondern es mir hilflos aufdrängen lassen. Eine wichtige Erfahrung für eine Lehrerin!

Ein Beispiel: Dass ein Löffel auf dem Tisch und das Wasser in einem hochgelegenen Speichersee »Lageenergie« enthalten, die beim Herabstürzen oder -fließen »freigesetzt« wird – das kann ich nachsprechen und glauben, aber verstanden habe ich es heute noch nicht. Da ist mir der Begriff »Lageenergie« im Wege. Ich verbinde ihn mit Ruhe und Energielosigkeit. Ähnlich wie manche meiner Schulkinder »schnell« als Tunwort und »sitzen« als Wiewort einordnen möchten. Wenn ich die »Lageenergie« anders nenne, etwa »ruhende« oder »schlafende Energie«, meinetwegen auch dynamischer »lauernd« – dann wird das zu einer Brücke des Verstehens und ich spüre etwas von der Kraft im Löffel und im Wasser, die sich entfalten werden, wenn es mit ihnen abwärts geht. Ich erkenne etwas wieder, das ich auch in mir spüre, etwas mir und meiner Kraft Verwandtes. Indem ich so mein Nichtverstehen lautwerden lasse und ernstnehme und das mit dem Begriff gemeinte mit meinen eigenen Worten zu benennen versuche, klärt sich etwas in meiner Vorstellung, beginne ich zu lernen, was ich noch nicht wusste. Irgendwann werden sich meine Erfahrungen und Empfindungen soweit gestaltet und gefestigt haben, dass sie sich auch ohne Verlust mit dem Begriff »Lageenergie« verbinden lassen, der in der fachmännischen Verständigung verbindlich ist. Aber ich hoffe, dass ich auch dann keinem Kind den Begriff als eine Erklärung aufdränge und in Erinnerung an den Respekt, den ich meinem eigenen Zweifel und meiner eigenen Unsicherheit gegönnt habe, auch Kindern Respekt, Zeit und Raum lasse, damit sie ihre Zweifel entfalten können, bevor sie lernen müssen. Vor allem aber: Das, was wir –

die Kinder wie ich – empfinden, wenn wir einen Zusammenhang beobachten oder uns vorzustellen versuchen, darf nicht abgespalten werden als unbedeutend oder störend. Es kann und sollte uns etwas bedeuten. Dann dürfen wir verstehen, wo wir unter Ausschluss unserer Empfindungen nur lernen müssten.

Zu so entschiedenen und selbstbewussten Äußerungen bin ich erst nach wochenlangem Grübeln und Flüchten fähig. Ich wollte das Thema »Energie« in meiner Klasse (2. Sj.) eigentlich mit planvollem Schwung durchnehmen. Das misslang. Hier ein Bericht.

I.

Die halbe Klasse (14 Kinder) saß im Kreis. *Ich fragte: Ihr hört oft das Wort »Energie«. Was stellt ihr euch darunter vor? – Atomkraft!* war die erste Antwort. Keiner widersprach, alles schien gesagt. Diese Fixierung ließ sich auflösen, ich weiß nicht mehr, wie. Dann kam eins nach dem andern: *Wenn es donnert, das ist Energie. – Nein, der Blitz! wenn der Blitz wo reinschlägt … ! – Energie ist im Auto, dass es fährt. Oder im Benzin? – Elektrizität ist Energie.* Ich ließ das alles stehen und setzte dazu: *Du hast auch Energie. Wir alle haben Energie. Und wenn wir etwas tun, was uns anstrengt, wird sie verbraucht. – Stell jetzt mal deinen Stuhl zwanzigmal auf den Tisch und wieder runter!* Gleich waren alle dabei, es zu tun: auf, runter, rauf, runter …

Inzwischen wollte ich überlegen, wie es weitergehen könnte. Ich musste dann aber die Tüchtigkeit der Stuhlheber und anschließend ihre Erschöpfung bewundern. Stöhnend lagen sie am Boden auf dem Teppich. *Keine Energie mehr! Alles verbraucht!* Als sie sich erholt hatten, wurde mit Eifer zusammengetragen, wann wir unsere Energie brauchen und verbrauchen: wenn wir raufen, Fahrrad fahren, Seil hüpfen, Treppen steigen (unser Klassenzimmer liegt im 2. Stock), laufen … Dann feiner: beim Kratzen, Kopfschütteln, Streicheln, Schlucken, Öffnen und Schließen der Augen. Schließlich: *Beim Atmen, da braucht man doch auch Energie, oder?* und *Und auch, wenn man die Augen auf und zu macht. – Aber auch beim Schlafen! – Wieso? – Wenn man sich umdreht! – Oder wenn die Decke weggerutscht ist, und man muss sie wieder raufholen.* Lehrerfrage: *Und wenn man sich vom Pferd tragen lässt und reitet? – Dann verbraucht das Pferd seine Energie! – Aber ich aber auch! Wenn man so rauf- und runterhüpft, das strengt ganz schön an! Ich bin schon mal geritten.*

Als erstes Fazit ergab sich: Immer, wenn wir uns bewegen, brauchen bzw. verbrauchen wir Energie. Und wenn wir uns tragen lassen, vom Pferd, vom Auto, von einem Menschen, dann schonen wir die eigenen Kräfte, aber Energie wird doch verbraucht.

Am nächsten Tag trugen die Kinder dem anderen Teil der Klasse vor, was sie gelernt hatten, und ich war glücklich: Kaum eine Wiederholung vom Vortag, lauter neue Beispiele, die zeigten, das die Kinder weiter nachgedacht hatten. Nur das Pferd, das wurde ausführlich vorgeführt.

Und dann sagte Laurens: *Beim Formel-1-Rennen braucht man auch Energie! – Da sitzt man doch still! – Ja, aber man muss sich konzentrieren und denken. Das strengt auch an! – Und man muss lenken! – Für die kleinste Bewegung braucht man schon Energie!*

Dann habe ich sie zeichnen lassen. Überschrift: Ich habe Energie – Ich verbrauche Energie. – Irgendwann rief eins der Kinder: *Zum Malen, da braucht man auch Energie!* Und Theo sagte lakonisch: *Das habe ich schon gemalt.* Immer neue Ideen tauchten auf, wurden mit dem Nachbarn besprochen und dann gezeichnet. Einmal gab es Krach in einer Ecke und eine Klage: *Ich will mich von dem wegsetzen. Der sagt immer, dass man zum Furzen auch Energie braucht!* Aber natürlich wollte der Kläger da gar nicht weg, hatte nur eine unverfängliche Form gesucht, den Witz mit allen zu teilen.

Später einmal haben wir überlegt, wie man diese unsere eigene Energie nennen könnte. Ich dachte an etwas, wie »persönliche Energie«. Die Kinder entschieden sich: Die Energie von Alexandra ist »Alexandraenergie« und die von Christian »Chris-

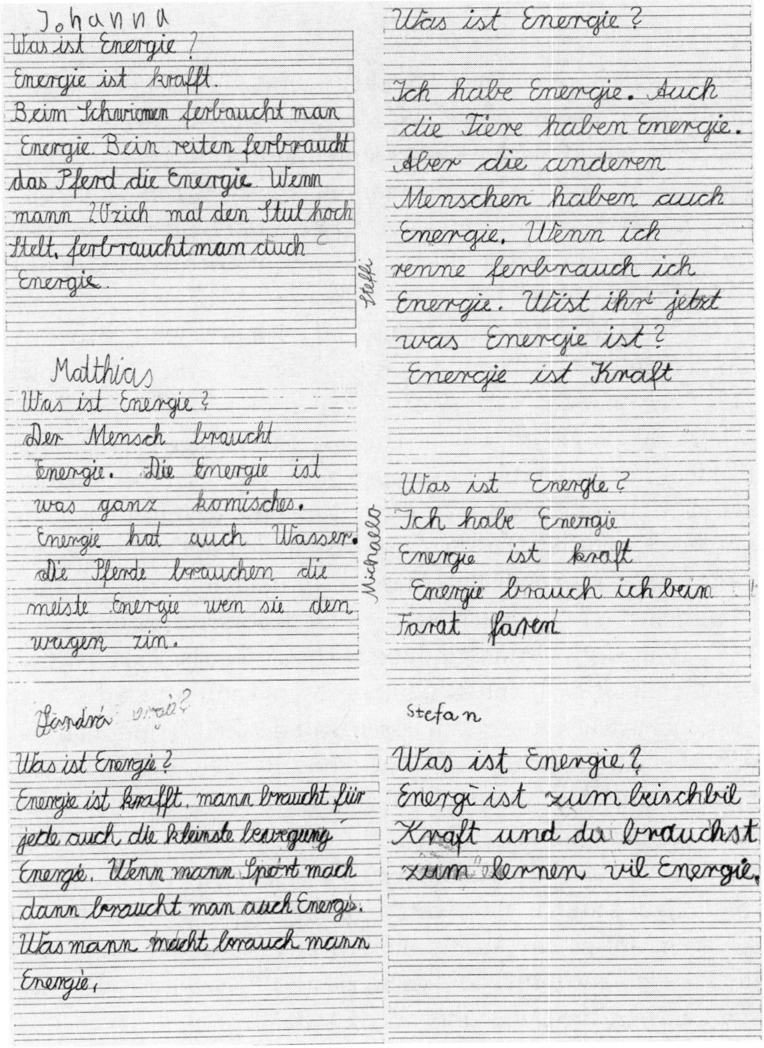

Johanna
Was ist Energie?
Energie ist krafft.
Beim Schwiemen ferbraucht man
Energie. Bein reiten ferbraucht
das Pferd die Energie. Wenn
mann 20zich mal den Stul hoch
Stelt, ferbraucht man auch
Energie.

Steffi
Was ist Energie?
Ich habe Energie. Auch
die Tiere haben Energie.
Aber die anderen
Menschen haben auch
Energie. Wenn ich
renne ferbrauch ich
Energie. Wist ihr jetzt
was Energie ist?
Energie ist Kraft

Matthias
Was ist Energie?
Der Mensch braucht
Energie. Die Energie ist
was ganz komisches.
Energie hat auch Wasser.
Die Pferde brauchen die
meiste Energie wen sie den
wagen zin.

Michaela
Was ist Energie?
Ich habe Energie
Energie ist kraft
Energie brauch ich bein
Farat faren

Sandra
Was ist Energie?
Energie ist krafft. mann braucht für
jede auch die kleinste bewegung
Energie. Wenn mann Spört mach
dann braucht man auch Energie.
Was mann macht brauch mann
Energie.

Stefan
Was ist Energie?
Energi ist zum beischbil
Kraft und du brauchst
zum lernen vil Energie.

tianenergie«, die von Michi »Michienergie« und die von Ariana »Arianaenergie« usw. Und wenn ich mir anschaue, wie verschieden diese Kinder sind, wie verschieden sie die Dinge anpacken und ihre Kraft einsetzen, muss ich ihnen rechtgeben: Jedes hat seine eigene, ganz besondere Energie!

II.

Wir hatten ein paar Wochen vorher über das Wasser gesprochen, die Bilder vom See, Wasserfall, Meer, Fluss usw. hingen noch an der Seitentafel. Eins der Kinder kam drauf: *Wasser hat doch auch Energie!* Allgemeines Einverständnis. *Na klar! Das kann mich doch tragen. Stark! – Wenn ich schwimme, dann spür ich das richtig.* – Daraus ergab sich im Hin und Her: Wasser treibt. Ein neues Thema zum Zeichnen.

Wasserräder, Mühlräder kannten die Kinder. Schiffe jeder Art wurden aufgezählt. Dann gab es Uneinigkeit beim Raddampfer: *Fährt der stromauf, weil die Strömung das Rad treibt und die das Schiff bewegt?* Till erklärte genau, wie das bei der Forelle seines Bruders funktioniert. Das ist ein Spielschiff, das tatsächlich gegen den Strom schwimmen kann. Er wollte es mitbringen und uns vorführen. Ich wusste zwar, dass Raddampfer mit Dampfkraft fahren, aber Tills Begeisterung für die Forelle machte mich so unsicher, dass ich mich aus der Diskussion zurückzog.

Ein Gutes am Grundschulunterricht ist ja, dass man Themen nicht endgültig abschließen muss. Man kann Unklares, auch »Falsches« stehen und reifen lassen. Mit der Zeit trennt man sich dann beiläufig oder bewusst von Vorstellungen, die nicht endgültig richtig sein können, wohl aber in einer bestimmten Phase des Begreifens ihren Wert haben.

Dann wusste eines der Kinder, dass Wasser auch Turbinen antreibt und dadurch Elektrizität entsteht. Und ich konnte vorschlagen, auf einem Ausflug in den Englischen Garten sowohl die Forelle schwimmen zu lassen, als auch das alte Tivoli-Kraftwerk zu besuchen, das dort seit fast 100 Jahren steht, ehemals Strom für eine längst verschwundene Lokomotiven-Fabrik lieferte und noch heute in Betrieb ist.

Dem Ausflugstag ging dann eine Sturmnacht voraus. Heruntergerissene Äste, Millionen von Bucheckern und ein immer noch steifer Wind machten unsere Exkursion zum Abenteuer. Und dann waren die Bäche im Park wasserlos, weil die herbstliche Bachauskehr anstand und auch der Isar-Kanal, dessen Wasser die Turbinen im Kraftwerk treibt, enthielt nur Schlamm und Sand und Tümpel, dazu allerlei Schrott und Treibgut. Die Forelle konnte nicht schwimmen, aber wir konnten in den Kanal hineinsteigen und so nah an das Werk herangehen, dass wir den Rechen, der die Turbinen vor Treibgut schützt, und die Schleusentore erkennen konnten. Irgendjemand war dabei, im Innern der Anlage etwas zu reparieren. Immer wieder blitzte der Funkenregen eines Schweißapparates durch den Rechen.

III.

Am nächsten Morgen fiel bei mir daheim der Strom aus. Ich dachte sofort an einen größeren Defekt, der alle Lichter in München hätte ausgehen und alle U-Bahnen stillstehen lassen. Aber es waren wohl nur Kabelleger in unserer Straße, die sich so unliebsam bemerkbar machten. Im Unterricht erzählte ich dann von meinen Spekulationen beim Frühstück im Dunkeln und wir überlegten, was alles ausfiele, wenn die Stromversorgung in ganz München zusammenbräche. Das endete mit einem Hefteintrag: *Wasser treibt Turbinen an. Dadurch ensteht Strom. Strom ist elektrische Energie für …* Und dann führte jedes Kind auf, was ihm selbst wichtig war an elektrischen Geräten.

Nun wäre es mein Ziel gewesen, mit den Kindern zu erarbeiten, auf welche der elektrischen Geräte man verzichten könnte, um Energie zu sparen. Aber wir sind nicht dazu gekommen, und ich glaube, die Zeit ist noch lange nicht reif dafür. Ich hatte nämlich einen großen Karton mir ausgemusterten Elektrogeräten im Schrank, den wir herausholten, um etwas zum Thema in der Hand zu haben. Dann wurden die Schraubenzieher geholt und alles auseinandergenommen: *Wie sieht es drinnen im Föhn aus? – Wodurch dreht sich das Messer in der Kaffeemühle? – Warum klemmt der Toaster? – Kriegt man, krieg ich den Stecker auf? – Wie lang lässt sich die Heizspirale auseinanderziehen? –*

Solche Fragen sind für Zweitklässler so interessant, dass es ein

Unrecht wäre, ihnen die Zeit für ihre Erkundungen, Versuche und Fachsimpelei zu beschneiden. Und außerdem macht man sich als LehrerIn unglaubwürdig und unbeliebt, wenn man angesichts der Faszination durch all die Drähte, Spulen, Schrauben zu moralisieren beginnt: *Du sollst aber nicht …!* In ein paar Wochen ist die rechte Zeit, auszuprobieren, wie man die Haare ohne Föhn trocknen kann, wie lange das dauert, wenn man sie einfach hängenlässt, wenn man sie frottiert, wenn man sich einen Turban macht.

Aber ich muss zugeben: Ich war zunächst verwirrt und sogar ein bisschen gekränkt, als die Kinder sich so begeistert auf die ollen Geräte stürzten und sie am liebsten mit heimgenommen hätten. Dann ist mir eingefallen, dass ich einmal ein kleines Mädchen kannte, das jedesmal, wenn sich etwas bewegte, ohne dass jemand zu sehen war, der die Bewegung anstieß oder führte, ganz andächtig sagte: *Alektrisch!* Wenn die inneren Seiten eines aufgeschlagenen Buches sich umwendeten: *Alektrisch!* Wenn das Schrankbett sich auf einen ganz leichten Druck allein hochklappte: *Alektrisch!* – Das war ein Staunen wie gegenüber Magie und Zauberei. Ähnlich waren sicher auch meine Zweitklässler früher mal fasziniert. Das nährte ihre Neugier.

Und als ich meine Schulkinder sah, die im Deutschen Museum von einem Knopf zum nächsten hetzten, um ihn zu drücken und dann zu bestaunen, was sich dann bewegte – eigentlich nicht, wie es das tut, nur dass es das tut und durch mich, ist wichtig – fing ich an, nachzudenken: Muss man nicht zuerst einmal diese Lust an der Ausweitung der eigenen Fähigkeiten durch elektrische Geräte mit den Kindern zusammen ernstnehmen, ihr und unser aller Sehnsucht nach übermenschlichen Kräften und Erfüllung des frühkindlichen Größenwahns ernstnehmen, bevor man unseren Umgang mit den Möglichkeiten der Elektrizität kritisch betrachten und einschränken kann? Grundschulkinder, die sich noch gar nicht damit abgefunden haben, dass sie nicht so großartig und mächtig sind, wie es ursprünglich einmal schien, sehen sicher nicht ein, dass man auf die Küchenmaschine verzichten sollte, um die Möhren genüsslich mir der Hand zu schaben und zu schnippeln oder den Eischnee mit der Gabel zu schlagen.

Was allerdings nottut, ist, ihnen soviel wie möglich Raum und Gelegenheit für die Erfahrung zu geben, wie wohl und stark man sich fühlt, wenn man etwas mit eigener Kraft tut. So betrachtet hat unser Ausflug zum Kraftwerk im Englischen Garten beides gehabt: Das Staunen angesichts der Technik und die Freude am kraftvollen gemeinsamen Tun beim Ästeschleppen über hunderte von Metern, und dann beim Barrikadenbau und Barrikadenwegräumen. Beidemal ging es um Energie. Was hat wohl den stärkeren Eindruck hinterlassen?

IV.

An Wasserkraft war uns aufgefallen, dass die Bewegung des Wassers, seine Kraft, umgesetzt wird in die Drehung des Turbinenrades und weiter in Elektrizität, die über weite Strecken in Drähten transportiert werden kann, um ganz entfernt wieder eine Maschine in Bewegung zu setzen oder einen Raum zu erleuchten oder zu wärmen. *Ihr habt alle schon einmal selber Strom erzeugt, und zwar mit der Kraft eurer Beinmuskeln. Da wird deine Energie schließlich in elektrisches Licht umgewandelt. – Der Dynamo!* – Es hat lange gedauert, bis eins der Kinder draufkam. Dann haben wir den Weg von der Bewegung der Beine bis ins Lämpchen immer wieder neu verfolgt und gestaunt, wie sich eine Bewegung in eine andere verwandelt usw. usw. Das gründlich zu durchdenken, auch einen Dynamo auseinanderzunehmen, alle Leitungen zu überprüfen bzw. selber zu legen, das heben wir uns noch auf. Noch bin ich damit beschäftigt, die Tragweite einer Bemerkung zu überdenken, die ich neulich aufschnappte: *Alle Energie kommt von der Sonne. Wir laufen mit dem Sonnenmotor.*

V.

»Energie wird umgewandelt.« Dieses Prinzip müssen wir gründlich und über Monate hinweg immer wieder aufdecken und nachzeichnen, wenn wir allmählich begreifen wollen, was Energie für eine Rolle spielt in unserem Leben. Ich habe schon den Sturm erwähnt. Es gab eine ganze Reihe stürmischer Tage, und die Zeitungen waren voll von Berichten, was der Sturm alles angerichtet hätte. Die Berichte haben wir aufgehoben. Demnächst wird es heißen: »Wind wütet. Wind arbeitet.« Dann werden wir erkunden, wie die Energie des Windes für uns nutzbar gemacht werden kann. Aber wir werden auch die Freude an seinem Toben und die Angst davor nicht vergessen.

VI.

Viel Energie wird gebraucht, damit wir nicht frieren. Wir brauchen energiereiche Nahrung und eine warme Umgebung. Ist die Körperwärme eine Notwendigkeit oder eine Begleiterscheinung oder ein Produkt der Stoffwechselvorgänge? – Ich weiß da noch nicht viel. Aber ich wollte meinen Kindern nun, vor Beginn des Winters, schon einmal nahelegen, sich lieber warm anzuziehen, statt nach mehr Heizung zu schreien. Motto: So kannst du Energie sparen! Gemeint hatte ich die Heizungsenergie.

Ich begann mit der Frage: *Wie kommt es, dass dir im Bett so schön mollig warm ist?* Und dann hat Till sich gemeldet, und hat uns strahlend und voller Gefühl erklärt, wie er in den Federn kuschelt und die Wärme seines Körpers nicht rauskann aus dem Bett, sondern festgehalten und auf ihn zurückgeworfen wird. Wir haben alle mit ihm gefühlt und weitere Geschichten vom Warmsein gesammelt. Ich kam mir blöde vor, als ich wieder von »Energie« anfangen wollte und habe es für dieses Mal gelassen.

Wenn wir den Winterschlaf durchnehmen, mit dem Thermometer überall messen (im Schnee, in der Pfütze, im Gebüsch, unterm Laub, unter der Mütze, in der Hosentasche …) und über die richtige Kleidung bei verschiedenem Wetter nachdenken, dann wird immer auch von der Wärmeenergie die Rede sein.

VII.

Und dann wollte ich mit den Kindern klären, was »alternative Energien« sind, was überhaupt eine »Alternative« ist. Schließlich hören sie immerfort davon reden. Also: *Was stellt ihr euch vor, wenn ihr das Wort »alternativ« hört? – Die wollen keinen Krieg! –* Niemand widersprach. Ich habe erklärt, dass eine »Alternative« eine »andere Möglichkeit« sei und dass man manchmal, wenn im eigenen Leben etwas nicht so sei, wie man es haben möchte, eine Alternative suche. Und dann meine Frage: *Wo möchtet ihr denn eine Alternative haben? – Keine Schule! – Und ich hab gedacht, ihr kommt gerne! – Ja, schon! Aber nicht so früh am Morgen! – Und keine Hausaufgaben! – Und nicht mehr zu Fuß zur Schule gehen! – Unterwegs erlebt ihr aber doch so viel, dass eure Mütter sich manchmal Sorgen machen, weil ihr gar nicht heimkommt! – Ja, schon! Aber wenn jeder ein kleines Flugzeug hätte, und er könnte damit rumfliegen, und wenn Schule ist, wird bei dir ein großer Magnet eingeschaltet und alle werden angezogen, schwupp! Das wäre eine tolle Alternative!*

Zum Glück war an diesem Tag gleich darauf die Schule aus. Neben der Idee von den kleinen Flugzeugen hatte nichts anderes mehr Platz in ihren Köpfen. Aber ich werde sie schon dahin bringen, dass ihnen die armen reichen Kinder leid tun, die jeden Tag mit dem Auto zur Schule gebracht und mittags wieder abgeholt werden. Und mit der Zeit werden wir wohl klären, wo überall wir Alternativen haben, auch schon als Kind, und dass dann die Last der Entscheidungen anzunehmen ist und man auch in kleinen Dingen sich auf Verantwortung besinnen muss. Wenn ich als Erwachsene das Vergnügen der Kinder an der Idee von den vielen kleinen Flugzeugen und dem einen großen Magneten mit ihnen teile, werden sie mein erwachsenes Nachdenken über Verantwortung auch gerne mit mir teilen und es nicht als Moralisiererei empfinden und abwehren. Wenn wir Glück haben miteinander, werden die Kinder darin sogar ihr eigenes, tiefes Bedürfnis nach Verantwortlichkeit wiederfinden und sich darin von mir bestärkt sehen.

Der Wald und die Bäume – im Winter?

»Wenn ich mir den winterlichen Wald vorstelle, fällt mir zuerst seine Stille ein – und dann der Wind! An windstillen Frosttagen ist es oft unheimlich ruhig im Wald. Schon ein Zweiglein, das unter unseren Schritten knackt, scheucht die Ringeltauben aus den kahlen Bäumen auf; mit klatschenden Flügelschlägen flattern sie davon. Sonst raschelt kein Blatt, keine Fliege summt, und die Vögel schweigen. An anderen Tagen braust der Sturm in den Wald. Er zaust die Bäume wie nie im Sommer, wenn sie Blätter haben. Die Angst vor dem scharfen Winterwind sitzt uns heutigen Menschen nicht mehr so tief in den Knochen wie unseren Vorfahren. Damals waren die Kleider dünn und oft zerrissen, und doch musste man hinaus zur Arbeit, aufs Feld, ins Holz, in den Stall, ob man wollte oder nicht. Die damaligen Wälder waren tief und undurchdringlich, und bis in die Stuben hinein konnte man den Wind in den Bäumen orgeln hören.«[1] *Richard Adams*

Das ist ein Text, der uns unversehens nach draußen lockt.

Wir gehen sonst, vor allem wenn Kinder uns begleiten, kaum einmal in den nassen oder eisigen Winterwald. Für einen Waldausflug muss schon die Sonne scheinen, soll heiteres, »schönes« Wetter sein. Kaum jemand bei uns hört auch noch den Wald bis in die warme Wohnung, so wie es hier Richard Adams beschreibt. Wenn es uns im Urlaub in die Nähe orgelnder Bäume verschlägt, lässt uns der ungewohnte Lärm womöglich zunächst an Maschinen denken. Der lebendige, raschelnde, schmatzende Wald ist uns fremd.

---

1 Richard Adams: Die Natur in den vier Jahreszeiten. Aarau 1979

Aber dies Buch von Adams über die Jahreszeiten – und auch das andere über Tag und Nacht[2] – von den Kindern in der Leseecke aufgestöbert, weckt die Neugier auf Natur, wie wir sie nicht kennen! Es lenkt den Blick auf verborgenes Leben, ordnet alles in unmittelbar erfahrbare oder doch spürbare Zusammenhänge ein und nährt den Wunsch, viel zu lernen über das vielfältige Leben in der Natur. Dann könnte man am Ende einige der Blumen und Tiere, der Bäume und Büsche und auch ganz unscheinbare Pflanzen und Krabbeltierchen draußen aufsuchen und begrüßen wie bekannte Wesen, vielleicht gar wie Brüder und Schwestern.

Dass das gelingen könnte, beginnt man zu hoffen, wenn man nicht nur durch das Buch blättert, sondern irgendwo wirklich zu lesen beginnt. Adams grenzt nämlich immer wieder Horizonte aus, die so gesetzt sind, dass sie der Fülle, auf die er unsere Sinne lenkt, einen ermutigenden Rahmen geben. Die Aufgabe, zu verstehen, was da lebt und um uns sein kann, hat einen Rand, ist nicht endlos. So ermutigt kann man auch in scheinbar unwirtliche Naturfremde aufbrechen. Aber wir haben es nicht regelmäßig getan, uns nicht wirklich vertraut gemacht mit einem Waldstück, oder auch mit einem Parkstück. Nicht einmal mit unserem Schulhof. Es ist, als wäre gleichzeitig mit dem ökologischen Interesse um die Schulen herum ein Wall aus Medien zu allen ökologischen Themen gewachsen, der den Unterricht gegen das, was eigentlich sein Gegenstand sein sollte, abschirmt: die lebendige Natur.

Wenn man mit Kindern der Natur gegenübertritt, muss man vermeiden, allzu bestimmte und immer dieselben Konzepte zu verfolgen. Die Aufgabe naturerfahrener Erwachsener ist anspruchsvoller, zugleich schlichter und bedeutsamer, als konzeptgesteuerte Umweltpädagogik es weiß. Nur dem Naturkind die Zügel schießen lassen, nur Erlebnisse sammeln, nur Bescheidwissen züchten, nur Gefahren enthüllen, nur Risiken zeigen, nur

2 Richard Adams: Die Natur bei Tag und Nacht. Aarau ua. 1979

Pflichten einprägen – das reicht nicht. Die brüderliche Liebe zur Natur belehren, vorher aber noch: Sie achten und entfalten in den Kindern, denen sie eigentlich natürlich ist, das ist eine unserer wichtigsten Aufgaben heute.

Wir Großen mögen uns verzweifelt rumschlagen mit Ängsten vor baumloser Zukunft, mit unserem Zorn auf Kurzsichtigkeit, Trägheit und Gier derer, die für den Naturmord verantwortlich sind. Wenn wir uns an die Kinder wenden, müssen wir die Kraft aufbringen, uns mit ihnen in Liebe dem zuzuwenden, was um sie her lebt. Auch wenn wir fürchten, dass sie ihr Herz an etwas hängen, was wir ihnen vielleicht nicht in die Zukunft werden retten können. Es gibt für Menschen, die mit Kindern leben, eine unbedingte Pflicht zur Hoffnung bei klarem Blick auf die Wirklichkeit. Und dann die Pflicht zur einfachsten Tat: Nicht nur im Unterricht von Bäumen reden, nicht nur Bilder von Bäumen betrachten! Die Bäume, die uns umgeben, mit den Kindern besuchen und kennenlernen! Und das auch noch, oder vielleicht gerade dann, wenn es draußen ungemütlich ist, im Winter also.

Miteinander draußen

Inzwischen gibt es die Waldkindergärten, in denen die Kinder bei jedem Wetter draußen sind, gut verpackt und fern allen Wohngiften. Auch für die Grundschule beginnt man regelmäßige »Draußentage« einzurichten bzw. zuzulassen. Allerdings wohl vor allem, wie bei Henning Schüler in einem zusammenfassenden Bericht zu lesen, im Sommerhalbjahr.[3] Er berichtet von wissenschaftlich begleiteten Projekten, in denen die Möglichkeiten und Wirkungen von regelmäßigen Naturzeiten untersucht wur-

3 Henning Schüler: Umwelterziehung als Draußentage. In: Hans Baier u.a.: Umwelt, Mitwelt, Lebenswelt im Sachunterricht. Bad Heilbrunn 1999, S. 129ff

den, und argumentiert überzeugend im Sinne der Umwelterziehung für Draußentage. Er schließt mit dem Satz: *Wenn du Kinder für die Bewahrung ihrer natürlichen Lebenswelt gewinnen willst, so beginne nicht, mit ihnen Müll zu sammeln, sondern wecke in ihnen die Sehnsucht, draußen zu sein.*[4]

Ruth Prüfer, Grundschullehrerin, macht sich umstandslos mit ihren Schulkindern auf den Weg. Ihr gelingt es, auf zwei Seiten der »Grundschulzeitschrift«[5] ganz schlicht und so ansteckend zu erzählen, was geschah, als sie ihre bewegungsscheuen Erstklässler regelmäßig aus der Schule einer dichtbesiedelten Hochhaussiedlung hinaus in einen verwahrlosten Wald in der Nähe führte, dass man es ihr sofort nachtun möchte. Bei Wind und Wetter! »Der Winter war sehr kalt, lange Zeit waren die Waldwege von dickem Eis überzogen. Da wurde geschlittert und gerutscht, zum Glück ist nichts passiert.«[6] Da muss man gar nicht argumentieren. Das überzeugt, jedenfalls jedes ehemalige Schlitterkind. Und wer das nicht ist, kann einem leidtun.

»Jedes Kind konnte sich so bewegen, wie es wollte, die mutigen haben früher etwas gewagt, die ängstlichen haben eine Weile zugeschaut und sich erst dann getraut. Jeder konnte das ausprobieren, was seinen Fähigkeiten entsprach.« So abwarten kann man draußen unverfänglicher als in der Turnhalle.

Und der Lehrplan? »Sie haben gelernt, nicht mehr über Wurzeln zu stolpern, sie können auf buckligen Wegen laufen, sie können beim Rennen ihr Tempo bestimmen und fallen nicht mehr einfach auf die Nase.«[7] Das sind Kinder, die noch am Anfang des Schuljahres im Sportunterricht manche der vorgeschriebenen Übungen ängstlich verweigerten. Man muss sie wohl deutlich bewegungsgehemmt, wenn nicht gar bewegungsgestört nennen.

---

4 a.a.O., S. 140
5 Ruth Prüfer: Ein Schuljahr im Wald. In: GSZ, 4/1999, S. 58/59
6 a.a.O., S. 58
7 a.a.O., S. 58

Es waren Kinder mit so wenig Beziehung zur Natur, dass ihnen Rose und Löwenzahn gleich »Blume« waren. Käfer und Spinnen wurden sofort als eklig zerquetscht. Nun heißt es: »Vögel, Eichhörnchen, Igel, Käfer, Schnecken, Spinnen, Kellerasseln, Würmer wurden beobachtet, die Kinder kennen einige Pflanzen und bemerken die Unterschiede. Sie achten auf ihre Umgebung, sie nehmen Veränderungen wahr, sie entdecken auf einmal viele neue Dinge in ihrer Umwelt und können darüber staunen und sich darüber freuen. Inzwischen schreit kein Kind mehr auf, wenn es eine Spinne sieht. Oft sitzen Kinder bewundernd vor einem Spinnennetz, in dem die Tautropfen glitzern. Ein Wurm gilt nicht mehr als eklig, sondern wird behutsam von der Asphaltstraße ins nächste Gebüsch getragen.«

Außerdem und nicht gering zu achten: »Die Kinder haben untereinander guten Kontakt gefunden, weil sich bei den Waldgängen immer wieder neue Gruppen bilden.«[8] Dass man von draußen Fragen und Interessen nach drinnen mitnimmt, dass rund um und quer durch den Wald das Jahr über geforscht, gelesen, geschrieben und auch gerechnet wird, versteht sich von selbst. Ruth Prüfer erwähnt es so wenig wie Streit und Gemeinheiten, die nicht ausgeblieben sein werden unter den Kindern. Man vergisst sie rasch, wenn alles auf einem guten Weg ist. Man lässt sie hinter sich, wenn das Zusammenleben und -lernen im Wald sich entwickelt.

Ruth Prüfer schließt: »Aus den Erzählungen der Kinder weiß ich, dass einige ihre Eltern öfter in den Wald führen. Sie zeigen ihnen, was wir entdeckt haben, sie balancieren mit ihren Eltern auf den Baumstämmen, sie schaukeln mit ihnen an den Ästen und freuen sich, wenn sie sich mehr trauen als ihre Eltern.

Auf dem letzten Elternabend waren die Eltern von der Idee angetan, dass wir am Martinstag mit unseren selbstgebastelten Lampen durch den dunklen Wald gehen.« Für Stadtmenschen ist echte Dunkelheit draußen eine vielleicht strenge Medizin,

---

8 a.a.O., S. 59

aber eben eine Medizin, meine ich. Manchmal findet man sie gleich um die Ecke.

Schlechtes Wetter gibt es nicht

Ariane Garlichs berichtet davon, wie Grundschulkinder geladene Erwachsene den Wald erkunden ließen.[9] Die Kinder waren zu verschiedenen Jahreszeiten und bei jedem Wetter im Wald gewesen, genauer: in Wäldern. »Der Wald, der im Unterricht sonst oft auf biologische, ökonomische Aspekte reduziert wird, öffnet sich hierbei für die Schüler zu einem schier unermesslichen Erlebnis- und Erfahrungsraum. Begriffe wie nah und fern, hell und dunkel, vertraut und unheimlich, erhalten einen neuen Klang und neue Bedeutung. Der Gang in den Wald soll die Sinne wecken, die Fantasie anregen, ganzheitliches Lernen ermöglichen – so wollten es Lehrer und Schüler aus Vollmarshausen.«[10] Im Laufe mehrerer Jahre entstand nebenbei eine Erkundungskartei, begonnen von LehrerInnen, erweitert von Kindern.

In Vorbereitung einer »Woche der Erkundung« im Mai wählten die Kinder Aufgaben für geladene Gäste aus. »Im Klassenraum und in den Flurzonen entstanden Ausstellungstische. Die Schüler trugen alles herbei, was ihnen zum Thema Wald in die Hände und vor die Augen kam: Baumgedichte, -lieder, -bilder, eine Karte mit dem Baumbestand der Region, Zeitungsausschnitte über Waldschäden, ein Quartett mit Tieren des Waldes u.a.m.« Am Erkundungstag ist Novemberwetter, es regnet heftig. Aber alle einladenden Kinder stehen bereit, und die Gäste, auch

---

9 Ariane Garlichs: Spaziergang mit den Sinnen. Einladung zu einer Walderkundung. In: Adelheid Staudte (Hrsg.): Ästhetisches Lernen auf neuen Wegen. Weinheim/Basel 1993

10 a.a.O., S. 134. Ausführliche Darstellung des Konzepts der dortigen Reformschule in: Ariane Garlichs: Alltag im offenen Unterricht. Das Beispiel Lohfelden-Vollmarshausen. Beiträge zur Reform der Grundschule. Bd. 78, Frankfurt a.M. 1990

die körperbehinderten Gastkinder, kommen pünktlich mit ihren BegleiterInnen. Ohne Zögern geht es in Gruppen in den Wald, wo die gastgebenden Kinder die Erkundungen anleiten. Mit nackten Füßen das Laub zu fühlen – das widerstrebt manchem, aber es wird gemacht. »Jörg versucht in seinem batteriebetriebenen Rollstuhl über den bergigen Waldboden zu kommen. Er riecht an den verschiedenen Blättern und hört dem »Waldorchester« seiner Kameraden zu, die Äste aneinander schlagen und dazu mit Laub rascheln.«[11] Später wird man in der Schule aus Fundstücken ein »Waldmuseum« einrichten, mit Blättern drucken, ein kleines Hörspiel produzieren. Das alles wird von Kindern angeleitet.

Ihre ganz große Stunde kommt, als für die Nachmittagsführung neben Schülern auch acht Lehrer bereitstehen. Sie werden in einen Kreis gebeten, Tanja läßt sie die Schirme schließen. »Nur zögernd gehorchen die Erwachsenen. Tanja muss es wohl ernst gemeint haben. Sie wartet bis der letzte seinen Schirm abgestellt hat.« Sie heißt die Erwachsenen einen Baum umarmen, lange in sein Geäst hinaufschauen, die Augen schließen und den Weg in den Wald innerlich noch einmal gehen, »um richtig anzukommen.« Tanjas klare Entschiedenheit wirkt zwingend. »Trotz der wetterbedingten Unlust entzieht sich niemand.« Auch die Erwachsenen sollen dann barfuß gehen, sollen sich mit geschlossenen Augen führen lassen. Mancher reagiert mit Unmut, aber die Kinder beharren auf der Erfüllung der Aufgabe.

Im Auswertungskreis sagt eine Lehrerin, die sich anfangs sehr dirigiert fühlte: »Die große Ernsthaftigkeit, mit der sich diese Kinder den von ihnen entwickelten Regeln stellen, hat mich beeindruckt. Das hat mich letztlich bewogen, mich auf die Arbeitsaufträge einzulassen und mit geöffneten Sinnen den Wald zu erleben.«[12]

Ob ihr später auch klargeworden ist, dass dasselbe auch um-

---

11 a.a.O., S. 135
12 a.a.O., S. 136f

gekehrt gilt? Die Kinder lassen sich auf die Aufgaben ein, die wir ihnen stellen, wenn sie spüren, dass es uns ernst damit ist. Einem Angebot zum beliebigen Gebrauch aber kann man sich leicht entziehen, jede Laune des Wetters und der Menschen kann es fade werden lassen. Nur wenn wir es ernst meinen mit den Kindern und den Gegenständen, wenn wir überzeugt sind, dass in der Aufgabe, die wir stellen, eine gute Erfahrung steckt, werden alle ihre Schuhe und Strümpfe ausziehen und sich barfuß über glitschige Blätter tasten. Erst danach werden sie wissen, wie gut das tat – trotz Regen und Modergeruch. Nein: weil der Regen niederrauschte und es so modrig roch. – Und das gilt nicht nur im Wald!

Schneegestöber

Meine eigenen Erfahrungen als Lehrerin stammen zum größten Teil aus München Schwabing, aus keinem Problemgebiet. Der Englische Garten mit seinen weiten Räumen und Gehölzinseln liegt fast vor der Schultür. In so einer wohlhabenden Schule stehen die Regale voller Bücher, die Folien stapeln sich im Lehrmittelzimmer und die Kinder hocken auch nachmittags nicht so unausweichlich in den Wohnungen, dass nun die Schule für Ausgleich sorgen müsste. Viele Kinder sind am Wochenende auf Ausflügen oder auf dem Land. Das alles hat uns festgehalten im Schulhaus. Viel zu selten waren wir draußen!

Allerdings haben wir, wo immer das ging, unseren Weg in und durch den Park gelenkt, und wir sind immer zu Fuß ins Museum gegangen. Einmal hat es, während wir in der Krippenausstellung waren, so heftig zu schneien begonnen, dass es mitten am Nachmittag dämmrig wurde und wir auf dem Heimweg Angst hatten, einander und den Weg zu verlieren. Wir mussten im engen Gänsemarsch gehen, um heil und vollzählig die Schule zu erreichen. Gruselig wars! Leider kann man so einen Schneesturm nicht jedesmal bestellen. Er ist nur als glücklicher Zufall zu haben, sollte dann aber tüchtig gefeiert werden mit nassen Hosen auf allen Heizungen in der Schule und strumpfhosertem Spiel in den Winkeln des Klassenzimmers, so lange man eben bleiben darf.

Ein andermal hatte es die ganze Nacht durch geschneit. Und als wir morgens in die Schule kamen, war es ringsum unwirklich weiß und still. Da haben wir die Anoraks und Stiefel gar nicht erst abgelegt, sondern sind gleich als Allererste in den noch unberührten, schneeverwunschenen Park gegangen. Sind nicht gestürmt. Sind still gegangen. Haben nur geschaut, nicht einmal geflüstert, vielleicht auf etwas gedeutet. Eine Übung in Achtsamkeit und ein großes Erlebnis. Aber ich, deren Idee das war, hab dann leider etwas übertrieben. Mir war die Stille und die Ruhe der Kinder so kostbar, dass ich ihnen nicht erlaubt habe, zum Abschluss auf der großen Wiese noch im Schnee zu toben. Wie engstirnig und auch engherzig das von mir war, konnte ich später in den Tagebüchern der Kindern lesen. Wie gut, dass sie mir auf diesem Weg einen Spiegel vorhalten konnten! Meine Sturheit wurmt mich heute noch, nach Jahren. Allerdings haben die Kinder die Toberei wohl am Nachmittag nachholen können. Und andermal war auch noch ein Tag!

Blicke wandern

In der kalten, lichtarmen Zeit ist das schlafende, heimliche Leben draußen im Hof, im Park, im Garten, im Wald ein wirkliches Wunder. Und die Unwirtlichkeit des Draußen ist eine Erfahrung, die so kostbar ist wie die Gemütlichkeit des Drinnen. Wir sollten sie uns und den Kindern genauso selbstverständlich gönnen, wie den Ausflug bei schönem Wetter. Wenn sie vorher gehört haben, was Adams von früherer Armut erzählt, und nun unterwegs erleben, wie gut so ein Anorak wärmt und wie schön es ist, sich draußen mit einfachsten Speisen zu sättigen, hegen und nähren wir zugleich ihr historisches Interesse.

Ein kahler Baum scheint tot zu sein. Er ist auch schön. Aber anders schön als ein Sommerbaum. Man kann lange den Stamm hinauf und die Äste und Zweige entlang spazieren schauen, wenn man sich mit Muße in einigem Abstand davorstellt, vielleicht zunächst noch sicher und warm hinter dem Fenster. *Nichts reden! Nur schauen! Lass dich von deinen Augen leiten!* Das muss so gesprochen und so gemeint sein, dass es die Freiheit des Einzelnen nicht manipulatorisch beschneidet. Eine freundliche Einladung in einem und in einen Raum des Vertrauens, keine Programmierung mit den Mitteln der Sprache!

Die Unruhe, die am Schauen hindert, weicht, wenn man die Augen schließt, die Arme locker hängen lässt, die Füße etwas auseinanderstellt und abwartet, bis man alles andere losgelassen hat. Dann kann man die Augen öffnen und wandern lassen, wie sie wollen, ohne Absicht. Mit Pausen dort, wo sie anhalten, sich festhalten, verweilen und genauer sehen möchten. Solche Schauübungen habe ich schon mit mehr als dreißig Kindern gemacht. Am Anfang ist da manchmal auch Strenge nötig; sehr angespannte Kinder können kaum loslassen. Gelingt es ihnen gar nicht, schickt man sie besser freundlich fort, als sie die Ruhe der Gruppe stören zu lassen. Denn diese Ruhe ist ein kostbares Erlebnis. Wenn sie eingetreten ist, wenn sie mir von den Kindern entgegenkommt, sinken mir selbst die Schultern herab und ich seufze, ohne es zu wollen. Dann bin ich auch ruhig inmitten vieler Schulkinder. Der Satz *Nun lasst alles andere los!* wirkt Wunder, für die Kinder und für mich. Sparsam und ernsthaft benutzt, wird er im Zusammenleben und Arbeiten der Klasse kostbar.

Lebensbilder

Der Baum da draußen hat es kalt. Ob er wohl friert? Er hat sich ganz in sich selbst zurückgezogen, sich nach Außen hin verschlossen. Er spürt sicher noch, wie der Wind über ihn hingeht, aber er friert wohl nicht. Es ist ihm ja natürlich, im Winter so im Kalten zu stehen. Blätter und Blüten für das kommende Frühjahr warten. Sie brauchen die Kälte jetzt, um sich später dann entfalten zu können.

Diesen Baum draußen können wir zum Vorbild nehmen, ihn uns ins Zimmer, aufs Papier holen. Aber nicht mit den gewohnten Filzern! Die tiefe Aufmerksamkeit und das offene Gefühl beim Betrachten sollten sich im besonderen Material spiegeln: Zeichnen mit Kohle oder sehr weichen Bleistiften auf weichem, rauhem Papier. Reißen oder Schneiden und Kleben aus schwarzem Tonpapier groß als Gemeinschaftsarbeit. Malen der groben Form mit sehr flüssigen Wasserfarben auf glattem Papier und behutsames Verpusten der noch feuchten Farbe zu Ästen und Zweigen. Jede dieser Aufgaben verlangt wieder Hinwendung, Ruhe und Vertiefung. Und es entsteht unter den Händen und Augen jeden Kindes ein Baum, der nicht nur ein Symbol ist für den Begriff Baum, sondern Bild eines Lebewesens.

Wie mit einem Zauber kann man den kahlen Winterbaum schmücken und ihm eine Stimme geben mit einem einzelnen Blatt aus rotem, gelbem oder gar goldenem Papier. Es ist, als sagte es: *Seht her! Ich war einmal ein Sommerbaum voller Blätter! Ich weiß das noch in meiner Kahlheit. Ich weiß auch, dass sie grün waren.*

Knospen schon

Wenn wir dann genau hinschauen, nahe an den wirklichen Baum herangehen, entdecken wir seine Knospen! Bei manchen Bäumen sehr klein, bei anderen Arten richtig dick. Darin liegen schon die Blüten und Blätter für das kommende Frühjahr bereit. Man braucht Phantasie, um sich den kahlen Baum, der da steht, voller Blüten und Blätter vorzustellen. Wie gut, dass Kinder genug Phantasie dafür haben! Man muss sich nur Zeit lassen und leise reden, dann kann man sich so einen Baum sogar zusammen erträumen. Und wie gut, dass alle Kinder genug Poesie im Herzen haben, um sich zu freuen, wenn sie – vielleicht mit einiger Mühe, aber das macht das Ergebnis besonders kostbar – das kleine Gedicht von Theodor Fontane auswendig hersagen können:

Im Winde weh'n die Lindenzweige,
von roten Knospen übersäumt.
Die Wiegen sind's, worin der Frühling
die lange Winterzeit verträumt.

Das Rot dieser Knospen ist natürlich nicht grell und leuchtend. Man muss es schon suchen, muss achtsam schauen, um es zu entdecken. So wie man alles Besondere, Eindrucksvolle am Winterbaum erst suchen muss. Aber dann ist es auf einmal ein Augenereignis. Gar nicht mehr zu übersehen! Unvergesslich. Ein Versprechen auf den Frühling. Ein Trost in der Kälte des Winters. Mir hat das niemand gezeigt, als ich zu Schule ging. Erst mit meinen Schulkindern habe ich es als Glück – dies Glück des Wissens – für mich selbst entdecken dürfen.

Und wer hat dies gewusst? »Die Winterknospen werden durch die Kälte zu neuem Wachstum angeregt. Man kann sie ›wecken‹, wenn man sie für zwei Wochen in den Kühlschrank legt. Bei manchen Pflanzen muss die Kälte während zwei Monaten einwirken.« Als wir das bei Adams lasen, war es für uns eine kleine Erlösung: Uns waren die Barbarazweige in der Klasse nicht aufgegangen, wie ich es geplant und den Kindern versprochen hatte! Wenn das mit der Kälte auch für die Knospen der Kirsche gilt, dann hatten unsere Zweige in dem Jahr einfach nicht genügend gefroren, bevor sie geschnitten wurden, um richtig im Dezember im warmen Klassenzimmer blühen zu können! Wie tröstlich, so nebenbei zu entdecken, dass uns die Baumwesen nicht leidtun müssen, wenn sie dem Winter ausgesetzt sind. Sie sind an den Frost angepasst, sie brauchen ihn jetzt sogar. Es hat schon seinen guten Sinn so, wie es in der Natur ist! Ein Weilchen sind wir ganz zufrieden mit dieser Einsicht.

Im Laufe vieler Jahre

Ein kleines Baum-Gedicht findet sich in vielen Lesebüchern:

Zu fällen einen schönen Baum,
braucht's eine halbe Stunde kaum.
Zu wachsen, bis man ihn bewundert,
braucht er, bedenk es, ein Jahrhundert.

Eugen Roth

Aber was bedeutet das: »Es braucht ein Jahrhundert?« Wie lange ist das denn? Wenn es auf das eigene kleine Leben umgerechnet wird, kann man es ahnen: *Ein Klötzchen aus dem Mathekasten soll fünf Jahre bedeuten. So alt bin ich auf jeden Fall, so weit ist mir mein Leben überschaubar. Und dann lege ich noch ein Klötzchen dazu und noch eins und noch eins und immer so weiter.* Das wird ein großes, lautes Gezähle auf den Tischen und am Boden. Und viele lange Reihen wachsen, bis jedes Kind hundert Jahre gebaut und ein wenig begriffen hat.

Aber nicht nur um Großwerden zum Bewundern geht es beim wachsenden Baum – wenn man vom Reim einmal absieht. Die Bäume brauchen auch ihre Zeit, um zu reifen. Zeit, bis sie erwachsen geworden sind. Ich glaube mich zu erinnern, dass eine Buche sechzig oder achtzig Jahre braucht, bis sie erwachsen ist, verspreche aber, es daheim genau nachzuschlagen. Dann erst kann sie Früchte tragen, Kinder haben. Menschen werden viel früher geschlechtsreif. Und sie leben auch nicht so lange wie eine Buche, falls die nicht umgehauen, umgebracht wird. »Ihr natürliches Alter sind 250 Jahre.« Das steht auf einem Zettel, den mir am nächsten Tag ein Kind entgegenhält.

Und was und wo sind dann die Kinder der Buche? Das sind die kleinen Pflänzchen, die aus den Bucheckern sprießen! Im Herbst knirschen die Eckern unter den Füßen, wenn wir im Park oder Wald unter einer Buche gehen. Das Eichhörnchen sammelt die Früchte, vergräbt sie als Wintervorrat und findet sie manchmal nicht wieder. Dann keimen sie, wo sie versteckt wurden, und das Tierchen hat unfreiwillig Bäume gepflanzt.

Wir finden Eckern auch im Winter, auch unterm Schnee. Man muss nur suchen und wissen, wo man suchen soll: Unter einer Buche eben! Die erkennt man nicht nur am Blatt, auch an ihrer Form und an der silbergrauen Rinde.

Vielfalt erkennen

Merkwürdigerweise kann man die Bäume auch im Winter unterscheiden, eben an ihrer Form und Rinde. Um das Auge an die geringen Unterschiede zu gewöhnen, um das genaue Hinsehen und Benennen zu üben, um auch das Wunder der Vielfalt zu erfahren, sammeln wir kleine Holzstückchen, Zweige, Rindenstückchen und stellen sie in der Klasse aus. Immer wieder neu werden sie hübsch geordnet. Mancher Fund wird einzeln auf einen weißen Karton geklebt, ist nun noch besser zu erkennen, und wird beschriftet, so gut es geht mit dem, was wir wissen und feststellen können. Alle Kartons kommen dann in den Ordner »Bäume und Wald«, der im Laufe des Jahres noch mehr aufnehmen wird: gepresste Blätter, Moos, Blumen, Federchen, Gräser…

Später, im Frühjahr, werden wir unter der Buche kleine Pflanzen finden, jedes Pflänzchen mit zwei rundlichen Blättern. Das sind die jungen Buchen. Und wenn wir uns etwas umschauen, können wir alle Stadien der Entwicklung von Buchenschösslingen finden: die eben aufgequollene Ecker mit einem kleinen Wurzelendchen über den festverwurzelten Keim, der noch die Schalen über den ersten Blättern trägt, bis hin zu einem Pflänzchen, das schon wie ein richtiger kleiner Baum aussieht.

Wenn die Frühlingszeit beginnt, sollten wir die Bäume an ihren Blättern unterscheiden und bei Namen nennen können:

Kastanien, Eichen, Buchen, Linden, Erlen, Pappeln… Um uns ihre Formen klarzumachen und einzuprägen, können wir Abbildungen in Büchern benutzen, sie kritisch vergleichen wie in einem Wettbewerb: Welches Bild kommt den wirklichen Blättern wohl am nächsten? Das sieht man einer guten Zeichnung auch dann an, wenn man das lebendige Blatt nicht danebenhalten kann. Später dann kann man das Bild neben den lebendigen Baum halten und wieder vergleichen. Man kann den Blick für das Lebendige auch üben, indem man ein schöngezeichnetes Blatt nachzuzeichnen versucht. Und man kann eine Blattform so oft sorgsam schneiden, bis es scheint, man zauberte das Blatt aus dem Handgelenk.

Vielleicht bekommen die Kinder soviel grüne Tücher zusammen, dass sie den ganzen Raum einmal in eine grüne Stimmung tauchen können. Sie können auch, bevor es draußen grün wird, ein »Grün-Museum« im Klassenzimmer einrichten, wo alle grünen Dinge, Stoffmuster und Papiere zusammengetragen werden, die sie irgend finden können. Am Grün-Tag ziehen alle etwas Grünes an. Wieviel verschiedene Namen für Grün finden wir? Wieviele Grün können wir unterscheiden? Am Grüntag wird gesammelt, auch jedes Wort, was irgend mit Grün zu tun hat, wird aufgelesen und eingebracht.

Vielleicht werden die Kinder im Sommer beim Ausflug dann Augen haben für all das vielfältige Grün am Wegesrand. Das sehen nur wenige Menschen, ohne darauf hingewiesen worden zu sein. Es ist ihnen nicht wichtig genug, darauf zu achten. Aber wenn die Kinder erfahren haben, dass es im Urwald Menschen geben soll, die sechzig verschiedene Grün unterscheiden können, weil das für sie lebenswichtig ist, werden sie versuchen wollen, es ihnen an Unterscheidungsvermögen gleichzutun. »Urwaldschule« wäre dann ein lernreiches Spiel.

Mitten im Wald

Im österreichischen Mühlviertel kenne ich eine Kleinschule mit nur zwei Grundschulklassen. Sie steht in Hackstock, und Josef Kramer, der Lehrer und Schulleiter dort, ist ein Freund. Wenn er mit mir durch die Wälder streift, die das Dorf umgeben und voller Granitfelsen liegen, und mir von seiner Schule erzählt, bezweifle ich bald, dass eine Schule in der Stadt wirklich das sein kann, was sie sein sollte: ein Ort, wo man sich versammeln und die aus dem weitgehend gemeinsamen Alltag mitgebrachten Erfahrungen miteinander durchdenken kann; ein Ort, von dem man ausschwärmen kann, um genauere Erfahrungen zu suchen, als sich beiläufig im Alltag ergeben mögen; ein Ort, wo zuverlässige Erwachsene, Männer und Frauen, die das Leben der Kinder in ihrer Welt genau kennen, aber auch noch vieles darüber hinaus wissen und verstehen, ihre Lerngegenwart mit Vergangenheit, Fernem, Fremdem, mit weitreichender Kultur, mit Literatur und Künsten verknüpfen. In der Stadt sind LehrerInnen selten so wie der Josef mit der Lebenswelt der Kinder vertraut. Die Schulbehörden versuchen sogar, die Einwurzelung junger Lehrer durch Versetzungen nach kurzer Zeit zu verhindern, um leichter über die Einzelkräfte verfügen zu können, und unterminieren damit die Beheimatung von Lehrern, ohne die die Schule nicht gut sein kann.

»Feuerbeeren«[13] heißt ein Buch, in dem Bilder und Texte der Kinder der Hackstocker Schule versammelt sind. Zeichnen und Schreiben dienen regelmäßig dem Dialog mit den Gegenständen und der Selbstverständigung. Am klarsten wohl ist das erkennbar in den »sensorischen Monologen«. Mindestens einmal im Jahr gehen die Kinder mit ihrem Lehrer »an einen Platz außerhalb des Klassenzimmers, um schweigend aufzunehmen und

13 Josef Kramer: Feuerbeeren aus der Volksschule Hackstock. Bibliothek der Provinz. Weitra/München 1997

Schweigend im Wald

Weiter vor mir ist ein riesiger Felsen, mit einer Höhle.
Aus dieser Höhle sieht es unheimlich schwarz heraus.
Vom Dorf unten quietscht eine Kreissäge
in den Wald herauf.
Einige Vögel zwitschern oder pfeifen.
Ein Sonnenstrahl fällt durch den Felsspalt
vor meine Füße.
Ein Eichhörnchen läuft erschrocken durch den Wald.
Hinter mir hängt ein Felsbrocken
zwischen zwei großen Felsen.
Im Dorf unten schreit eine Kuh.
Über uns fliegt hoch oben
über den Wolken ein Flugzeug.
Einige Steine sind mit Moos bewachsen,
andere wiederum sind übereinandergestapelt,
und wieder andere haben wunderschöne Höhlen.
Ein kleiner Vogel macht eine Pause
und läßt sich auf einem Baum vor uns nieder.
Bienen, Wespen und andere Insekten
beleben die Luft.
Spinnweben schillern in der Sonne,
als ob es Glaskugeln wären,
die in der Sonnen blinken.
Hier duftet es nach Wald,
aber je länger wir hier sitzen,
desto weniger rieche ich den Wald.
Auf der Straße hört man
die Lastwagen und Autos fahren.
Je länger ich die Gegend betrachte,
desto mehr gefällt mir hier der Wald.
Die Kinder der anderen Klasse haben schon aus,
und im Dorf herrscht Geschrei.

Aus: Josef Kramer, a.a.O., S. 46

aufzuschreiben, was rundherum ist. Solche »Sensorischen Monologe« (wie sie John Holt nennt) vermitteln etwas von der unausschöpflichen Tiefe des Augenblicks. Wenn Schüler anschließend das zuhause nochmals alleine tun, ereignet sich erneut ein ganz intensives Wahrnehmen des Daseins.«[14] Ein solcher Monolog ist hier nachzulesen. Er zeigt, dass wir bei Kindern, die ihre Lebenswelt so achtsam wahrnehmen und davon in so echter Sprache zu schreiben wissen, in die Lehre gehen können.

Dass Kinder ihre Sprache so sicher benutzen können, ist die Frucht von vier Schuljahren ohne eigentlichen Aufsatzunterricht. Es hat ihnen niemand beigebracht, so zu schreiben. Sie haben es gelernt, weil sie viele Freie Texte schreiben durften, die in der Schule immer gelesen und ernstgenommen wurden, vom ersten unbeholfenen Wort, sogar vom ersten Kritzeln an.

Ich hatte erfahren, dass die Hackstocker Schule sich früher einmal im Winter einen Baum gekauft hatte, dass die Kinder beim Fällen zusahen, dann beim Entasten und Zersägen, dass sie aus den Zweigen ihren Adventskranz flochten, aus Brettern Wasserräder bauten usw. *Habt ihr das mal wieder gemacht? Und wieder genauso?* hab ich den Josef am Telefon gefragt. Und weil es da so viel zu erzählen gab, hat er mir darüber einen Brief geschrieben, den ich hier allen zu lesen geben kann (siehe Seite 233ff).

Mit dem Brief kamen drei lange Gespräche, vom Tonband abgeschrieben. Nach den Lernausflügen, die der Brief schildert, hatten Kinder und Lehrer sich zusammengesetzt und miteinander in mündliche Sprache gefasst, was alle miteinander wahrgenommen und verstanden hatten. Der Lehrer schrieb die Gespräche ab, zwei davon ohne Satzzeichen, eins ganz in Grossbuchstaben. In den Gesprächen waren alle wichtigen Begriffe versammelt. Mit Hilfe der Gespräche konnten später immer wieder genau Umstände und Ereignisse zurückgefragt werden, wenn man mehr verstehen wollte. Und die Gespräche waren

14 a.a.O., S. 191

Material für Spracharbeit, für gezielte Übungen, die im mitgegebenen und persönlich gekannten Zusammenhang eher als sinnvoll erlebt werden und gewiss auch nachhaltiger wirken als Sprachbuchübungen.

Lassen wir uns aber vom Hackstocker Idyll nicht entmutigen! Dort liegt alles, was man für einen Unterricht braucht, der auf die Natur und das mit ihr verbundene Menschenleben ausgerichtet ist, buchstäblich vor der Schultür. Bei den meisten Grundschulen ist das nicht so. Das sollte man nicht bejammern, sondern das in der Hackstocker Verknüpfung von Schule und Leben erkennbare Prinzip auf die eigenen Bedingungen übertragen. Für jede Schule gilt: Vor der Schultür liegt die Lebenswelt der Kinder, die sollte so, wie sie nun einmal ist, zum Gegenstand des Unterrichts gemacht werden! Heute hier genau hingeschaut und nachgefragt, heute hier zugehört und nachgedacht, heute hier die Wirklichkeit wahr- und mich selbst in ihr ernstgenommen zu haben, das stärkt meine Möglichkeiten, mich auch später ganz woanders mutig und selbstständig zurechtzufinden und zu bewähren. Überall gibt es Feuerbeeren! Man muss nur schauen, dann entdeckt man ihr wildes Rot auch in der Stadt, und kann sie mit den Kindern bewundern.

Wer den Baum nur in der Blüte
oder zur Zeit der Ernte schön findet,
der hat an der Schönheit nur einen kargen Anteil.[15]

Josef Kramer

Nun ist in diesem ganzen Kapitel noch nicht von dem die Rede gewesen, was viele von uns, und gerade die Kinder, seit Jahren ängstigt, wovon aber im Brief aus Hackstock, wo ringsum intensive Waldwirtschaft herrscht, nichts vorkommt: Baumsterben,

15 a.a.O., S. 192

Waldsterben. Ein Thema, das uns hilflos machen, in Panik oder Resignation versetzen kann. Andreas Flitner mahnt: »Es ist nicht sonderlich sinnvoll, das Thema ›Waldsterben‹ im Klassenunterricht zu behandeln, Schadensdaten und -theorien vorzutragen, um schließlich bei der Hilflosigkeit unserer Gesellschaft gegenüber diesen Problemen zu landen.«[16] Vorbildlich sei, wie die Helene-Lange-Schule in Wiesbaden Kinder mit dem Wald und den Aufgaben, die er uns stellt, vertraut macht: Während einer Woche im Forsthaus arbeiten die Kinder mit Förster und Waldarbeitern im Wald, leben im Forsthaus ohne die gewohnten Bequemlichkeiten und Medien, spielen sich in die Umgebung ein. »Die Erkenntnis, daß unser Wald gefährdet ist, … steht ganz am Ende. Unsere Erfahrung zeigt, daß Schüler dann bereit sind, sich heute oder später für eine Sache einzusetzen, wenn diese vorher für sie mit positiven Erfahrungen verbunden, ihnen wichtig geworden war.«[17]

Flitner knüpft an: »Der Wald kann ein Musterthema ökologischen und politischen Lernens bilden. Aber die Wirklichkeit ist voller Lernmöglichkeiten solcher Art: Untersuchungen von … Stauseen und Zwischenlagern, von Straßen und Verkehrsregelungen, Park- und Flugplätzen, öffentlichen Anlagen und vielem mehr. Überall wo der Mensch seine Lebensgrundlagen der Natur abzugewinnen sucht, sind sein Wissen zur Naturverwendung und seine Sorge für die Erhaltung dieser Ressourcen herausgefordert. Überall steht das naturwissenschaftliche und gesellschaftliche Wissen vor dem Anspruch der jungen Generation, daß die Lebensgrundlagen nicht zerstört und verbraucht, sondern erhalten und verbessert werden. Das ist nicht ein beliebiges ›Thema‹ des Unterrichts, es ist vielmehr ein Niederschlag der Gesamtsituation, mit der wir es in Erziehung und Schule zu tun

16 Andreas Flitner: Reform der Erziehung. Impulse des 20. Jahrhunderts. Erweiterte Neuausgabe. München/Zürich 1999, S. 261

17 Gerold Becker / Arnulf Kunze / Enja Riegel / Hajo Weber: Das andere Lernen. Die Helene-Lange-Schule Wiesbaden. Entwurf und Wirklichkeit. Hamburg 1997, S. 183

haben. Es geht um die eigene Zukunft, und das begreifen die Kinder sehr wohl.«[18]

Die Kinder begreifen das, sie sind ja nicht taub und blind. Was sie nicht selbst als ökologische Gefahr erkennen, das bekommen sie von den Medien gezeigt. Was das für sie bedeutet, können heutige Erwachsene, die nicht mit dem Bewusstsein aufgewachsen sind, dass unsere Lebensgrundlagen durch schwer kontrollierbare menschliche Mächte bedroht sind, nicht wirklich vorstellen. Es gibt aber genügend deutliche Hinweise, dass manchen Kindern das Grundvertrauen in die Welt fehlt. Und viele ängstigen sich zeitweilig, dann aber heftig. LehrerInnen sollten Kinder nicht mit der Umweltproblematik bedrängen, die Kinder nicht verpflichten, heil zu machen, was uns zerbrochen ist. Wir selbst aber müssen uns so gründlich mit ökologischen Fragen befassen, dass wir für Kinder kluge Gesprächspartner sein können, offen und mutig, wenn sie sich an uns wenden mit ihren Sorgen. Wir dürfen unsere Angst nicht verdrängen, um ihnen in der ihren beistehen zu können. Gleichzeitig sollen wir ihnen Gelegenheit geben, die Natur da, wo sie ihr nahe sein können, zu erkennen, zu achten, zu genießen und zu lieben. Darin, so kann man hoffen, ist die Kraft zu finden, das Kinderleben zumindest zeitweilig ganz unbefangen zu leben, und die Sorgen den Erwachsenen zu überlassen, bis man selbst erwachsen ist.

18 Andreas Flitner a.a.O., S. 262

Kramer Josef
Windhing 27
A-4273 Unterweißenbach Windhing, 11. Juli 1999

Liebe Ute,

Ja – der Wald!
Fast wie den Fischen das Wasser, so war mir von Kindheit an der Wald mein Lebensraum. So ist es fast wie eine Fügung, dass mein Dienstort wiederum ein Dorf geworden ist, das rundum von Wald geprägt ist. Hier gibt es cirka 60% Waldanteil und der Name Hackstock trifft wie ein Axtschlag.
Dort, wo wir leben, ist unser Mittelpunkt der Welt,
der Nabel, der Kern,
von dem aus sich alles entwickeln soll.
In diesem Posulat versuche ich bei meinen pädagogischen Überlegungen einen Angelpunkt zu finden.

1997/98 hatte ich eine Klasse mit 13 Kindern in der 3. und 4. Schulstufe. Sie wünschten sich für das neue Schuljahr besonders stark: oft hinausgehen. Ich entwarf einen Plan, der das Thema »Wald« im gesamten Jahreskreis wiederholt auftauchen lassen sollte, jedesmal ein anderer Aspekt im Vordergrund:

der Kastanienbaum vorm Schultor, Holzschlag bei Andreas Vater, Reisigbesen – ein reines Naturprodukt, Theateraufführung: »Die kleine Hexe« von Otfried Preußler, Lernausgang zum Sägewerk, Nistkästen bauen, Sträucher rund ums Dorf, Holztransport mit der Scheiterschwemme.

Wenn im Herbst die grünen Igel mit ihren braunen Kindern im Bauch nicht freiwillig fallen wollen, dann fliegen oft Stöcke in die Krone unserer Kastanie. Obwohl das verboten ist, können die Kinder ihre Ungeduld nicht mehr im Zaum halten; unsere Kastanie ist meines Wissens im ganzen Schulsprengel die einzige, die Früchte trägt. Welch ein Freudengeschrei nach einer stürmischen Nacht: Der Wind hat nächtens die Zweige für sie gebeutelt! Sie lassen die Taschen vor der Schule stehen und laufen mit den zusammengerafften Schätzen zum Lehrer, der rasch einen Korb bereitstellen muß, groß genug, um die ganze Fülle der glänzenden Früchte aufzunehmen.

Nach ein paar Wochen – der Baum ist kahl, der Korb dann voll – bekommt jeder vom gemeinsam Gesammelten ein Sackerl zugeteilt, den Rest legen wir im Garten unter das Laub. Nach Ostern werden wir die angekeimten Kastanien ausgraben. Jedes Kind setzt eine Kastanie in einen Blumentopf, nimmt ihn mit in die Klasse, wo wir jeden Tag eine Stufe des Wachstums bestaunen können. Sind zwei Blatt-Hände voll entwickelt, wird es Zeit, für die junge Kastanie zu Hause einen Platz zu finden. Dann beginnt die Sorge um das Pflänzchen. Manchmal berichtet ein Kind traurig, dass Papa beim Mähen..., dass eine Kuh..., dass die Trockenheit.... Trotzdem gibt es nach jahrelanger Wiederholung dieser Praxis kaum mehr ein Haus im Schulsprengel, bei dem nicht ein kleines Kastanienbäumchen wächst.

Ich lasse im Herbst Blätter zeichnen, am besten beidhändig; eine dynamische Symmetrie prägt dann das Ergebnis. 1997 ließ ich auch Kastanienblätter zeichnen. Das bedarf einer gemeinsamen Klärung der Blattstruktur. Durch Vorübungen nähert sich jeder dem Bauprinzip des Blattes, schließlich wird es in Lebensgröße gezeichnet. Dann hat jeder seine Hand –

ein Umriss ist vom Partner schnell gemacht – mit dem Kastanienblatt in Beziehung gesetzt. Beide Hände werden übereinander gelegt. So kommt ein räumlicher Aspekt ins Spiel. Letzte Aufgabe: mit der Farbwahl einen starken Kontrast zwischen die pflanzliche und die menschliche Hand setzen!

Andreas hat zu Hause kein Fernsehgerät, dafür genießt er aber das seltene Privileg, in einer intakten Großfamilie aufzuwachsen. Er erzählt oft, was der Großvater ihm wieder gezeigt oder erzählt hat. Zum Hof gehört auch Waldbesitz. Einige Male haben wir daraus schon Reisig für den Adventskranz bekommen.

Ich wollte die Kinder beim Holzfällen zusehen lassen. Am 25. November, dem vereinbarten Termin, war bereits Schnee gefallen, die Waldwege waren arg vereist. Andreas Vater und sein Opa zeigten uns die Einzelheiten der Waldarbeit, und wir waren dabei, wie zwei Tannen gefällt, entastet und zerlegt wurden. Was wir dabei erlebten und erfuhren, wiederholten wir uns am nächsten Tag in der Schule vor dem Tonband. Das Gespräch habe ich abgetippt; es diente uns als Zusammenfassung des Lehrausgangs und Material für allerlei Sprachübungen. (Ich lege den Text bei.)

Beim Adventskranzbinden sind die Kinder immer dabei. Sie schneiden die Zweige in der richtigen Länge aus den großen Ästen, bündeln sie, und ich binde inmitten der schwatzenden Schar den Kranz. Kannst Du Dir den Duft vorstellen und die harzigen Hände? Ich wasche sie immer erst, wenn es dann sein muss. Der Kranz hängt im Advent im Gang zwischen den beiden Klassenräumen. Dreimal in der Woche versammeln wir uns darunter, singen und hören Geschichten. Alle Schulkinder dicht gedrängt im Kerzenschein; inniger ist unsere Gemeinschaft nie, und auch nie so nach innen lauschend.

In der Klasse lagen nach unserem Erlebnis im Wald Baumscheiben von Fichte, Tanne, Föhre und Buche. Immer wieder sah ich Kinder darübertasten, Jahresringe zählen, daran riechen.

Der Film »Aus dem Leben eines Baumes« lieferte uns Einblicke, die wir aus eigener Beobachtung nicht gewinnen konnten.

Nach den Weihnachtsferien stürzten wir uns gleich in ein Theaterabenteuer: Preußlers »Kleine Hexe«. Damit landeten wir abermals im Wald.

Für die Aufführung brauchten wir Besen. Es lag nichts näher, als zu unserem guten Herrn Schmalzer zu gehen, dessen Holzstöße so penibel gelegt sind, und der die Maibäume so fein schält, wie selten jemand. In seiner Werkstatt, einem ehemaligen Ziegenstall, hatte er alles fein säuberlich vorbereitet: Birkenreisig in verschiedenen Längen, Weidenruten, Werkzeug. Die sicheren Handgriffe, die notwendigen Worte – hier war kein Schwätzer am Werke (Du kennst sicher Freinets Unterscheidung zwischen Schaffer und Schwätzer, don't you?). Ich kann mich für diese Art von Kunstfertigkeit über alle Maßen begeistern, aber gar nicht beschreiben, was mich so dabei bewegt. Von Paul Klee gibt es die Aufforderung, Kinder das Aufgehen einer Knospe verfolgen zu lassen. Ich finde es eben so bildend, jemandem bei einer ausgereiften handwerklichen Tätigkeit zuzusehen. (Da wäre die Anwesenheit vieler alter Menschen wieder wünschenswert.) Herr Schmalzer schenkte uns den Besen, den er vor unseren Augen angefertigt hatte, und gleich noch zwei weitere dazu. Später kaufte ich noch ein paar Besen von ihm, damit wir genug für die Blocksbergszene der »Kleinen Hexe« hatten. (Auch über diesen Ausgang haben wir einen Bericht angefertigt, den ich dir beilege.)

Am Beginn des zweiten Halbjahres - das Hexenstück war vor den Ferien einige Male erfolgreich über die Bühne gegangen - war endlich der Tabormüller nach langwierigen Reparaturen in seinem Sägewerk bereit, unsere Baumstämme zu schneiden. Andreas Vater transportierte sie mit dem Traktor, wir folgten im Schulbus. Der 28. Februar war ein sonniger Tag, aber beim Sägewerk, unten beim Bach, knirschte in den tiefen Reifenspuren überall das Eis. Hier ging es nun nicht um ein Handwerk, sondern um die kleingewerbliche Maschinerie. Im Untergeschoss: Unmengen von Sägespänen, es dröhnte der Dieselmotor, über einen wuchtigen Exzenter wurde das Sägegatter in hechelndes Auf-und-ab versetzt. Zu ebener Erde werkten der Sagler und sein Gehilfe; sie schafften Stämme mit Hilfe von Stapler, Kran und Rollen an den Platz, wo sie gerade gebraucht wurden. Zwischendurch nahm einer sich immer wieder Zeit, uns etwas genauer zu zeigen, z.B. wie die Sägeblätter im richtigen Abstand eingespannt oder wie sie geschärft werden.

Unsere Stämme aus Andreas Wald erlitten vor unseren Augen die ersten Zurichtungen. (Ich glaube, Kinder erleben das oft als ein Erleiden.) Der Schweiß der Arbeitenden, die Massen der auf Bearbeitung wartenden Baumstämme, der Lärm, der Staub - wiederum eine andere Wirklichkeit, die das Mosaik der Erfahrungen der Kinder bereichert. (Der nachfolgend aufgenommene, gemeinsame Bericht liegt bei.)

Die Bretter habe ich zu mir nach Hause bringen lassen. Wir werden im Werkunterricht immer wieder davon brauchen. Drei Wochen später bauten wir Nistkästen; die Föhrenbretter waren bereits gefragt. Nach einem Bauplan zeichneten wir Grundriss, Aufriss und Seitenansicht. Danach hieß es sägen, bohren, schleifen, leimen und nageln. Zuhause wurde ein günstiger Platz für die Nistkästen gemeinsam mit den Eltern gesucht. Dann das Bangen: Wählt ein Rückkehrer aus dem Süden mein Häuschen als Nistplatz oder nicht? Häufig geschieht das erst im Folgejahr. Aber nachdem wir das jedes Jahr machen, gibt es fast immer Erfolgserlebnisse.

In der Zeit vor Ostern, sobald unser hartnäckiger Winter erstmals die Wiesen freigibt, werden überall die Bäume und Sträucher beschnitten. Eine gute Gelegenheit, uns Zweige von zirka 15 Arten zu holen. Wir bestimmen sie schon im Freien, bringen sie in die Klasse, stellen sie in große Wassergläser, schreiben auf, wer welche mitgebracht hat, und jeden Tag versuchen wir die Zweige wieder zu benennen. Bald bricht das erste Grün hervor, bei manchen Zweigen zuerst eine Blüte. Wenn wir nach der Ostermesse die Eltern zu einem Osterfrühstück einladen, wo wir Frühlingslieder singen, zieren Sträuße, behangen mit Eiern und anderem Schmuck, von den Kindern gebastelt, die Klasse. Und die meisten Kinder können alle einzelnen Reiser benennen. Sie wissen außerdem von zumindest einem viel über seine genaue Gestalt, denn die haben sie auch zeichnerisch erforscht (siehe Seite 232).

Eine der charakteristischen Pflanzen der Region ist der Haselstrauch. Er bildet zuweilen ganz gerade bis zu drei Meter lange Ruten aus. Aus solchen wollten wir den Kindergartenkindern im Kindergartengarten (Gefällt dir das Wort?) ein Spielhäuschen bauen. Rund wie ein Iglu bzw. wie eine Jurte flochten wir es.

Ab Ostern las ich »Der weiße Wolf« von Käthe Recheis in Fortsetzungen vor. Hier begegnete uns der Wald in seiner mystischen, dunklen Erscheinung, die auch von Gefahr und Kampf weiß.

In der zweiten Maiwoche waren unsere Projekttage dem Thema »Eisen« gewidmet. Zur Nachbereitung sahen wir uns unter anderem auch einen Film über die Köhlerei an, wieder klang unser Jahresthema an. Wir legten auch eine Parallele zum Holz, indem wir den Weg vom Rohstoff Erz bis zu den Produkten aus Eisen verfolgten. Dabei kam der Wirtschaftsfaktor »Transport« immer wieder zur Sprache. Mein letztes Vorhaben war eingeleitet.

Ganz in der Nähe liegt der Rubener Teich, dorthin gehen viele schwimmen, die nicht Angst vor der Dunkelheit des Moorwassers haben. (Du kennst ihn von deinem letzten Besuch.) Dieser Teich wurde vor etwa 170 Jahren künstlich angelegt, um dem aus ihm hervorquellenden Bach genug Schubkraft für die Scheiterschwemme auf der 80km-Strecke bis zur Donau zu verleihen. Ich hatte einige alte Fotos und spärliche Informationen aus verschiedenen Gesprächen. Wir diskutierten in der Klasse, woher wir mehr erfahren könnten. Schließlich entwarfen wir Geschäftsbriefe an die Verwaltungen der Gemeinden, durch deren Gebiet die vielen tausend Kubikmeter Holz geschleust worden waren. Alle neun antworteten, manche schickten uns ein ganzes Konvolut an Kopien von Zeitschriftenartikeln, Heimatbuchausschnitten, Gemeindechroniken, Sitzungsprotokollen, etc. Außerdem erhielten wir Hinweise auf Zeitzeugen.

Als erstes begaben wir uns an den Ursprung der Schwemme, den Rubener Teich. Oberförster Hebenstreit, ein knapp vor der Pensionierung stehender exzellenter Kenner seines Reviers und seiner Geschichte, klärte uns über die Funktionsweise des Teiches auf, erzählte uns über die Zubringerarbeit – im Winter mit Schlitten –, über die Abwicklung der Schwemme nach der Schneeschmelze, über die Befestigungen des Bachufers und die vielen Hilfskräfte, die die ungeheuren Holzmassen im Fluss halten mussten.

Zurück in der Schule studierten wir die Landkarte genauer, lasen aus den zugesandten Texten, wunderten uns über die unglaublich großen Holzstöße (auf den Fotokopien), die am Zielort der Schwemme aufgeschlichtet worden waren (3m hoch und 100m lang!).

In der vorletzten Schulwoche starteten wir eine kleine Expedition: Wir wanderten am Schwemmbach entlang bis zum nächsten größeren Ort (Königswiesen). Immer wieder trafen wir auf Mühlenruinen und Reste der Uferbefestigung. Anfangs streiften wir durch Dickicht und Jungwald, dann erreichten wir die Klammleiten, wo der Bach zwischen großen Steinen verschwindet. Eine Sage erzählt von einer ungnädigen Müllerin, die einen Bettler in schändlicher Weise von der Tür gewiesen hatte und daraufhin bei einem Unwetter samt ihrer Mühle unter den Steinen begraben wurde. Manchmal soll man noch das Klappern der Mühle vernehmen können. Über das Geröll dort war für die Holzschwemme ein »Gefluder« errichtet worden, eine 1,2 km lange Holzrinne. Am unteren Ende dieser Klamm steht heute das Kraftwerk, von dem die Region den Strom geliefert bekommt. Zufällig stand das Werkstor offen, sodass wir einen Blick in das Innere werfen konnten. Ein Techniker führte uns ohne viel Umstände durch die Halle. (Gelegenheitsunterricht – so nennt man das doch, oder nicht?)

In der letzten Schulwoche wollten wir noch den Rest der Schwemmstrecke bereisen. Mit einem Kleinbus begaben wir uns an den Endpunkt unserer Wanderung. Von dort weg verfolgten wir nun den Flusslauf so nahe es mit dem Auto möglich war bis zur Auslagerstelle nahe der Donau. Unser Ziel jedoch war das Haus jenes Mannes, der uns von einem Bürgermeister als Experte für die Holzschwemme verraten worden war. Der kleine, freundliche Herr Koricek, ein Pensionist, zeigte uns seine Schätze: Große Original-Folianten, in denen für jedes Jahr alles genau verzeichnet war, was den Schwemmbetrieb betraf. Was die Kinder aber mehr faszinierte, waren die Dias. Bilder von gigantischen Scheitermengen, die weit über das Bachbett hinausquollen, von Männern, die mit langen Spießen die Scheiter aus dem Wasser holten, von Frauen, die sie auf Radelböcken zu den Stapelplätzen brachten, usw. Hätte die gute Frau des Spezialisten nicht – gutmeinend, aber unwissend – Knabbergebäck aufgetischt, wäre die Aufmerksamkeit eine ungeteilte gewesen. Solch unscheinbare Details entscheiden oft darüber, wie tiefgründig eine Erfahrung für eine Klasse wird.

Beeindruckt von diesem privaten Sammelgut und seinem leidenschaftlichen Interesse, luden wir Herrn Koricek ein, bei uns in Hackstock einen öffentlichen Vortrag zu halten. Er sagte erfreut zu. Im März diesen Jahres folgten unserer Einladung sehr viele Eltern, Förster, Holzhauer, Lehrer und auch Schüler, die unserer Hackstocker Schule entwachsen sind. (Ich lege dir die Einladung für die Dorfbevölkerung bei.)

Es freut mich immer am meisten, wenn ich etwas mit Kindern veranstalte, was Folgewirkungen nicht nur für sie hat, wenn unsere Einmischung in die Welt etwas Unerwartetes in Gang setzt, *jemanden* oder *etwas* ans Licht bringt, was vorher – nicht nur uns – verborgen war.

Treppauf, treppab

Warum hat eigentlich noch niemand ein Buch über Treppen gemacht? Nicht eins für Architekten, so etwas gibt es. Ein Buch für uns, die wir täglich Treppen benutzen, hinauf und hinunter. Achtlos, wenn wir die Treppen schon oft gegangen sind, wenn Füße und Beine sie auswendig kennen. Vorsichtig, zögernd, wenn sie ungewohnt steil sind. Beschwingt oder würdig, wenn das Maß und der Rhythmus ihrer Stufen unseren Bewegungen entgegenkommt. Ein Buch über Treppen im Haus, zum Boden, in den Keller, ins andere Stockwerk. Über Treppen, wie wir sie mühsam erklommen haben, jede Stufe mit zwei Schritten, ans Geländer geklammert, schwer atmend und stolz, weil wir vor noch nicht langer Zeit dieselbe Treppe hinaufkrabbeln mussten, klein wie wir waren, weil wir uns ängstlich Stufe um Stufe hinabrutschen ließen und irgendwann auch einmal hinunterkullerten.

Meine Erinnerung ist voller Bilder von Treppen. Ich gehe hinauf, ich laufe hinauf, ich keuche nach oben. Warum eigentlich immer nach oben? Ich gehe doch gerne Treppen hinab. Die Hände in die Taschen gegraben, lasse ich mich hinabtragen – wenn es die richtige Treppe ist, wenn sie mir liegt. Wichtiger als alle Treppen meines Lebens ist mir eine, die ich nie unter den Füßen hatte. Seit ich Heinrich Manns »Vollendung des Königs Henri Quatre« gelesen habe, schlage ich immer mal wieder eine bestimmte Seite auf. Da ist beschrieben, wie Gabriele eine Treppe herniedersteigt. Eine halbe Seite zeigt sie so leicht und warm, dass man versteht: der König liebt sie im Augenblick.

Leider habe ich meinem Schulkindern diesen Text nie gegeben. Sie hätten ihn wohl gerne gelesen. Sie hätten das Vorher und Nachher der Szene phantasiert. Im Erleben des Königs, der sich wie im Märchen fühlt, obwohl er ein richtiger König ist, wären sie sich selbst begegnet. Und ich hätte ihnen von Frankreichs Henri IV. erzählt und von Heinrich Mann, der einige Zeit in dem Haus neben unserer Post wohnte und dann von den Nazis aus Deutschland vertrieben wurde. Vielleicht hätte ich manches Kind bewegt, später einmal, erwachsen, die zweitausend Seiten dieses Werkes zu lesen, weil es die beiden Bände irgendwo stehen sieht und sicher weiß: *Die sind auch für mich geschrieben worden!* Auf jeden Fall wäre ihnen wie mir bei jeder zweiflügeligen Treppe in einem Schloss die Gabriele eingefallen, sähen sie sie einen Augenblick fast wirklich herniederschreiten.

Treppen faszinieren alle Menschen, ein Schulthema sind sie nicht. Uns wurden sie zufällig zum Gegenstand des Unterrichts. Wir waren, eine erste und eine vierte Klasse, jede mit ihrer Lehrerin, in der Bayerischen Staatsbibliothek bei einer Kinderbuchausstellung. Zwei Stunden lang hatten die Kinder gekramt und gestöbert, hatten die Kleinen sich von den Großen vorlesen lassen. Mäntel und Stiefel, es war Winter, hatten wir auf dem Gang in der Halle vor dem Ausstellungsraum abgelegt. Auf Strümpfen bewegt man sich gemütlicher zwischen Büchern, kann man sich besser in einen Winkel verkriechen. Als wir uns dann wieder anzogen, verließ gerade eine Gruppe aus dem Kindergarten das große, würdige Haus.

Das heißt, sie waren noch auf der Treppe, einer riesigen, marmornen Feierlichkeit, auf der sich sonst nur ernste, stille Menschen bewegen, Bücher und Mappen unter dem Arm, in Gedanken irgendwo weit weg. Aber jetzt waren sehr kleine Kinder im Haus. Die setzten sich einfach alle nebeneinander auf die oberste Treppenstufe und rutschten los. Viele lachend und kichernd, manche ganz gesammelt und etwas schwerfällig. Alle rutschten bis ganz unten. Kein Kind stand vor der letzten Stufe auf, um etwa leichter zu Fuß hinabzugehen.

Im Nu waren unsere großen Kinder angezogen und machten es den Kleinen nach. Alle *mussten* rutschen! Meine Angst, die Erwachsenen könnten sich, gewöhnt an die Ruhe in diesem Haus, gestört fühlen, war überflüssig. Sie gingen den Kindern aus dem Weg, blieben stehen, sahen ihnen zu und lächelten. Das regelwidrige Verhalten, bei den Zehnjährigen deutlicher unpassend als bei den ganz Kleinen, überzeugte unmittelbar. Vielleicht hätte ich auch gerne mitrutschen wollen. Und weil ich mich nicht traute, weil mir die Rutschlust steckenblieb, musste ich eines Tages die Treppen »durchnehmen« mit meinen Viertklässlern.

Das ist kein üblicher und achtbarer Grund. Aber unsere Lehrpläne erlauben uns solche Freiheiten. Und bei jedem Gegenstand, der aus unserem Alltag und in Geschichte wurzelt, ist das auch legitim, weil wir mit den Kindern zusammen erleben, wie spannend und lehrreich es ist, dem Alltag hinter die Gewohnheiten zu leuchten.

Treppen sind sehr verschieden. Jede geht sich anders. Das erfährt man nicht mit dem Kopf zuerst, sondern man spürt es. Wenn man nur etwas darauf achtet, kann man auf Treppen buchstäblich Körpererfahrungen sammeln. Die können einen rationalen Hintergrund bekommen, wenn man die Treppen ausmisst – Höhe, Breite, Tiefe der Stufen – und die Maße in eine Tabelle einträgt. Vergleicht man die eigenen Ergebnisse mit denen der anderen, entsteht Zank, der zeigt, wie wichtig es ist, beim Messen genau zu sein.

Welche Abmessungen muss eine Treppe haben, die dir entgegenkommt, die dem Maß deiner Schritte entspricht, die deine Bewegung aufnimmt, die du mit Lust benutzen kannst? Treppen ausmessen gehört zum Mathematikunterricht, ist Treppenmathematik. Dafür haben wir uns eine Tabelle gemacht, in die Höhe, Tiefe und Zahl der Treppenstufen einzutragen war, dazu natürlich ein Hinweis, der zeigt, welche Treppe jeweils gemeint ist. Die in der Hand haben die Kinder auf Treppen in der Schule,

um die Schule und daheim mit Zollstock und Maßband und eigenen Schritten untersucht: *Welches könnte meine Lieblingstreppe sein? Welche passt zu mir?* Angefangen haben sie miteinander bei der Kirche gegenüber, um bei der Hausaufgabe dann noch eigene Treppen aufzusuchen.

Beim Vergleichen der Eintragungen am nächsten Tag stellte sich heraus, dass es für die Kinder nicht eindeutig war, welche Dimension »Höhe« und welche »Tiefe« einer Treppenstufe ist. Am Stuhl wird klar, dass die Höhe der Abstand vom Boden ist, da sie in der Senkrechten gemessen werden muss. Die Tiefe als Maß für die Fläche von der Stuhlkante zur Lehne bleibt auch da ein schwieriger Begriff. Wenn man eine Schublade ausmisst, kann man ihn besser begreifen.

Das ganz genaue Messen wird geübt, wenn die Klasse gemeinsam alle, wirklich alle Treppenstufen im Schulhaus misst und die Ergebnisse vergleicht. *Sind nicht doch manche Stufen anders gebaut als ihre Nachbarn? Messen manche Kinder nicht doch etwas nachlässig? Muss man eigentlich das Stück Stufe, das vorne übersteht, mitmessen? Und wie kann das genau werden, wenn seine Kante gebogen ist?*

Eine Rolltreppe zu vermessen, ist natürlich besonders amüsant. Die Hausaufgabe entschuldigt, dass man sich dafür unter den Erwachsenen etwas merkwürdig beträgt. Manchen Kindern war das peinlich, manche bedauern später, dass sie sich zum Treppenmessen auf das eigene Haus beschränkt haben. Und alle Kinder, die auch bei der Rolltreppe eine Stufenanzahl eingetragen hatten, wunderten sich, als Caro ihnen entgegenhielt, da könne man doch nur ein Fragezeichen eintragen. Es sei denn, die Rolltreppe würde grad repariert.

Nach dem Messen haben wir uns im Kreis zusammengesetzt und Treppenerlebnisse erzählt. Über Treppen weiß hierzulande jeder etwas zu erzählen. *Als ich klein war, habe ich bei jeder Treppe versucht, die Stufen zu zählen, und bin immer drausgekommen. – Ich bin die Treppe hinuntergesprungen und mit dem Kopf gegen die Wand gedonnert, dass es eine Dulle gegeben hat, aber ich habe*

nur gelacht. Die Dulle sieht man heute noch im Treppenhaus. – Als ich einmal zu spät gekommen bin …

Treppen Treppen Treppen

Nr.	Wo?	Höhe der Stufe	Tiefe der Stufe	Anzahl der Stufen
1.	Schulhaus	12 cm	27 ½ cm	14
2.	Kirchhof	13 cm	28 cm	16
3.	Friedhof	12,5 cm	29 cm	5
4.	Hauptausgang	16 cm	30 cm	13
5.	Kirche (Nebeneingang)	14 cm	28 cm	2
6.	Kircheingang	15 cm	28 cm	1
7.	Neben Haupteingang (Kirche)	10 cm	27 cm	1

Petra

Weil das kein Ende nehmen wollte, hat jedes Kind rasch eine seiner Geschichten aufgeschrieben. So etwas kann der Anfang zu einem Buch sein, besser noch zu einem Dossier, in dem sich alles sammelt, was die Kinder – und auch die Lehrerin – zu einem Thema gefunden oder erarbeitet hat. Das Dossier füllt sich über längere Zeit, kann auch nach Abschluss des Themas noch ergänzt werden. Und spätere Klassen könnten darin lesen und weitermachen. Das ist merkwürdigerweise gar nicht üblich, obwohl es die Kinder gewiss sehr interessiert, was frühere Kinder ihrer LehrerInnen getan und gefunden, gelernt und geschrieben haben.

Ich habe also allein Geschichten und Gedichte gesucht, in denen Treppen vorkommen: zum Vorlesen, zum Selberlesen, zum Auswendiglernen. Die Suche war zunächst mühsam und wenig ergiebig, weil ich damals nicht auf die Idee gekommen bin, die Kinder auf die Suche zu schicken. Spät erst fiel mir ein, in meinen Brockhaus zu schauen. Die vielen, sehr knappen Informationen dort zum Stichwort »Treppe, Stiege, Steige« entmutigten mich zunächst, weil ich noch zu wenig von Treppen wusste. Aber grad dieser Artikel lässt sich in einer Klasse, die gewöhnt ist, zuzuhören und miteinander nachzudenken, sowohl als Aufbruch in ein Thema, als auch als dessen Abschluss verwenden. Dort lag auch der Schlüssel für unser Messproblem: In die Höhe misst man die Setzstufe, in die Tiefe die Trittstufe. Und in den vielen ungeläufigen, aber eindeutig hilfreichen Begriffen – Kellertreppe, Bodentreppe, Stiege, Steige, Antritt, Austritt, Handlauf, Wandwange, Absatz, Zwischenpodest, Wendelstufen, Richtungsänderung … – liegt ein Schatz für Sprachbetrachtungen bereit.

Merkwürdig war, wie intensiv ich die eigene Körperplage bei Besichtigungen im sonnenheißen Urlaub noch spürte, als ich im Brockhaus las: »Früher als im profanen Bereich haben deshalb bei sakralen Bauten Mythen und Riten zu einer Architektur der Treppe geführt, die überwiegend Symbolcharakter hat und keine Rücksicht auf das menschliche Schrittmaß nimmt wie die Zikkurat, die Kultbauten Mittelamerikas, die griechischen und römischen Tempel.«[1] Nehmen eigentlich die Treppen in Schulen

1 Brockhaus Enzyklopädie, Band 18. Wiesbaden, 1973. S. 840

Rücksicht auf das kindliche Schrittmaß? Das müssten wir die Kinder fragen, die so sehr gewöhnt sind, Treppen nach unserem Maß zu erklimmen.

Als meine kleine Tochter mich suchen sah, fing sie auch damit an, und brachte mir ein Bilderbuch nach dem anderen, wo irgendwo auch eine Treppe abgebildet war. *Das kannst du mitnehmen in die Schule, ich erlaube es dir!* Die Kinder in der Schule fanden dann andere Bücher mit Treppen in unserer Leseecke. Und dann fiel ihnen ein, daß auch in Märchen Treppen vorkommen und mitspielen, im »Aschenputtel« und im »Dornröschen« etwa. Gibt es im Turm von »Rapunzel« eigentlich eine Treppe, oder stammt das Märchen aus einer fernen Zeit, als man Türme von außen mit Leitern erstieg?

Christiane, unsere Praktikantin, brachte dann noch den »Nils Holgerson« mit in die Schule. Da beschreibt im siebten Kapitel ein Lehrer die Landschaft von Blekinge als eine breite Treppe mit drei Stufen, die vom småländischen Haus hinabführt zum Meer. Das war etwas zum Vorlesen! Ein Auszug zum Nachlesen zeigt die geologische Treppe noch einmal ganz deutlich und begründet hoffentlich späteres Interesse im Fach Erdkunde.[2]

Da unsere Kinder den »Nils Holgerson« meist nur in der platten Version der Fernsehfassung kennen, ihn so aber gleichwohl lieben, sollte man so eine Gelegenheit, ihnen das literarische Original ans Herz zu legen, nicht versäumen. So lernen sie beiläufig unter anderem, daß es Unterschiede in der Erzählweise gibt, dass nicht nur der Plot zählt und Literatur mehr bieten kann, als bloße Unterhaltung. Sie erleben den Unterschied zwischen dem Originaltext und seiner Fernsehfassung als Verlust, fast als Diebstahl. Der Ärger darüber kann den Wunsch wecken, nach der unverfälschten Literatur zu greifen.

Selma Lagerlöf hat ihren »Nils Holgerson« als Erdkundebuch

2 Selma Lagerlöf: Wunderbare Reise des kleinen Nils Holgerson mit den Wildgänsen. München 1990, S. 66 bis 69

für die Kinder Schwedens geschrieben. Vielleicht könnte man daran anknüpfend mit älteren Kindern Schulbuchkritik üben. Viele Schulbücher sind gar nicht gut, sie treten aber im Unterricht meist als Autorität auf. Die Kinder, die mit ihnen nicht zurechtkommen, müssen sich dumm fühlen. Der Umgang mit Schulbüchern wird sicher leichter, wenn man ihnen auf die müden Schliche gekommen ist.

Eigentlich wissen wir alle, wie eine Treppe gebaut sein sollte, damit sie uns nicht rasch ermüdet, aber es ist uns selten bewusst. Ähnlich ist es mit Lesetexten. Beide, die Treppen und die Texte, brauchen Absätze im richtigen Moment, damit man sie gerne benutzt. Wenn man nur das den Schulbuchmachern klarmachen könnte! Vielleicht wissen sie es und müssen sparen, Papier sparen für den Verlag. Eine praktische, sinnvolle Aufgabe in der Klasse für die schnellen Leser mit Computer könnte es sein, Schulbuchtexte für die anderen, denen das Lesen mühsam ist, abzuschreiben und besser lesbar auszudrucken. Da lernen sie nebenbei, Texte zu gliedern. Und alle könnten gemeinsam nach den Informationen greifen, die in den Texten versteckt sind.

Von Hermannn Hesses Gedicht »Stufen« kennen die meisten Menschen wohl nur die zwei Zeilen: *Und jedem Anfang wohnt ein Zauber inne, / der uns beschützt und der uns hilft, zu leben.* Damals habe ich mich gescheut, meinen Viertklässlern das ganze Gedicht in die Hand zu geben. Heute würde ich es wagen, als Angebot zum Selberlesen und Aufheben. Mit der Möglichkeit für die Kinder, mir jedes allein zu zeigen, welche Zeilen darin ihm besonders gefallen. Solche Aufgaben haben mich jedesmal kinderkundiger gemacht.

Rilkes Gedicht auf »Die Treppe der Orangerie« in Versailles[3] habe ich damals aber ausgeteilt und selber vorgelesen. Vielleicht kommen die Kinder ja einmal nach Versailles und erinnern sich daran, wie sie in der Schule im Kreis beim Hören und Lesen eines Gedichtes diese Treppe geahnt haben.

3 Rainer Maria Rilke: Werke, Band 2. Frankfurt 1980. S. 283

Die Treppe der Orangerie
Versailles

Wie Könige die schließlich nur noch schreiten
fast ohne Ziel, nur um von Zeit zu Zeit
sich den Verneigenden auf beiden Seiten
zu zeigen in des Mantels Einsamkeit – :

so steigt, allein zwischen den Balustraden,
die sich verneigen schon seit Anbeginn,
die Treppe: langsam und von Gottes Gnaden
und auf den Himmel zu und nirgends hin;

als ob sie allen Folgenden befahl
zurückzubleiben, – so daß sie nicht wagen
von ferne nachzugehen; nicht einmal
die schwere Schleppe durfte einer tragen.

Rainer Maria Rilke

Soll man Grundschulkindern die Treppenbilder von Escher[4] zeigen, wo Wasser in Stufen hinabfließt und doch wieder am Ausgangspunkt ankommt, wo Menschen Treppen steigen, ohne sie je verlassen zu können? Es sind doch auch Albtraumbilder. Ich habe es gewagt. Die Kinder haben gestutzt, sich vertieft, sich gewundert und dann aufeinander eingeredet. Jedes wollte dem anderen erklären, wie das geht, gar nicht gehen kann oder wie es doch aufgehen könnte. Dann wollten sie mehr solche Bilder sehen. Für den Kunstunterricht ist Escher erst ein paar Klassen weiter vorgesehen, aber man muss nicht so lange warten, wenn er sich wie hier anbietet.

4 M. C. Escher: Grafik und Zeichnungen. München 1971

Zeichne eine Treppe und dich, wie du hinauf- oder hinuntergehst! Das hörte sich einfach an. Aber wer kann das? Ich habe vorgeschlagen, mit Bleistift zu zeichnen, weil man viel radieren müsste. Erst gab es Diskussionen, dann wurde es leiser, und dann stand immer wieder einer auf, um es auszuprobieren: Einen Fuß auf dem Stuhl, einen am Boden – wie geht das eigentlich? Um es richtig klarzukriegen, sind sie auch auf die Tische gestiegen, so gab es über den Stuhl zwei Stufen. Ich konnte mich gerade noch zurückhalten, fast hätte ich geschimpft. Es ging ihnen wirklich nur um das Erfühlen, das leibhaftige Begreifen.

Dann brachte uns Christiane, angesteckt vom Treppenfieber, eine richtige kleine Treppe, wohl einmal als Gesellen- oder Meisterstück gebaut. Wir haben die Treppe zwischen Pflanzen aufgestellt und neues Plastilin besorgt, endlich mal wieder. Es ist gar nicht so einfach, ein menschenähnliches Etwas zu kneten, das überzeugend auf der Treppe stehen, gar gehen kann. Man muss immer wieder probieren, nachdenken, den eigenen Körperempfindungen nachspüren. Manche Figuren wurden immer mal wieder verbessert, so lange die Treppe bei uns stand.

Als ein Kind die Clowns Pic und Pello gesehen hatte, wie sie hinter einer niedrigen Wand pantomimisch im Kaufhaus mit einem Einkaufswagen eine Rolltreppe hinauffuhren, war es so begeistert, dass es uns unbedingt davon erzählen und es uns zeigen wollte. Natürlich gelang ihm das nicht so gut wie den Clowns. Aber die für uns spürbare Begeisterung und Mühe in seinem Leib weckte in anderen den Wunsch, es auch den Clowns nachzutun. Diesem Ehrgeiz folgten sie immer wieder, wenn etwas Zeit übrig und eine niedrige Wand verfügbar war.

Rolltreppen sind ja überhaupt viel interessanter, als man ahnt, wenn man sie einfach nur benutzt. Wer sich ein Weilchen unten oder oben an eine Rolltreppe stellt, kann viel beobachten, davon in der Schule berichten oder es aufzuschreiben versuchen. Wie Menschen, große und kleine, den Übergang vom Gehen zum Stehen und wieder zum Gehen schaffen, wird immer erstaunlicher, je länger man ihnen zuschaut. Das zu beschreiben gelingt kaum ohne Hilfe von Pantomime. Wie Kinder sich dabei in andere Menschen – auch in Plastiken – einfühlen, sie von innen heraus darstellen können, ist immer wieder fast erschütternd. Gelebter, leibhaftiger Perspektivenwechsel!

Wie man das Problem der Rücksichtslosigkeit an Rolltreppen, die hinauf- und hinabfahren, diese Quelle von sozialer Kälte, Frustration und Aggression, entschärfen könnte, haben wir nicht erörtert. Das wäre eine herausfordernde und sinnvolle Projekt-Frage für etwas ältere Kinder.

Der Wendeltreppen-Cartoon von Sempé[5] war eine Herausforderung für die Schreibkünste der Kinder, die wirklich gerne nachgeahmt hätten, was da so virtuos gezeichnet ist, dass es einem beim Ansehn in die Glieder fährt. Sie sollten versuchen, die beiden Bilder in einen Text umzusetzen: *Kannst du erzählen, was da zu sehen ist, sodass man es auch ohne die Bilder versteht?* Wir haben alle Texte nachher beim Vorlesen so sehr genossen, dass die

5 aus: Sempé's Volltreffer. Diogenes Verlag, Zürich 1959, 1975

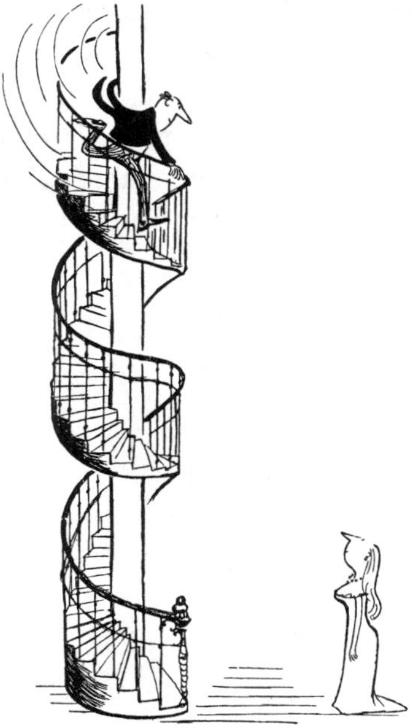

Kinder mich baten, sie ihnen vollständig zum Nachlesen zu geben. Ola konnte sich zwar im Alltag mit uns verständigen, wollte aber für diesen Text lieber ihr Polnisch benutzen. Polnisch hat sie ihn auch vorgelesen. Wir haben gestaunt, dass sie eine uns so fremde Sprache beherrscht, und haben geahnt, wie fremd ihr unsere Sprache ist, die sie lernen muss und lernen will, wozu sie uns braucht.

Die Wendeltreppe

Ein Mann im Frack
ist die Wendeltreppe runtergesaust.
Unten wartete eine Frau, die tanzen wollte.
Der Mann hat den Schwung genommen
und hat gleich mit ihr getanzt.
Ryuichi

Ein Mann läuft sehr schnell
eine Wendeltreppe hinunter,
weil unten eine Frau auf ihn wartet,
mit der er tanzen möchte.
Als er unten ist,
dreht er sich immer noch im Kreis
und reißt seine Tänzerin mit.
So tanzen sie miteinander.
Nicole

Eine Frau wartet in einem Ballsaal
auf einen Partner.
Eine Wendeltreppe ist auch vorhanden.
Und damit mit viel Schwung getanzt wird,
saust er die Wendeltreppe hinunter
und saust mit der Wartenden los.
Gwendolyn

Ein Mann ist auf einer Wendeltreppe
und sieht unten eine Frau.
Der Mann stürzt die Wendeltreppe hinunter
und umarmt die Frau und
tanzt ganz wild mit der Frau.
Peter

Eilig rennt ein Mann
die Wendeltreppe hinunter.
Unten sieht er seine Geliebte.
Weil er noch so in Schwung ist,
tanzt er mit ihr den Wendeltreppenwalzer.
Jan

Ein Mann steht oben auf einer Wendeltreppe
und unten steht eine Frau.
Der Mann läuft die Treppe hinunter,
so dass er so eine Geschwindigkeit draufhat,
dass er sich mit der Frau ein paarmal dreht.
Petra

Na tym rysunku ja widze jak pani czeka na pana.
A ten pan idie predko po schogach.
Nizej widze jak pani z panem lanczy.
A oni tanczg w kolko a dia tego bo pan
biegl po kreconych schodach.
Ola

Da ruft die Frau: » Fritz, ich möchte tanzen!«
»Ich komme schon !« sagt Fritz.
Er rennt so schnell die Wendeltreppe herunter,
dass er, als er unten ist, sofort tanzt
mit seiner Frau.
Bernhard

Ein Tänzer ist zu spät!
Er hört, wie die Musik spielt.
Er rennt die Wendeltreppe herunter,
auf ihn wartet seine Tänzerin
und ruft ihm zu. Er rennt noch schneller,
und als er unten ist,
machte er einen Wendeltreppentanz.
Sanja

Ein Mann steht oben auf einer Wendeltreppe,
er sieht unten seine Freundin.
Vor lauter Freude läuft er die Wendeltreppe
so schnell herunter und dann ihr in die Arme,
dass sie dieselben Kurven, die er die Treppe
herunterlaufen mußte, jetzt tanzen.
Nicola

Als wir so intensiv mit den Treppen befasst waren, habe ich mir vorgenommen, bei künftigen Lernausflügen ganz nebenbei auch Treppenerfahrungen sammeln zu lassen. Nach Kopfarbeit im Museum, in Werkstätten und vor Sehenswürdigkeiten kann man wieder zu sich selbst finden, wenn man die Treppen unterwegs mit wachen Sinnen hinauf- und hinuntergeht.

Schließlich besuchten wir ein Museum mit einer sehr eindrucksvollen Treppe. Aber erst als wir wieder draußen waren, fiel mir ein: *Jetzt haben wir vergessen, die Treppe auszuprobieren! – Wieso?* war ringsum die gelassene Antwort, *wir haben sie ausprobiert. Die ist nicht so gut. Wenn man schnell geht, muss man aufpassen, sonst stolpert man.* Lernziel erreicht! In so einem Augenblick freue ich mich, als hätte ich den Kindern alle Treppen der Welt zum Geschenk gemacht.

Hand-Werks-Zeug

Was wußten wir mit unseren Händen anzufangen? Nichts oder so gut wie nichts. Ganz anders die Frauen: unsere Mütter und Großmütter hatten rege, geschickte Hände, sie verstanden zu nähen und zu kochen, manche auch Klavier zu spielen, Aquarelle zu malen, zu sticken, sich das Haar zu flechten. Wir aber und unsere Väter? Unsere Hände waren grob und zugleich schwach, unterentwickelt, gefühllos: der am wenigsten ausgebildete Teil unseres Körpers. Nach den ersten grundlegenden Erfahrungen beim Spiel hatten sie schreiben gelernt und nichts weiter. Sie kannten das krampfhafte Festklammern an den Zweigen der Bäume, auf die wir (Enrico und ich) gern kletterten, einem natürlichen Drange folgend und zugleich dem Ursprung der Art verworrene Reverenz erweisend und zu ihm zurückkehrend; sie kannten jedoch nicht das feierliche, ausgewogene Gewicht des Hammers, die geballte Kraft der Messerklingen, die uns aus übergroßer Vorsicht vorenthalten wurden, den weisen Aufbau des Holzes, die einander ähnliche und und doch andersartige Nachgiebigkeit von Eisen, Blei und Kupfer. Wenn der Mensch Handwerker ist, so waren wir keine Menschen: das wußten wir und litten darunter.[1]

Die Kinder, die heute in die Schule kommen, sind noch viel ärmer dran als das Kind, von dem Primo Levi schreibt, wenn sie

---

1 Primo Levi: Das periodische System. München/Wien 1987, S. 29

nicht einmal mehr irgendwo draußen sitzen und versunken mit Steinen und Stöckchen spielen durften, wenn ihnen die Mama nicht erlaubt hatte, auf dem Küchenboden sitzend – *Die Fliesen sind zu kalt! Du machst nur Unordnung!* – mit Kellen, Sieben, Holzlöffeln und Stampfern zu spielen, sondern sie ins spielzeugvolle Kinderzimmer an die Playstation verwiesen hatte. Die denaturierte Übung der Sinne, wie sie uns da übersichtlich und abwaschbar als Beschäftigungsmittel mit Förderwert von der Spielwarenindustrie verkauft wird, setzen wir in der Schule mit den abgepackten Sinnesübungen aus dem Lehrmittelhandel fort. Warum eigentlich? Die ganze Welt ist lehrmittelförmig, wenn wir es nur wollen! Hand-Werk in der Schule hat ganz kostenlos wunderbar goldenen Boden, man erwirbt dabei sich selbst!

Schon mit drei Jahren haben meine Kinder ein Schnitzmesser in die Hand genommen und damit geschnitzt. Und es hat höchstens mal einen kleinen Schnitt in den Finger gegeben. Das haben wir in der Ausbildung für den Kunst- und Werkunterricht an der PH in München Pasing von Paul Gerhard Lankes gehört. Seine Begründung für diesen Leichtsinn: Zunächst will das Kind nur Werkzeug und Material erproben, hier also Messer und Holz, wie sie aufeinander einwirken und miteinander werken. Die Hand, die das Messer führt, spürt, wie das Holz nachgibt oder widersteht, und passt ihren Druck und ihr Nachlassen diesen Bedingungen an. Erst wenn sie versucht, dem Holz etwas abzutrotzen, statt sich mit ihm zu verständigen, kann das Messer abrutschen, die Hand oder das Holz verletzen.

Neues Werkzeug und Material sollten also erprobt, erfahren, erlebt werden können, bevor man sie in den Dienst einer Aufgabe zu nehmen versucht. Gefahr und Misslingen durch unsachgemäßen Umgang mit den Dingen werden vermieden. Es geht aber um mehr: Mit einer Schere in Papier zu schneiden, kann ein Vergnügen sein. Den Füller über das Papier gleiten zu lassen, kann lustvoll sein. Mit gezielten Hammerschlägen einen Nagel Stück um Stück ins Holz zu treiben, ist ein Fest. Mit dem Radiergummi über das Papier zu reiben und einen falschen Strich fast gänzlich verschwinden zu lassen, macht Spaß. Sahnig dicke Farbe mit breitem Pinsel auf glatten Karton aufzutragen, ist ein großes Erlebnis. Mit dem Messer Span um Span vom Holz abzuheben, immer grad soviel, wie das Holz hergeben mag, lässt gesammelte Kraft und Einklang mit den Dingen erfahren.

Sinnliche Erfahrungen dieser Art sind ein Quell von Lebensfreude. Kindern ist es von Anfang an mitgegeben, alltäglich solche kleinen Feste für die Sinne feiern zu können, manche erfahren in der frühen Kindheit ein Stärkung dieser Gabe. Ihnen gelingt leicht, was sie anpacken. Anderen ist die Gabe unter Plastik und *Lass das!* verloren gegangen. Sie kämpfen fortwährend mit der Tücke der Dinge, beschmieren und verletzen sich, und bringen bei aller Anstrengung am Ende nur Pfusch zustande. So wie Janosch es beschreibt in »Hannes Strohkopp und der unsichtbare Indianer«. Ein Buch zum Vorlesen in jeder, wirklich jeder Klasse! Hannes gibt sich unendlich viel Mühe, alles richtig zu machen. Vergeblich! Der Lehrer fordert, Eier für Ostern recht bunt zu bemalen. »Hannes Strohkopp wollte seinem Freund zeigen, daß er jetzt sogar malen konnte. Er malte alle seine Farben auf das Ei – und es wurde grau-braun-schwarz.«[2]

Die Grundschule hat auch und vor vielem anderen den Kindern dazu zu verhelfen, möglichst gute Erfahrungen mit sich selbst, mit ihren Gliedern und Sinnen zu machen, damit sie nicht später oder gar schon in der Schule sich selbst verlorengehen. John Holt schreibt einmal, es gäbe Kinder, die den Eindruck machten, sie hätten ein Liebesverhältnis mit dem Leben. Sie tänzeln durch die Welt. Und andere Kinder stolpern nur. Unsere besondere Sorge muss den Stolperern gelten. Sie müssen in der Grundschule erfahren, wie das ist: *Mir gelingt, was ich mir vorgenommen habe. Geräte und Material fügen sich. Was ich anpacke, ar-*

---

2 Janosch, Hannes Strohkopp und der unsichtbare Indianer. München 1966, S. 36.

beitet in meinen Händen so, wie es das soll. Sie brauchen solche Erfahrungen in der Schule, um sie auch draußen und später, wo man vielleicht nicht so geduldig mit ihnen ist, zu suchen und sich mit Selbstvertrauen soweit sammeln zu können, dass sie sich nicht alles von Anfang an verpatzen.

In vielen Grundschulen können wir gegenwärtig kaum größere handwerkliche Projekte durchführen. Räume und Zeiträume sind dafür zu knapp. Aber wir können der Vorherrschaft des Abstrakten im kleinen Rahmen alltäglich entgegentreten. Die Dinge, mit denen die Kinder in der Schule umgehen, ihr Handwerkszeug und ihr Material, sollten nicht achtlos nur benutzt werden. Sie können zum bewusst wahrgenommenen und erkundeten Gegenstand und dadurch so vertraut werden, dass man nicht nur geschickt damit umgehen kann, sondern den Umgang handgreiflich genießt. An anderer Stelle habe ich schon beschrieben, wie Bleistift und Buntstifte, Radiergummi, Besteck, auch Plastilin und Papier im ersten Schuljahr[3] und der Füller im zweiten Schuljahr[4] erkundet und erprobt werden können. Hier soll es nun zunächst um die Scheren gehen, die wir im Unterricht benutzen, und all die Scheren, die anderswo benutzt werden.

Wir können aber auch ohne viel Aufwand Werkzeuge und Materialien, die in der häuslichen Umwelt der Kinder vorkommen, in den Unterricht holen und den sachgemäßen und lustvollen Umgang mit ihnen spielerisch erkunden und üben, selbst wenn die Kinder dann erst außerhalb der Schule richtig damit arbeiten dürfen. Das steht zwar sicher in keinem Lehrplan, lässt sich aber als Deutschunterricht abrechnen. Schließlich werden die Dinge und ihre Möglichkeiten sprachlich geklärt und begriffen. Wenn man einmal erlebt hat, wie herzhaft die Kinder zugreifen, sobald eine Kiste voller Werkzeug in ihrem Kreis steht, wie ausdauernd sie probieren und fachsimpeln, wie bereitwillig

---

3 Ute Andresen: Das erste Schuljahr. Stuttgart 1994 (10. Aufl.)
4 Ute Andresen: Das zweite Schuljahr. Weinheim/Basel 1998 (7. Aufl.)

sie sich dann auch in der Sache belehren lassen, wie sie sich um fachgerechte Begriffe und Redewendungen bemühen, weiß man, dass da auch ohne Lehrplanauftrag intensiv und sinnvoll gelernt wird, und die Kinder selbstsicherer, weltkundiger, sprachmächtiger und freundschaftlicher werden.

Zunächst ist es schlicht so: Die Kinder tun, wenn sie im Kreis Werkzeuge mit Muße in die Hand nehmen, etwas miteinander, was sie als unmittelbar sinnvoll erleben. Das macht sie zufrieden und lässt Freundschaft wachsen. Mit beiden Händen etwas tun und frei mit vielen, die es auch tun, dabei reden – das tut einfach gut! *Das taugt ihnen!* würde Josef Kramer sagen, der mit seinen Kindern in Hackstock nicht nur alljährlich Vogelhäuser baut, die überall im Dorf verteilt werden, sondern auch im Herbst im Schulgarten mit den Kindern zusammen den Apfelsaft für die Pause presst und in selbstgewaschenen Flaschen haltbar aufhebt, und das Interesse der Kinder für Werkzeug und Geräte kennt.[5] Die geordnete Auseinandersetzung mit den Gegenständen und dem eigenen Tun mündet schließlich in bewusste Spracharbeit. Die kann sich als einfache Begriffssammlung oder als Beschreibung von Tätigkeiten an der Tafel und im Heft niederschlagen. Man kann die Begriffe den Dingen in einem Tasträtsel zuordnen. Man kann den Umgang mit ihnen zeichnen und eine Rätselkartei formulieren und basteln. Man kann sich mit wohlformulierten Rätseln an diejenigen wenden, die häufig mit den Dingen umgehen. Man kann betont expertenhaft daherreden. Man kann … Weitgehend unnütz ist es, anderswo erdachte Arbeitsblätter bürokratisch auszufüllen!

In unseren Grundschulen wird mittlerweile allerlei hergestellt: Obstsalat, Gemüsesuppe, Quarkspeise, Filzbälle, Papier, Faustkeile … Fraglich ist, ob die Begegnung mit Werkzeugen und

5 Wie sich das in den Texten der Kinder dann niederschlägt, ist nachzulesen im Kapitel »Klauben Mahlen Konservieren« in: Josef Kramer: Feuerbeeren aus der Volksschule Hackstock. Weitra/München 1997

Materialien selbst dabei gründlich ausgekostet und klärend in die Sprache der Kinder gespiegelt wird. Was ich hier zeigen will, ist sehr viel bescheidener als das wilde Getümmel der Projekte. Bescheidener auch als das Erleben dessen, was Primo Levi beschreibt: »das feierliche, ausgewogene Gewicht des Hammers, die geballte Kraft der Messerklingen«. Aber eine Ahnung davon können wir erhaschen.

Kinder brauchen Scheren!

Messer, Gabel, Schere, Licht
dürfen kleine Kinder nicht?

Sicher müssen das auch heute noch viele Kinder hören. Erwachsene fürchten, Kinder könnten sich verletzen oder scheuen die Mühe, sie anzuleiten, wie man mit solchen Dingen umgeht. Wenn es keinen Kindergarten gäbe, hätten noch viel mehr Kinder vor Schulbeginn nie mit einer Schere gearbeitet. Und da im Kindergarten die Handfertigkeiten heute weniger gepflegt werden als früher und daheim mehr »gefernseht« als »gesandelt« wird, wächst die Zahl der Schulkinder, die mit der Schere nur unbeholfen umgehen können, weil sie es zu spät und darum nie recht gelernt haben oder überhaupt zu wenig mit den Händen tun durften. Das lässt manche LehrerInnen verzweifeln.

Der Lehrmittelhandel bietet darum als Lösung des Problems, dass Basteleien mühsam und zeitraubend sind, Unordnung mit sich bringen und Geschicklichkeit verlangen, allerlei Vorgestanztes für die Grundschule an. Ich könnte Feuer spucken, wenn ich mich einer Schule nähere, deren Fenster mit derlei entwürdigenden »Kunstwerken« schon von außen erkennen lassen, welcher Geist in der Schule herrscht. Da wünsche ich mir jedesmal energische SchulrätInnen, die der pädagogischen Freiheit der LehrerInnen an dieser Stelle Grenzen setzen, um die Kinder aus der trügerischen Bequemlichkeitsfalle zu befreien.

Kinder brauchen Scheren! Es gibt vielerlei Scheren, und jede dient einem besonderen Zweck. Versucht man etwas mit einer Schere zu schneiden, die für ein anderes Material bestimmt ist, kann das nicht recht gelingen oder gar die Schere zerstören. Viele Kinder wissen zu erzählen, wie sich erwachsener Zorn über sie ergoss, weil sie ein Werkzeug unsachgemäß benutzt und damit verdorben haben. Selten verstehen sie, warum so falsch war, was sie getan haben. Sie ducken sich unter dem Zorn, lernen aber nichts daraus, außer: *Du darfst dich nicht erwischen lassen!* Das macht es sinnvoll, am Beispiel der Schere einmal grundsätzlich zu klären, wie Gerät und Material zusammenpassen müssen, auch wenn es mehr und mehr Universalscheren in den Haushalten gibt.

Besondere Scheren haben besondere Namen. Das interessiert uns auch im Deutschunterricht. Wie kommen wir zu unserem Gegenstand? – Ich bringe ein Buch mit Abbildungen werkender Menschen aus sieben Jahrhunderten in die Schule: »Homo Faber. Der Mensch und seine Arbeit«[6], und bitte zwei Kinder, die gerade Zeit haben, mal zu schauen, ob irgendwo auch eine Schere abgebildet sei. Sie finden zwei Bilder vom Schafscheren. *Aber die Scheren sehen ganz anders aus als unsere!* Sie stellen ihren Fund der Klasse vor, die sich, Scheren aus dem Federmäppchen in den Händen, vor ihnen versammelt hat und sich die Bilder zeigen lässt.

Die federnden Eisenscheren, die man auf den Bildern sieht, nimmt man in die ganze Hand. Es gibt keine Ösen für Finger und Daumen. Dass es die bei unseren Scheren gibt, wird den meisten Kindern offenbar jetzt erst bewusst, als sie ihre Schere wie zum Schneiden ergreifen und die Halteweise mit der auf den Bildern vergleichen. *Heißen die Löcher da wirklich Ösen? – Hab ich mich auch gewundert, als du das gesagt hast. – Ösen sagt man doch bei »Haken und Ösen«, hab ich an meinem Rock dran.*

6 Václav Husa: Der Mensch und seine Arbeit. Die Arbeitswelt in der bildenden Kunst des 11. bis 17. Jahrhunderts. Wiesbaden 1967

Die sind aber viel kleiner! Zum Glück werde ich da unsicher und verspreche, daheim im großen Lexikon nachzuschlagen. Dummerweise haben wir keins in der Schule. Dort finde ich dann einen Absatz, der nicht nur bestätigt, dass »Ösen« heißt, wo wir bei der Schere unsere Finger durchstecken, sondern insgesamt so interessant ist, dass ich den Kindern ein Leseblatt daraus mache, das ihnen viel zu lernen gibt und beiläufig eigenes Nachschlagen nahelegt, falls sie in einem anderen Fall einmal Aufklärung haben wollen.

Worauf kommt es bei der Schere an?

Was ist an diesem Ding entscheidend wichtig?

Wie funktioniert eine Schere eigentlich?

Manchmal habe ich Lust, das Fragenmüssen zu inszenieren. Jetzt habe ich eine große, alte Papierschere dabei. Die Schraube, die die beiden Teile verbindet, ist sehr locker. Wenn ich Papier zu schneiden versuche, biegt es sich um und schlüpft ungeschnitten zwischen den Schenkeln der Schere durch. Dumm sieht das aus! Aber ich wiederhole meine etwas alberne Clownsnummer wieder und wieder, bis schließlich fast alle Kinder schreien: *Die Schraube ist locker! Festmachen! Die Schraube festziehen!* Ich hantiere mit dem Schraubenzieher. Da fällt die klapprige Schere ganz auseinander! *Kaputt! Wie kann ich die jetzt wieder zusammensetzen?*

Den Kindern ist natürlich klar, dass ich mich nur dumm stelle. Unterricht als Kasperltheater ist das. Da will jedes Kind mitspielen, mir erklären, wie es richtig geht, will die Rolle des Klugen übernehmen.

Jetzt zeigt mal, ob ihr das wirklich rauskriegt! Alle bekommen ein Blatt Postkartenkarton, auf dem zwei Scherenteile kopiert sind. Dazu einen Druckknopf. *Schneide die Scherenteile aus und setze sie zusammen. Der Druckknopf ist das Scharnier, die Schraube also. Die Schneide, das ist die scharfe Kante der Schere, die male bei deinem Modell rot an!*

Etwa eine halbe Stunde lang wird ausgeschnitten, überlegt, diskutiert, mit der echten Schere verglichen, der Drehpunkt gesucht. Es ist ziemlich laut bei uns. Aber das muss so sein! Es geht in allen diesen Gesprächen, Auseinandersetzungen, Schreiereien ja um die Schere.

Ich habe unterdes die Wörter *Scharnier* und *Schneide* an die Tafel geschrieben. Was sie bedeuten, klärt sich für alle Kinder bei dem Versuch, ihr eigenes Scherenmodell zusammenzusetzen.

Später werde ich fragen:

Wo gibt es sonst noch Scharniere?

Welche anderen Gegenstände haben eine Schneide?

Und dann antworten die Kinder wohlerzogen, wenn auch etwas künstlich, in ganzen Sätzen:

Die Klassenzimmertür hat ein Scharnier.

Die Schranktür hat ein Scharnier. …

Mein Zeigefinger hat ein Scharnier.

Diese verschmitzte Antwort ist, denke ich, die Frucht gespannt geduldigen Wartens eines Kindes, dass gern drankommen möchte, sich meldet, und nicht schnipsen soll. Reihensätze, methodisch traditionell, üben nicht nur ordentliches Sprechen ein, sie verlangsamen auch die Aufzählung so weit, dass man alles, was genannt wird, sich vorstellen und wirklich mit den Vorgängen im Unterricht verknüpfen kann. Außerdem ist es mit Reihensätzen auch weniger peinlich als in bloßer Begriffsaufzählung, wenn ein Kind etwas zum zweitenmal nennt, weil es noch einem Gedanken nachhing und nicht aufgepasst hat oder weil ihm grad etwas so deutlich vor das innere Auge kam, dass es vergaß, zu prüfen, ob davon schon die Rede war. Für Kinder, die Mühe haben, sich in der Klasse zu Wort zu melden oder einfach nur langsamer sind als andere, ist das eine Chance, auch zu Wort zu kommen. Man sollte mit den Kindern zusammen überlegen, wie die Klasse damit umgehen kann, ohne dass jemand gekränkt wird, und doch die gemeinsame Sammlung gestärkt wird von dem Ziel, alles möglichst nur einmal zu nennen. Ein lautes *Hatten wir schon!*, gar ungeduldig oder mit höhnischem Unterton ausgerufen, ist jedenfalls kränkend und stört oder zerstört die Fähigkeit, sich zu äußern.

Am nächsten Tag bringe ich mit, was sich bei mir daheim an Scheren finden lässt. Die Kinder wollen auch etwas beitragen, aber sie werden wenig mitbringen. Scheren sind teuer und gefährlich. Verständlich, wenn Eltern zögern, einem Kind etwas anderes als eine Kinderschere in den Ranzen zu stecken. Aber es kommt reichlich Verschiedenes und Spezielles zusammen.

Alle Scheren werden zunächst einmal frei erprobt. Während die Kinder Spiralen, Fransen, Bögen, Streifen schneiden und die Streifen so über die Schneide ziehen, dass sie sich locken, klebe ich ihnen ein Blatt in ihr großes Heft: *Die Schere.* Da tauchen alle wichtigen Begriffe noch einmal auf. Hausaufgabe: *Jedes Wort dreimal schreiben. Die Schneiden rot kennzeichnen. Den Zungenbrecher auswendig lernen. Notieren, welche Scheren es daheim gibt, und vielleicht eine besondere Schere doch mitbringen.*

An der Tafel stehen die Namen von elf besonderen Scheren, auf Kartonstreifen geschrieben. Wir machen ein Spiel. Einer sagt: *Mit der ersten Schere kann man Nägel schneiden.* Die Klasse fragt im Chor: *Woher weißt du das?* Antwort: *Weil es eine Nagelschere ist.* Die Gartenschere schneidet Rosen, Zweige, dürre Staudenreste und die Schneiderschere braucht man für Stoffe und Fäden. *Am ersten Teil des Namens der Schere erkennen wir, was man schneidet, wo man die Schere gebraucht oder wer sie benutzt. Natürlich nur, wenn wir wissen, wie sie heißt!*

Ich erzähle, wie wütend ich werde, wenn jemand meine guten Scheren ihren eigentlichen Zwecken entfremdet, z.B. dicke Pappe mit meiner Schneiderschere schneidet oder Draht mit der Nagelschere.

Die anschließend zu lernende Schreibübung wirkt auf den ersten Blick etwas anspruchslos. Es sind Sätze zu bilden wie: *Mit der Nagelschere schneide ich meine Nägel.* Aber bei dieser Übung kehrt Stille ein, die Kinder ruhen sich aus. Jedes Kind befasst sich noch einmal mit den untersuchten Begriffen, muss auch bei den mustergerechten Sätzen nachdenken, um Rechtschreibfehler zu vermeiden. Und dann sind da die beiden Sätze »*Mit der Schneiderschere schneide ich …* und *Mit der Gartenschere …*« –

da muss man aufpassen, betont durch einen kleinen, dem Nachbarn zugeflüsterten Quatsch: *Mit der Schneiderschere schneidet man Schneider! Hihi!*

Später richten wir eine Ausstellung ein: Die Wörter von der Tafel werden den passenden Scheren zugeordnet. Wir vertauschen sie immer wieder, ordnen sie neu und legen überall etwas von dem dazu, was zu schneiden sie bestimmt sind. Papier, Draht, Haut, Nagel, Haare…

Hausaufgabe: Ein Arbeitsblatt mit Sätzen, in die die Namen der passenden Scheren eingesetzt werden sollen. Lange Wörter, die in der Schule in Silben zerschnitten wurden und wieder zusammengesucht werden müssen, eh man sie eintragen kann.

Weil die meisten Scheren spitz sind, sammeln wir am nächsten Tag: *Was ist spitz?* Ich notiere, während die Kinder aufzählen, und schreibe ihnen ein Blatt für das Sachheft. Die Kinder sollen nicht alles selbst schreiben müssen. Gedruckte, eingeklebte *Hefteinträge* helfen vor allem Kindern, deren Einträge leicht hässlich werden. Eine schöne Seite macht Mut, selbst zu versuchen, möglichst nicht das Heft zu verderben. Aber was eingeklebt wird, entstammt entweder unserem Unterricht, ist nicht aus irgendeinem Lehrmittelangebot kopiert, oder es ist eine besonders schöne, differenzierte Sachdarstellung, etwa ein Stich aus einem alten Lexikon oder eine besonders inspirierte Zeichnung.

Als Rechtschreibübung dann die Wortfamilie *spitz.* Ein kleiner Cartoon von einem Kirchturmspitzer gefällt den Kindern so gut, dass ich ihn für alle zu kopieren verspreche. Und noch ein Spitzfest: Alles, was irgend spitzbar ist an Stiften in der Klasse und daheim, wird frisch angespitzt. Ein Anlass auch, in manchen Anspitzern wieder einmal das Messerchen auszuwechseln.

Küchenkram

In jedem Haushalt gibt es eine Werkstatt: die Küche. Sie ist voller Geräte, die wohl jedes Kind gerne in die Hand nehmen und ausprobieren möchte. Viele Kinder dürfen das nicht. »Grete kocht!«[7], ein Lieblingsbuch meiner Tochter, stammt aus der Zeit, als man Mädchen noch früh zu Hausfrauen erzog und darum auch eher als heute in die Küche und mittun ließ, wenn

7 Adolf Holst (Verse)/ Else Wenz-Vietor (Bilder): Grete kocht!. Reprint in: Lustige Kinderreime. Sechs schöne Bilderbücher in einem Band zum Vorlesen und Selberlesen. München 1979.

Grete kocht!

Grete kocht! Und sie kocht fein!
Wirklich wunderschön!
Schaut nur in dies Buch hinein,
Dann werdet ihr's schon sehn.
Was uns schmeckt und was wir lieben,
Alles hat sie aufgeschrieben,
Und so gut, wie sie's vermocht.
Grete kocht!
Auch was sie zum Kochen nimmt,
Könnt ihr sehn und lesen:
Schale, Schüssel, alles stimmt,
Auch zum „Schnee" der „Besen"!
Sieb und Messer, Topf und Tassen,
Pfannen, lang am Stiel zu fassen,
Löffel groß und Löffel klein –
Alles wird zu finden sein.
„Könnt' ich mal ein Wellbrett sehn?"
Aber bitte sehr!
„Eine Mangel?" Bitte schön,
Schau'n Sie nur hierher!
Küchen-Kelle, Kekse-Stecher,
Kuchenform und Eierbecher –
Was man braucht zu seiner Zeit,
Alles steht bereit!
Auch wieviel von jeder Sorte
Man gebrauchen soll,
Lehrt sie euch mit klugem Worte
Und erfahrungsvoll.
Wohlgemerkt sind die Portionen
Immer nur für zwei Personen,
Ganz egal, ob klein, ob groß –
Und jetzt geht es los!

dort gearbeitet wurde. Wir können es auch den künftigen Hausmännern zeigen und vorlesen. Sie mögen es. Nebenbei gibt es einen Einblick in die Küchengeschichte, heutige Kinder kennen ja eher den Multimix als den Schneebesen.

Hausaufgabe: *Schreibe 10 Werkzeuge oder Geräte auf, die es in eurem Haushalt gibt.* Da braucht man nur Zettel und Stift und etwas Zeit, um sich rasch in der Küche umzusehen. Die Kinder lesen vor, was sie gefunden haben. Die ZuhörerInnen können *Halt!* rufen und um Erklärung bitten, wenn ihnen eins der Dinge, die genannt werden, unbekannt ist.

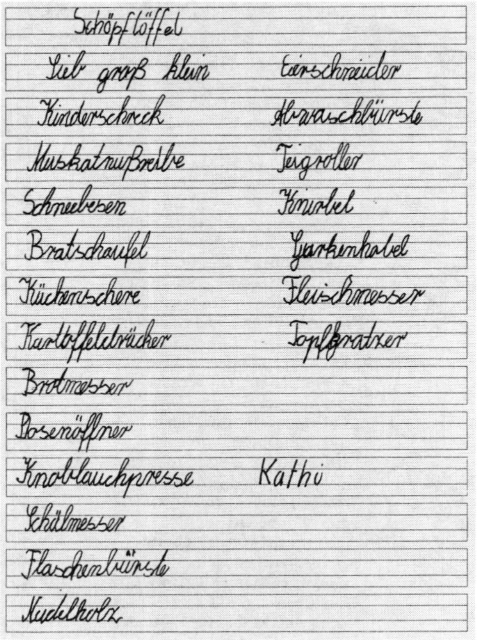
Schöpflöffel
Sieb groß klein Eierschneider
Kinderschreck Abwaschbürste
Muskatnußreibe Teigroller
Schneebesen Knirbel
Bratschaufel Gurkenhobel
Küchenschere Fleischmesser
Kartoffeldrücker Topfkratzer
Brotmesser
Dosenöffner
Knoblauchpresse Kathi
Schälmesser
Flaschenbürste
Nudelholz

Ich habe daheim Schubladen leergeräumt und zwei Tüten voller Küchenkram mitgebracht. Wir kippen sie aus, setzen uns drumherum. Da liegen Quirl, Bratenwender, Wiegemesser, Brotmesser, Dosenöffner… Wer etwas erklären kann, sucht ein Ding heraus, zeigt es hoch, erläutert seinen Zweck und legt es auf die Seite.

Die Kinder sind unruhig. Sie mögen nicht stillsitzen und zuhören. Sie wollen mit den Dingen hantieren. Nachdem wir über jedes Ding kurz gesprochen haben, wird alles ausprobiert. Sie zeigen sich gegenseitig, wie man die Geräte in die Hand nimmt und mit ihnen umgeht. Wenn kein Kind es weiß, kann man miteinander herumrätseln, sich gegenseitig das Gerät aus der Hand nehmen, so tun, als ob … Und das alles wird von munterer Rede begleitet. Griffe und Bewegungen, Erkenntnis und Sprache formen sich miteinander, aneinander.

Inzwischen schreibe ich die Namen der Geräte mit dickem Filzer auf Kartonstreifen. Wir machen eine Rechtschreibübung: Jedes Wort wird blitzartig gezeigt, nur kurz angeschaut, auswendig geschrieben, mit dem Vorbild verglichen und noch einmal geschrieben. Dann hängen wir die Wortstreifen an die Tafel und ordnen ihnen Tunwörter zu.

Es gibt ein Leseblatt: Verschiedene Tätigkeiten sind da beschrieben. Man muss herausfinden, welches Gerät jeweils darin verborgen wirkt.

Schließlich ein Blatt mit einer Liste verbreiteter Küchengeräte. Hausaufgabe: *Schau nach und streiche an, was davon es bei euch daheim gibt.*

Am nächsten Tag ein Spiel: Immer eins meiner Geräte steckt im Rätselsack und soll ertastet werden. Die Frage heißt: *Was macht man damit? Wenn du eine Vermutung hast, sag uns, wie du darauf gekommen bist!* Das zu tun ist schwerer, als nur den Namen eines Dings zu nennen. Aber diese Erschwerung ist nötig. Viele Kinder meinen ja, raten bedeute, so lange blind zu tippen, bis man mit Glück die Lösung getroffen habe. Wenn sie vage Vermutungen nicht einfach in einem Wort in die Runde werfen dürfen, sondern formulieren müssen: *Vielleicht macht man damit …*, und dann noch anfügen sollen, welche Beobachtung diese Vermutung ausgelöst hat, wird das blinde Raten etwas gebremst. Das könnte langsamen und wortkargen Kindern zugute kommen. Es könnte sein, dass solche Spiele ihnen helfen, auch einmal Gedanken und nicht nur das Ergebnis stummer Überlegungen auszusprechen. Dafür muss aber Bedächtigkeit ein Teil der Spielregel sein.

Ein anderes Spiel: Ein Gerät wird hochgezeigt, sodass alle es mit Muße betrachten können. Dann wendet sich ein Kind ab und versucht, möglichst viele Einzelheiten oder Eigenschaften dieses Geräts zu nennen. Alle anderen können es sehen und vielleicht auch noch gezielte Fragen stellen. Dasselbe Spiel können die Kinder auch in kleineren Gruppen spielen.

Schließlich habe ich all die Messer, die ich vorsichtshalber daheim gelassen hatte, doch noch mit in die Schule gebracht. Sie lagen einfach nur da, und die Kinder konnten danach greifen, um sich selbstständig mit ihnen vertraut zu machen. Nichts ist passiert! Wieso sollte es auch? Und am Ende hatte Nikos Schweizer Taschenmesser seinen ganz großen Auftritt. Unterricht kann manchmal darin bestehen, dass LehrerInnen Kindern

Dinge in Griffnähe legen und ihnen Zeit lassen, sie hin und her zu wenden und miteinander darüber zu reden, zu zweit, in kleiner Gruppe, schließlich im großen Kreis. Das ist mindestens so lehrreich wie ein Besuch im Heimatmuseum, wo man nichts anfassen darf, und wir vor lauter Zurückhaltung müde und schlapp werden.

Natürlich wäre es am schönsten, wenn wir in der Schule mit all den Geräten auch richtig arbeiten könnten, aber so unbedingt ist das nicht nötig. Das freie Spiel damit ist auch wertvolle Erfahrung, das zeigt der Eifer der Kinder. Und wenn die Expedition in die Küche als Hausaufgabe das Interesse einmal dorthin gelenkt hat, mag sich leichter einmal ergeben, dass ein Kind wieder, wie das früher üblich war, in der Küche mithelfen darf. Es ist in jeder Grundschulklasse lohnend, beim Elternabend darüber ein Gespräch zu führen. Lohnend für die Kinder, denen wir damit einen Erfahrungsraum öffnen können. Lohnend für die Eltern, vor allem die Mütter, von denen sicher manche daraus erlöst werden müssten, alles pflichtbewusst für ihre Kinder, statt auch etwas mit ihnen zu tun, oder auch praktische Aufgaben im Haushalt an die Kinder abzutreten, die mehr sind als Mülleimerleeren. Die Begeisterung, mit der mir immer wieder Kinder erzählt haben, sie wären am Wochenende heimlich aufgestanden, um das Frühstück vorzubereiten, hat mir gezeigt, dass sie sich dabei strecken, wachsen und stärken.

Ich erinnere mich an Felix, der unbedingt einmal frei in meiner Küche werkeln wollte, sehr dringend wollte er das. Als ich es erlaubt hatte, hat er allerlei Mehl und Haferflocken und Öl und Essig und Gewürze und Zucker und Salz zusammengerührt. Nichts durfte ich erklären, nichts zeigen oder raten. Als er fertig war, als sein Werkeldrang sich erschöpft hatte, legte er den letzten Löffel aus der Hand, wischte sich die Hände ab und sagte in einem merkwürdigen Ton: *Und bei dir schmeckt das auch noch!* Ich hätte ihm gewünscht, dass auch das, was er zusammengerührt hatte, mit Genuss zu essen wäre. Er schien mir auch enttäuscht zu sein, obwohl er nicht glauben konnte … Oder hat er doch in einem Winkel seines Herzens auf ein Wunder gehofft? Jedenfalls hat er nicht nur »mit Essen gespielt«! Er hat etwas, was er mich oft hat tun sehen, frei für sich erprobt, so gut es ging, ohne sich durch Anweisungen gängeln und hemmen zu lassen. Offenbar ist das wichtig! Das zeigte sein großer Seufzer am Schluss. Und für diesmal war es auch richtig, dass ich ihn ins Kinderzimmer gehen ließ und für ihn aufräumte.

Aus dem Werkzeugkasten

Seit einer ihn erdacht,
klopft er bei Tag und Nacht.
Ob Stein, ob Holz, Metall,
er hämmert überall,
wo sich der Mensch was baut,
da klopft er leis und laut.[8]

Heinz Kahlau

Können wir nicht mal hammern? Diese Frage kam immer wieder. Ich hoffte, mir fiele noch etwas ein, was man mit mehr als dreißig Zweitklässlern gleichzeitig in einem normalen Klassenzimmer aus Holz bauen könnte und schob das Versprechen, wir würden eines Tages *hammern*, immer wieder auf.

Schließlich holte ich mit einigen Kindern Abfälle von einer Holzhandlung. Wir bekamen vor allem kleinere Abschnitte von Spanplatten. Die Kinder versuchten, daraus Vogelhäuser zu bauen. Sie wurden viel zu schwer und nie benutzt. Aber das war nicht tragisch. Hauptsache, es konnten Nägel eingeschlagen, Bretter zusammengefügt werden. Es kommt hier nicht darauf

8 Heinz Kahlau: Das Hammerbuch, Berlin 1975

an, was gebastelt wird. Vielleicht muss gar nichts entstehen. Es geht ja darum, Werkzeug, Material und die eigenen Hände zu erproben.

In einer anderen Klasse habe ich einmal für zwei Wochen weiche Bretter, Schraubenzieher, Vorbohrer und Schrauben hingelegt. Einige Kinder werkelten in jeder freien Minute. Das geschah fast lautlos in der Freiarbeitszeit, weil es nur erlaubt war, wenn niemand davon gestört würde. Auch sonst unbeherrschte Kinder konnten sich zusammennehmen, um nur ja weiterarbeiten zu dürfen.

Schließlich entstanden Phantasieschiffe, die nicht unbedingt seetüchtig sein mussten. Das Wasser, auf dem sie schwimmen konnten, war halt auch phantasiert. Wichtig war gewesen, etwas zusammen zu fügen, etwas entstehen zu lassen, wie man als Kind zeichnet und malt, wo man keinen genauen Plan hat, sondern sich selbst überrascht und im eigenen Werk gegenübertritt. Und mit diesem eigenen Werk war noch weiter zu spielen, in Regenpausen im Klassenzimmer, in Hofpausen draußen, schließlich daheim, allein und zusammen mit anderen ReederInnen. Beim Bau der Schiffe taten die Röllchen und Schachteln, die Papiere und Stoffe, die sich in unseren Sitzkisten angesammelt hatten, gute Dienste. Grundschulkinder können alles irgendwann gebrauchen – wenn man sie nur lässt. Kramkisten sind oft lehrreicher als didaktisch ausgetüftelte Experimentierkoffer, wie man sie teuer im Lehrmittelhandel kaufen kann, oder wie halbfertige Bastelmaterialien, bei denen von vornherein feststeht, was entstehen soll, und das Ergebnis aller Arbeit keine Überraschung mehr bietet, höchstens eine Enttäuschung, wenn es nicht so gelungen ist, wie der Prospekt oder das Bild auf der Schachtel es versprochen haben.

»Indianer« sind ein sehr beliebtes Projektthema in der Grundschule. Sollte der Werkzeugkasten uns nicht näherstehen? Er lässt sich mit einem Ausflug in Heimwerkerladen oder Baumarkt verbinden, man kann Väter oder den Hausmeister als Experten einladen, man kann mit größeren Kindern sicher auch kleine Reparaturen in der Schule selbst ausführen und der Verantwortung für das gemeinsame Haus Wurzeln geben. Man kann das Thema aber auch mit Indianern beleben. »In seinen Lebenserinnerungen beklagt der Indianerhäuptling Büffelkind Langspeer die Unbrauchbarkeit der ihm von Weißen im Reservat aufgezwungenen Werkzeuge. Zum Holzhacken muss er nun ein Beil benutzen, dessen fabrikmäßig hergestellter Stiel schmerzhafte Blasen und Schwielen verursacht; bei seinem Stamm dagegen, so der Häuptling, habe jeder seinen Tomahawk selbst gefertigt und dabei dessen Stiel und Balance den Besonderheiten der individuellen Anatomie besser angepasst.«[9]

Findest du unter den Hämmern, die wir zusammengetragen haben, einen, der dir besonders gut in der Hand liegt, mit dem du so gut arbeiten könntest, dass du keine Schwielen zu fürchten hättest?

---

9 Karlheinz Nowald: Design – die Hand und ihr Zugriff. In: La mano. Die Hand in der Skulptur des 20. Jahrhunderts. Heidelberg 1999, S. 26

Um die Balance zu finden, in der sich dieser Anspruch erfüllt, muss man den Stiel mal kurz, mal lang fassen, muss auf das Werkzeug und auf sich selbst achten. Anders und direkter wird der zu erkundende Zusammenhang erforscht, wenn man sich einen Hammer schafft, etwa aus einem Bleistift und einem Radiergummi, und nun mit diesem experimentiert. Mit *Lass mich mal deinen!* und *Mach mal damit – der geht gut!* wird wieder aus dem tätigen, leiblichen Lernen auch ein sprachliches, geistiges.

Unter dem Thema »Berührend berührt« schreibt Gundel Mattenklott in einem Artikel, der als auf Erwachsenenbildung bezogen ausgewiesen ist: »Kein tastendes Auge, kein stellvertretendes Tasten in der Phantasie kann vermitteln, dass in jeder Berührung die Erfahrung des Außen, des Anderen und Fremden, zugleich eine Selbsterfahrung ist.«[10] Das gilt natürlich auch für Grundschulkinder. Und das ist eigentlich gemeint, wenn Heinz Ullrich in einem Artikel zum »Arbeiten mit Holz in der Grundschule« schreibt: »Das Nageleinschlagen, Sägen, Raspeln und Schleifen von Holz sind Tätigkeiten, die Kindern Spaß machen.«[11]

Wir müssen dringend all den schulfremden und kinderentwöhnten Erwachsenen, die meinen, sie dürften unsere ernste Arbeit in der Schule in Misskredit bringen, indem sie das Wort »Spaßschule« abwertend gebrauchen, nur weil sie so wenig davon verstehen, dass sie unseren Lernspaß mit dem Spaß marktgängiger Spaßkultur verwechseln, den Kopf zurechtsetzen! Wir müssen aber auch in der Schule kräftiger Ernst machen mit dem rechten Spaß! Eine hübsche Übung zur Einführung in bewussten Umgang mit und Nachdenken über Hand-Werks-Zeug für Kinder und Erwachsene und zur Verständigung zwischen ihnen

10 Gundel Mattenklott: Berührend berührt. Zur Ästhetik des Tastsinns. In: Pädagogisches Forum, August 1998, S. 389

11 Heinz Ullrich: Arbeiten mit Holz in der Grundschule. In: arbeiten und lernen, 6.Jg., Februar 1984, S. 17

ist es, eine Feder zum Werkzeug zu machen. Nicht im Sinne des Brockhaus verstanden als »ein Gerät zum Bearbeiten von Werkstücken, Werkstoffen und Stoffen«[12], mit dem man schneidet, schabt, schleift, sticht, hält, misst usw., sondern ein Gerät zur Belehrung der Hand über sich selbst. Mit einer Feder kann man die Luft streicheln, bis man das erlebt, wovon Hugo Kükelhaus uns erzählt hat.

> Als Kinder hatten wir uns ein Spiel ausgedacht, das hieß: »Die Luft streicheln«. Mit einer Gänsefeder fuhren wir durch die Luft, wobei wir durch den im Wechsel unserer Handbewegungen sich ändernden Widerstand der Luft, mit dem sie die Bewegungen beantwortete, zu spüren meinten, »was sie am liebsten hat«. Man sollte das tun (»alsbald!«), um dabei – wessen wir uns als Kinder nicht so bewußt sein konnten – auch zu spüren, was die Hand am liebsten hat, insbesondere die Gelenke. Dann wird man merken: Die Hand bin ich. Der Zauber liegt in der unmittelbaren Empfindung: Je behutsamer die Handbewegungen werden (je luftiger), desto inniger wird meine Verbundenheit mit der Luft – bis zum Gefühl eines vogelartigen Einsseins mit ihr.[13]
>
> Hugo Kükelhaus

---

12 Brockhaus Enzyklopädie, Bd. 20, Wiesbaden 1974, S.235
13 Hugo Kükelhaus, Organ und Bewußtsein, Köln 1983, S. 26f

Spanien? – Kenn ich nicht!

Manchmal muss man aus der Not eine Tugend machen, muss im Problem die Lösung entdecken. Dann hat man mit Glück am Ende eine neue, womöglich elegante Lösung für eine Aufgabe gefunden, mit der man sich vorher vergeblich quälte.

Für ein Heft von »geographie heute« über Spanien hatte man mich um einen Aufsatz, ein Unterrichtsbeispiel aus der Grundschule gebeten.[1] Leichtfertig hatte ich zugesagt. Spanien schien mir ein so reichhaltiger Gegenstand zu sein, ich war selbst neugierig darauf. Ich bin noch nie dort gewesen, kenne nur Filme, Bilder, Bücher aus und über Spanien. Aber als ich mich darin umsah, um das Bild von Spanien zu gewinnen, das ich den Kindern zeigen, an dem ich mit ihnen arbeiten könnte, entzog sich mir dieses Land und ich geriet in ein Dilemma.

Mir schien, ich müsste mich erst einmal monatelang selbst kundig machen, eh ich entscheiden könnte, was aus der Fülle des Wissenswerten Kinder erfahren sollten, was für sie wichtig wäre und wie ich es ihnen zugänglich machen könnte. Gleichzeitig schien ich schon zuviel zu wissen, um Einzelheiten unbefangen wahrzunehmen. Jede einzelne Tatsache roch, in eine Sprache gebracht, die Kinder zuverlässig verstünden, heftig nach Stereotyp. Man erlebt so etwas leicht, wenn man mit Kindern in einem fremden Land reist und ihnen das Besondere dort erklären möchte. Wir Erwachsenen versuchen dann, den eigenen Bil-

---

1 Dies ist eine überarbeitete Fassung meines Artikels aus: geographie heute, Heft 84, 1990, S.10ff

dungshintergrund teilweise auszublenden, dadurch scheint er aber störend anzuschwellen und sich unseren Erläuterungen in den Weg zu schieben. Uns gelingt es dann nur schwer, unser eigenes Interesse am fremden Land wirklich mit den Kindern zu teilen.

Ich hatte aber nun zugesagt und musste Antworten finden auf solche Fragen: *Wie und wo die richtigen, wichtigen Informationen finden? Welche auswählen für die Kinder? Wie sie ordnen und didaktisch präparieren?* Uferlose Fragen! Dann die rettende Idee: *Das Problem, nämlich dass ich nichts weiß, grad das soll der Ausgangspunkt sein! Das Problem ist die Lösung!*[2] Schon meldete sich die nächste Idee: *Bestimmt haben manche Kinder irgendetwas aus Spanien oder über Spanien daheim. Manche sind sicher schon dort gewesen und haben Andenken mitgebracht.* Also keinerlei vorbereitende Planung für mich! Einfach anfangen und mit den Kindern lernen!

In der Schule dann am Ende eines Vormittags die Hausaufgabe: *Schaut mal nach, ob ihr zu Hause etwas findet, was aus Spanien kommt oder etwas über Spanien erzählt oder einfach irgendwie mit Spanien zu tun hat. Das bringt mit! Dann werden wir etwas damit lernen.* Zartes Befremden, wache Neugier und manches *Oja!* auf Seiten der Kinder.

Am nächsten Morgen im Kreis werden vorgestellt: drei Paar Kastagnetten, zwei Fotos vom Stierkampf, ein dreieckiges Spitzentuch und ein Spitzenschal, Ferienfotos mit Sand und Felsen und Meer und Familie, eine Postkarte mit Fischerbooten mit merkwürdigen Aufbauten, zwei Karten mit Höhlenbildern aus Altamira, eine Karte der Kathedrale von Burgos, sehr dunkle Fotos mit hellen Lichtflecken vom nächtlichen Krebsfang, viele Mu-

2 »Das Problem ist die Lösung« hatte ich bei einer Tagung in der Evangelischen Akademie Tutzing als einen Grundsatz der Permakultur kennengelernt. Seither besinne ich mich auf ihn, wenn ich in eine Sackgasse geraten bin und nicht mehr weiter weiß. Sehr hilfreich ist das!

scheln, eine Tonkanne mit zwei Hälsen, ein Seeigelgehäuse, eine Orange und eine Mandarine mit Aufklebern, einige spanische Münzen, diverse Briefmarken, ein Fächer mit Motiven von Miró, eine Postkarte mit einem Foto von Robert Capa aus Barcelona von 1939, ein Taschenbuch mit zwei Dramen von Lope de Vega, eine Postkarte aus Granada, ein Sprachführer, ein spanisch-deutsches Wörterbuch, ein Spanienführer, eine Postkarte mit einer Kachel von Picasso mit einem Stierkampfmotiv, eine witzige Fotokarte von Picasso, eine Karte mit einem Bild von Salvatore Dali. Alles wird ausführlich gezeigt, bestaunt, ausprobiert, beredet. Schließlich wird von mir fotografiert, was nicht schon Abbild ist.

Danach Freiarbeit: Einige Kinder setzten ihre Mathe- und Lesekurse fort, andere wollen mit »Spanien« weitermachen. Patricia schält und isst ihre Orange und schreibt auf, wie sie geschmeckt hat. Den Aufkleber hebt sie auf als Verzierung für die Reinschrift. Andrea schreibt etwas zu ihren Altamira-Karten. Isabell und Patrick schreiben etwas über ihre Ferienfotos. Karin erzählt die Geschichte ihres Seeigels noch einmal schriftlich. Ich

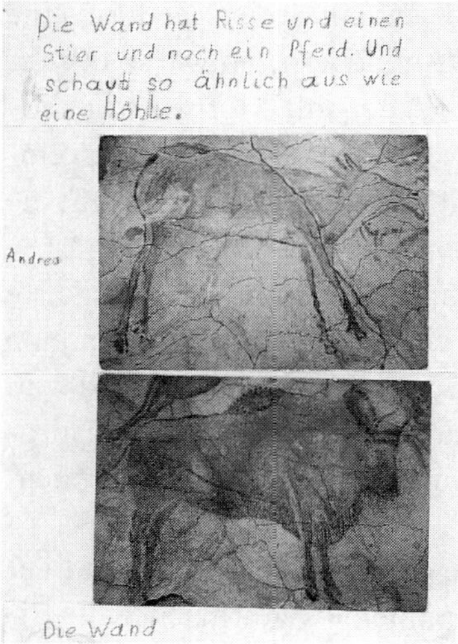

korrigiere, wenn sie mit dem Entwurf zu mir kommen, dabei lehnen sie an meinem Schreibtisch, und wir beraten uns. Die Texte werden mit Hilfe eines Linienblattes auf schönes, weißes Papier abgeschrieben, nachdem wir sie zusammen durchgesehen haben. In der Veröffentlichung – alle andern werden die Blätter ja lesen, wenn sie an der Wand hängen – darf kein Rechtschreibfehler sein. Man kann auch noch etwas dazu zeichnen.

Inzwischen ist Max dabei, von seinen spanischen Postkarten die Briefmarken abzulösen, damit wir mehr haben. Und einige Kinder versuchen, aus Josefs Tonkrug zu trinken. Man muß ihn ganz hoch heben und mit dem Strahl in den Mund treffen. Das ist eine nasse Angelegenheit, zu nass für Klassenzimmer. Wir verschieben das spanische Trinktraining auf den nächsten Besuch im Schwimmbad. Dann wollen aber alle drankommen!

Die Kinder geben mir den Auftrag, zu manchen ihrer Mitbringsel interessante Texte zu schreiben. Immer muss ich im Lexikon nachsehen, mich vergewissern, dazulernen, bevor die Texte lohnend werden können. Als Leseblätter für alle kopiert, werden sie neugierig aufgenommen: Ich lege den Stapel Blätter in den

Kreis, und dann wird es ganz still. Alle lesen. Fragen schließen sich an. Beim Briefmarken-Blatt: *Die sind stolz auf ihren Panzer? – Machen die denn gerne Krieg?* Zum Altamira-Blatt: *Wie lange ist denn das: 20000 Jahre? – Wieso kann man denn nach so langer Zeit die Farben noch sehen?*

Manche Fragen kann ich beantworten. Manchmal kann ich nur mit Vermutungen dienen. Dann denkeln wir miteinander ein bisschen um den Gegenstand herum. Die 20000 Jahre aber versuche ich anschaulich zu machen.

Wir stellen uns auf den obersten Treppenabsatz im dritten Stockwerk. Dort erkläre ich: *Ihr seid jetzt alle ungefähr sieben Jahre alt. Wenn ihr siebenmal so lange gelebt habt und noch ein Jahr dazu, dann seid ihr so alt, wie ich jetzt, nämlich fünfzig Jahre. Ich gehe jetzt rückwärts die Stufen hinunter, jede Stufe bedeutet fünfzig Jahre zurück in die Vergangenheit. Mal sehen, ob wir bis in die Zeit der Höhlenmalerei kommen!* Eine Hoffnung wird laut: *Oder bis zu die Sauriers!* Dann geht es los: ich rückwärts, die Kinder mir nach. Immer wieder bleiben wir stehen und ich erkläre, wo, in welcher Zeit, ich halte: als unsere Schule gebaut

Briefmarken aus Spanien

Josef und Max haben Briefmarken mitgebracht. Auf den Marken kann man sehen, was es in Spanien gibt und worauf die Spanier stolz sind. Man sieht auch, wie sie in ihrer Sprache den Namen ihres Landes schreiben: España. Und man sieht, wie ihr Geld heißt: Peseta (abgekürzt: PTA).

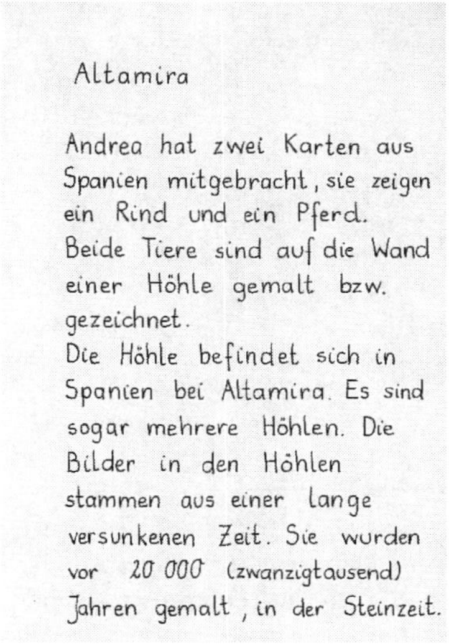
Altamira

Andrea hat zwei Karten aus Spanien mitgebracht, sie zeigen ein Rind und ein Pferd. Beide Tiere sind auf die Wand einer Höhle gemalt bzw. gezeichnet. Die Höhle befindet sich in Spanien bei Altamira. Es sind sogar mehrere Höhlen. Die Bilder in den Höhlen stammen aus einer lange versunkenen Zeit. Sie wurden vor 20 000 (zwanzigtausend) Jahren gemalt, in der Steinzeit.

wurde, als Schwabing noch ein Dorf war, in der Ritterzeit … Über drei Stockwerke abwärts wird uns klar, dass wir tief in den Boden hinein müssten, wollten wir im gleichen Maßstab bis zu den Höhlenbewohnern von Altamira gelangen.

Die Hausaufgabe: *Lies das Blatt über Altamira und schreib den Satz ab, der für dich der wichtigste, vielleicht auch der schönste ist!* Als Favorit zeigt sich am nächsten Tag, als alle im Kreis ihren Satz vorlesen: Die Bilder in den Höhlen stammen aus einer lange versunkenen Zeit.

Alle Blätter der Kinder, alle Leseblätter, alle Zeichnungen und Fotos sollen in einem Ordner gesammelt werden, und so etwas wie ein Buch ergeben. Den Kindern gefällt, dass ich es französich nenne: Dossier.[3] Zunächst pinne ich die Blätter an die Wand, so wie sie nach und nach entstehen. Daneben eine Land-

Geographie von Spanien

Ute hat eine Relief-Karte von Europa mitgebracht. Da kann man sehen und fühlen, daß Spanien sehr gebirgig ist. Auf der Europa-Karte im Atlas sind die Gebirge braun.

Spanien grenzt an das Mittelmeer und den Atlantischen Ozean. Im Mittelmeer liegen auch die Balearen, das sind Inseln, die zu Spanien gehören. Bei Gibraltar ist Europa ganz nah bei Afrika.

An Spaniens Küsten gibt es Felsen und weißen Sand und das Wasser des Mittelmeeres und des Atlantik. Das lockt Urlauber an.

Es gibt an den Küsten auch viele Dörfer, deren Einwohner zum Fischfang oder Krebsfang auf's Meer fahren.

3 »Dossiers«, in denen die Arbeitsergebnisse der Kinder gesammelt werden, sind ein wesentliches Element der Freinet-Pädagogik. In unserem Fall arbeitet auch die Lehrerin da hinein. Zur Einführung in die Freinet-Pädagogik empfehle ich: Elise Freinet: Der Weg Célestin Freinets, Stuttgart 1972

karte von Spanien und eine Reliefkarte von Europa, auf der man die Erhebungen und Senkungen fühlen und Spanien mit seiner besonderen Form wiedererkennen kann. Auch dazu schreibe ich Leseblätter.

Eine Hausaufgabe: *Lies das Blatt über Spanien mehrmals durch. Dann suche dir sechs Wörter aus dem Text und schreibe sie ab!* Am nächsten Tag im Kreis sitzt jedes Kind mit seinem Heft und sucht aus den sechs Wörtern noch einmal das allerwichtigste heraus. Reihum sagt jedes sein Lieblingswort: *Atlantischer Ozean* und *Balearen* – das hatte ich erwartet. Aber Sema sagt strahlend: *Grenzt!* Ich frage: *Weißt du denn, was das bedeutet? – Nicht so richtig, aber es klingt so schön!* Und natürlich ahnt Sema, die neben ihrem häuslichen Türkisch gut Deutsch spricht, was dieses Wort »grenzt« im Zusammenhang des Textes bedeutet. Hätte sie nicht die Fähigkeit, auch ganz fremde und schwierige Wörter zu hören, aufzunehmen, auf ihre Bedeutung im Zusammenhang abzuschmecken, hätte sie niemals sprechen gelernt, und gar gleich in zwei Sprachen ganz ohne Unterricht. Aber die Bedeutung der Wörter ist den meisten Kindern hier wohl gar

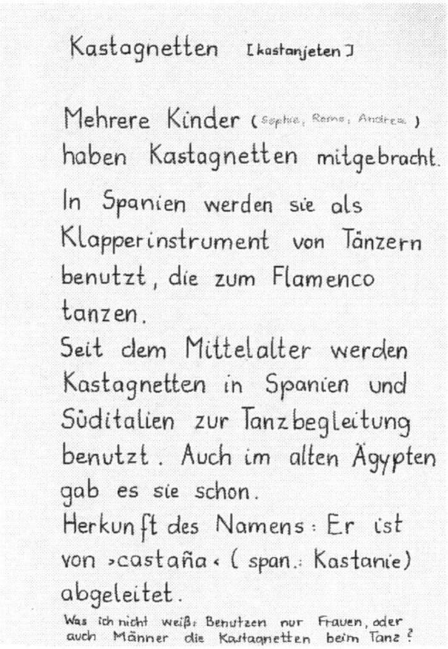
Kastagnetten [kastanjeten]

Mehrere Kinder (Sophie, Remo, Andrea) haben Kastagnetten mitgebracht.
In Spanien werden sie als Klapperinstrument von Tänzern benutzt, die zum Flamenco tanzen.
Seit dem Mittelalter werden Kastagnetten in Spanien und Süditalien zur Tanzbegleitung benutzt. Auch im alten Ägypten gab es sie schon.
Herkunft des Namens: Er ist von ›castaña‹ (span.: Kastanie) abgeleitet.
Was ich nicht weiß: Benutzen nur Frauen, oder auch Männer die Kastagnetten beim Tanz?

LLANES (Asturias)

Das steht hinten auf der Postkarte, die jemand 1972 am 3. April (Wie lange ist das her?) an Maxis Vater geschickt hat. Findest du den Ort auf der Landkarte?

nicht wichtig. Sie achten, wenn sie sie als Lieblingswörter aus dem Text herausheben, vor allem auf ihren Klang.

Neben all unseren Lehrplan- und Übungspflichten begleitet uns Spanien über Wochen. Manche Blätter gibt es nicht als Leseblatt für alle, sie werden nur an der Wand ausgehängt und dort studiert. Die Kastagnetten werden immer wieder benutzt, drei Buben möchten am liebsten in jeder Freiarbeitszeit auf dem Gang damit tanzen. Bei unserem Frühlingsfest ein paar Wochen später können sie schon ganz sicher damit klappern, als sie ihren selbstgeschaffenen Tanz vorführen. Die Frage, ob nur Frauen Kastagnetten zum Tanz benutzen, regt zu Recherchen daheim an: *Meine Mutter war in Spanien, die sagt, nur die Frauen nehmen sie. – Aber ich habe eine Karte daheim, da sind auch Männer als Tänzer mit Kastagnetten mit drauf! Vielleicht darf ich sie mal mitbringen.* Am nächsten Tag darf er. Es sind Karten mit Tanzpaaren aus verschiedenen Regionen Spaniens, die auf die Karten gestickt sind. Sie werden ehrfürchtig bestaunt, auch weil sie von Jans Opa stammen.

Felix will zu seinen Fotos vom Stierkampf auch noch Bilder

Felix hat ein Foto vom Stierkampf mitgebracht. Die Kostüme der Männer sind prächtig bestickt. Sie reizen den Stier. Siehst du, wie der Stier blutet?

Der Stierkampf

Viele Spanier lieben den Stierkampf. Sie versammeln sich in fröhlicher Stimmung am Sonntag in der Arena. Musik spielt, und es geht zu wie bei einem Volksfest.

Der Stier kommt ganz allein in die Arena. Dort sind viele Gegner. Mit roten Tüchern reizen sie den Stier, bis er ganz wild ist. Mit Lanzen und Spießen sticht man ihn in den Nacken. Er versucht zu kämpfen, aber er kann niemals gewinnen. Am Ende wird er erstochen.

malen. Der blutende Stier löst natürlich Diskussionen aus, und ich entschließe mich, das Thema bei den Hörnern zu packen. Ich schreibe einen Text, der versucht, sowohl die spanische Leidenschaft als auch die Betroffenheit der Kinder aufzugreifen. Es tut uns weh, diesen Text mehrmals zu lesen, und es ist gut, nicht allein zu sein dabei. Irgendein Kind findet auch bei Lurchi – dem begehrtesten Buch in unserer sehr anspruchsvoll ausgestatteten Leseecke – eine Stierkampfseite. Sie wird für unser Dossier vergrößert kopiert.

Und dann bringt Felix uns das Buch von Ferdinand dem Stier mit.[4] Aus seinem Nachwort erfahren wir, dass dieses Buch die Frucht einer Freundschaft zwischen Munro Leaf und Robert Lawson ist und heftig umstritten war: »Es erschien 1936, zur Zeit des Spanischen Bürgerkriegs, und wurde als ›subversives‹ Kinderbuch empfunden. Man warf Leaf Propaganda vor, und zwar gleichermaßen kommunistische, faschistische wie pazifistische. Worauf Leaf antwortete, daß Ferdinand *einfach ein höherer*

---

4 Munro Leaf/Robert Lawson: Ferdinand. Diogenes Verlag, Zürich 1993

Geist sei, *ein Philosoph, der guten Geschmack und Charakter beweist.* Die Geschichte von Ferdinand hatte aber auch langwährenden Erfolg. Walt Disney hat sie 1938 verfilmt; sie wurde in 15 Sprachen übersetzt und allein in Amerika hat man zweieinhalb Millionen Exemplare verkauft.« Der dreifache Propagandaverdacht beweist, dass Ferdinand ein gefährliches Vorbild für die sein kann, die sich der Vereinnahmung durch Ideologien entziehen wollen. Er denkt und entscheidet für sich selbst.

Ich habe nun also das Glück, das berühmte Kinderbuch vorlesen zu dürfen, während die Klasse vor mir auf dem Teppich sitzt. Wie die Kinder jede Facette dieser Geschichte miterleben! Auch die wilderen Buben mit großen Augen und offenem Mund. Kein Wunder! Immer wieder kann man im Schulalltag, wenn er die Kinder nicht zwingt, sich zu panzern, spüren, welch zarte Seelen unsere Kämpfer unter ihrer rauhen Schale verbergen. Möchten sie auch lieber wie Ferdinand in Frieden an Blumen riechen, statt mannhaft kämpfen zu müssen? Wenn Ferdinand sie darin bestärkt, wenn er ihren Mut stärkt, sich gegen das Stereotyp vom männlichen Kämpfer zu stellen, weil er die Toreros und die anderen Stiere sanft lächerlich macht, wenn er ihnen ermöglicht, die Freude an seinem stillen Sieg ganz unbefangen gemeinsam mit den Mädchen zu genießen, dann sind wir auf dem Umweg über Spanien einen Schritt auf dem Weg zur Friedensliebe weitergekommen.

Für mich finde ich bald darauf ein Jugendbuch mit dem Titel »Der Sohn des Toreros« von Maria Rodan. Als ich es gelesen habe, erscheint mir meine frühere Haltung zum Stierkampf als arg ignorant. Man sollte dieses Buch größeren Kindern zu lesen geben, ab der dritten Klasse kann man es auch sicher gut vorlesen. Es lehrt uns, nicht zu schnell über etwas zu urteilen, was uns fremd ist, in einem anderen Land aber Tradition hat. Und es stellt doch den Ferdinand mit seiner Botschaft nicht in Frage.

Der Fächer mit Miró-Motiven hat mich wieder neugierig gemacht auf diesen Maler. Ich finde ein schönes, erschwingliches Buch über Miró für die Leseecke und zeige viele Bilder, das Buch hoch über meinem Kopf, sodass ich die Kinder ansehen kann, während sie die Bilder betrachten. Manche erschrecken zunächst über das Abstrakte: *Das sollen richtige Bilder sein? – Dafür ist der*

berühmt? Aber es gefällt ihnen dann doch allen, was sie da sehen, auch wenn es so fremd ist. Beim Frühlingsfest wird Max seiner Mutter das Buch zeigen. Und ich werde ihn dabei belauschen, wie er für seine Mutter vielen Bildern, die ihm gefallen, die aber keinen schönen Namen haben, poetische Titel verleiht.

Auch Bilder von Picasso und Dali schauen wir uns an, aber weniger ausführlich. Das witzige Foto von Picasso mit den Brothänden bereitet ganz sicher den Boden für eigenes Interesse an seinen Werken. Velázquez und Goya könnten später einmal als spanische Maler genannt und aufgesucht werden, wenn wir ins ins Haus der Kunst gehen. Auch wenn da dann keine großen Bilder von ihnen hängen, können wir Bücher oder Postkarten von ihnen entdecken. Wichtig ist es, dass die Kinder jetzt die Einstellung zu finden: *Aus Spanien? Das interessiert mich!*

Marcel schmökert in der Freiarbeit immer wieder in dem spanisch-deutschen Wörterbuch. Einmal beklagt er sich, die anderen hänselten ihn, er könne doch gar kein Spanisch. *Aber ich will es doch lernen, wenigstens ein bisschen!* Eines Tages erklärt er mir, ich sei »abonado«. *Was heißt denn das? – Vertrauenswürdig. Ja, das bist du: vertrauenswürdig!* Im Kreis wird das Wort geprüft und Marcels Urteil bestätigt. Ich bin sehr geschmeichelt. Und ich bestätige Kindern, die nun sagen, sie seien auch abonado, dass das wohl so sei, natürlich, das sei ja auch wichtig für uns zusammen.

Später eine Hausaufgabe: *Überlege dir ein paar Sätze, die du können – also sagen oder wenigstens verstehen – möchtest, wenn du mal nach Spanien kommst.* Am nächsten Tag werden die Sätze im Kreis vorgelesen, und mancher Satz wird mit einer Szene im fernen, fremden Spanien begründet, die man sich dazu vorgestellt hat. Die Kinder wissen, dass bei solchen Aufgaben vorläufig nur zählt, ob sie sich etwas haben einfallen lassen, was passt und für uns alle interessant ist. Was sie aus dem Kopf schreiben, dürfen sie ohne Sorge so schreiben, wie es ihnen richtig erscheint. Nicht irgendwie, sondern überlegt, also meist so gut wie

Ich brauche siebenundzwanzig
Betten. Wo können wir singen?
Tanzen Sie Flamenco?
Wo gibt es Castagnetten zu
kaufen? Wie teuer sind sie?
Haben Sie meine sechsundzwanzg
Kinder gesehen?
Bitte entschuldigen Sie den
Lärm, sie sind nur fröhlich!
O danke! Sehr nett! Kommen
Sie uns doch auch mal in München
besuchen!
Die Polizei kommt zu Hilfe.
Der Krankenwagen kommt zur Not.

Saša

möglich lauttreu, aber ohne Angst vor Rechtschreibfehlern. Ich tippe von jedem Kind drei Sätze, die es mir angibt, ab – natürlich nun recht geschrieben – und kopiere die Sammlung als Vorlage. Aus den Sätzen der Kinder weht die Fremde so phantasieanregend über meinen Schreibtisch, dass ich mir ausmale, wie es wäre, mit der ganzen Klasse in Spanien unterwegs zu sein, und selbst auch die Sätze formuliere, die ich dann auf Spanisch möchte sagen können.

Und noch einmal schreiben die Kinder Wunsch-Sätze für das fremde Land, schreiben sie aus der großen Sammlung ab. Diesmal sind sechs Sätze Pflicht, ausgewählt nach Belieben. Da muss man sehr viel lesen und abwägen, um sich gut zu entscheiden. Pflicht ist es auch, beim Abschreiben jedes Wort genau so zu schreiben, wie es auf dem Blatt vorgeschrieben ist. Als ich das Abgeschriebene durchsehe, entdecke ich manchen Zettel mit mehr als sechs Sätzen. Meist entsteht dabei in meinem Kopf die Andeutung einer Geschichte. Richtig fröhlich werde ich, als ich bei verschiedenen Kindern einzelne der Sätze entdecke, die ich selbst passend zu meiner Phantasiereise ans Ende der Sammlung geschrieben hatte: *Ich brauche siebenundzwanzig Betten. Wo können wir singen? Haben Sie meine sechsundzwanzig Kinder gesehen? Bitte entschuldigen Sie den Lärm, sie sind nur fröhlich! Kommen Sie uns doch auch mal in München besuchen!* Mit dieser Methode des Schreibens, Sammelns und Abschreibens übt man also nicht nur, situationsbezogen zu formulieren und auf Rechtschreibung zu achten, man erlebt auch eine der gemeinsamen Situation unsichtbar eingeschriebene Verständigung miteinander.

Das Angebot, nun doch auch richtig etwas Spanisch zu lernen mit einem Bilderbuch über die Schule, das ich einmal geschrieben habe und das ins Spanische übersetzt wurde, wird fröhlich aufgenommen. Also muss ich Bildchen aus dem Buch mit Wörtern vorbereiten als zusätzliche Aufgabe für die Freiarbeit. Zur Pflicht soll das aber nicht werden. Freiwillig entstehen auch Texte, in denen die Kinder sich dessen vergewissern, was sie gelernt haben und festhalten möchten.

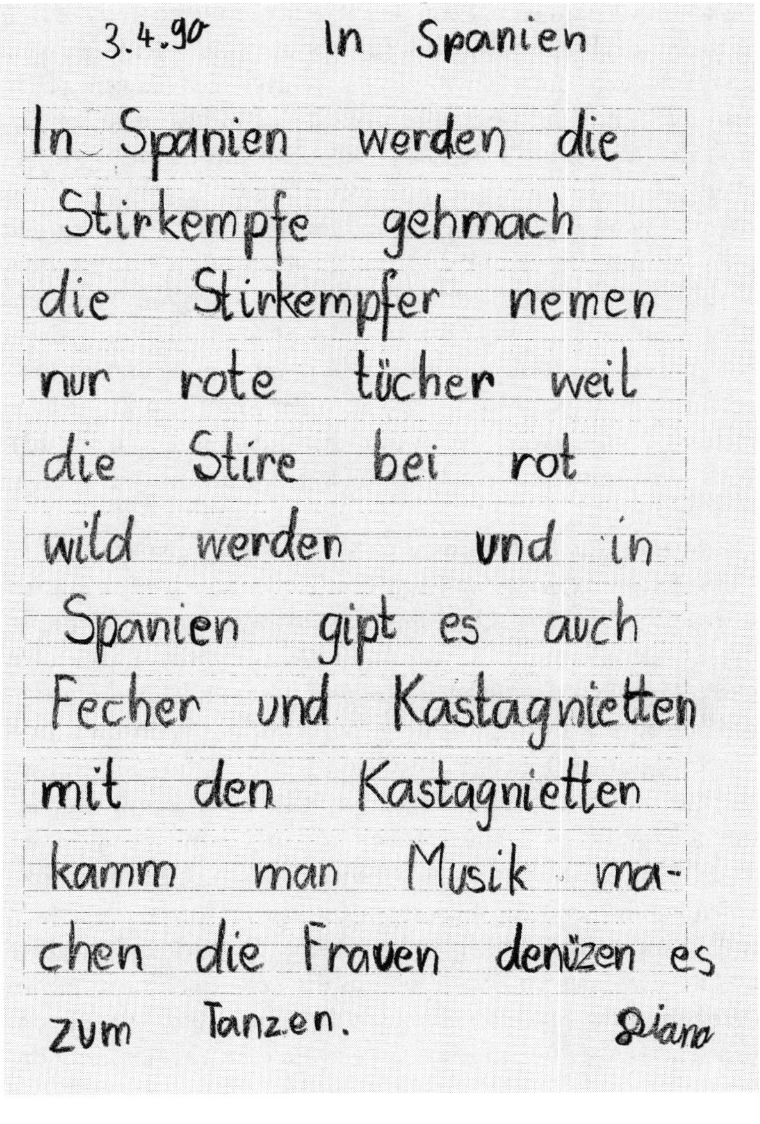

3.4.90 In Spanien

In Spanien werden die
Stirkempfe gehmach
die Stirkempfer nemen
nur rote tücher weil
die Stire bei rot
wild werden und in
Spanien gipt es auch
Fecher und Kastagnietten
mit den Kastagnietten
kamm man Musik ma-
chen die Fraven denüzen es
zum Tanzen. Diana

Dianas Text »In Spanien« ist eine eindrucksvolle Leistung für ein Kind, das im achten Monat in der Schule ist. Eindrucksvoll sind auch ihre Falschwörter. Sie erzählen uns, wie sie denkt, was sie schon verstanden hat von den Regeln der Orthographie: Den Satzanfang schreibt man groß. (Es gibt nur einen, denn nur ganz am Ende steht auch ein Punkt.) – Wörter bleiben sich gleich, Stire bleiben Stire. – Schreibt man genau so, wie man spricht, sind die Wörter auf jeden Fall erkennbar: Stirkempfe, gipt, Fecher, gehmach (das t am Ende spricht man nicht, wenn das nächste Wort mit d beginnt), kamm man (kann man spricht man ja nur, wenn man weiß, wie es geschrieben wird). In der Verbindung mit »zum« schreibt man »tanzen« groß: zum Tanzen. (Zu glauben, dass Diana an dieser Stelle wirklich so gedacht hat, fällt schwer. Aber sicher hat sie »Tanzen« nicht zufällig groß geschrieben, folgt sie doch ansonsten der Regel »Im Zweifelsfrei klein!«) – Unerklärlich bleibt mir »denüzen«, weil sich auf dem Blatt sonst keine Verwechslung von b und d findet.

Das Spaniendossier hat uns allen so viel Freude gemacht, hat so viel Interesse geweckt, dass wir beschließen, auch noch Bücher über Polen, die Türkei und Jugoslawien anzufangen. Aus diesen drei Ländern kommen Kinder unserer Klasse. Immer wollen wir gleich beginnen: *Schaut mal, was ihr daheim findet und mitbringen könnt.* Wie es dann weitergehen wird, das kann und muss niemand vorher wissen. Wir wollen dann auch die anderen Kinder aus diesen Ländern, die unsere Schule besuchen, einladen und fotografieren. Spanier haben wir in unserer Schule zwei. Aber noch wissen wir nicht, wieviele Türken, Jugoslawen und Polen zu uns gehören. Wäre doch gut, das zu wissen! Und dann wollen wir natürlich auch ein Buch über Deutschland machen! Das ist klar. Fraglich ist nur, ob uns die Zeit reicht, bis zum Ende des zweiten Schuljahres so viel zur erarbeiten, wie wir uns wünschen. Aber wir müssen ja keines dieser Themen erschöpfend oder sonstwie gültig aufarbeiten. Wir wollen uns nur interessieren, uns umsehen, sammeln, ordnen, nachlesen, bereden und durchdenken, und dabei immer klüger und neugieriger werden.

Unterwegs in glücklichen Grauzonen

Die Pflicht zum Besuch der Schule
muss zugleich das Recht auf einen Schulweg einschließen,
der ein kindgerechter Lebensraum ist.[1]

Manche Gegenstände des Unterrichts werden uns aufgegeben, manche nehmen wir uns vor, manche fallen uns zu. Sie werden dann nicht unbedingt gleich erkannt und in ihrer wahren Bedeutung gewürdigt. Aber wenn sie wirklich wichtig sind und Glück mit uns haben, haften sie zäh im Bewusstsein, lassen uns nicht los, schieben sich immer wieder in den Blick und zeigen uns schließlich alltägliche Reichtümer, die uns bescheiden werden lassen. So ging es mir mit dem Schulweg.

In unseren Lehrplänen erscheint der Schulweg als Thema der Verkehrserziehung und dann der ersten, elementar gemeinten Geographie. Im einen Fall regiert die Warnung vor Gefahren des Straßenverkehrs, im anderen die Ausrichtung auf die Regeln der Plandarstellung, auf Himmelsrichtungen und Strecken von hier nach dort. Wege, wirkliche Wege sind da nicht gemeint. Was Kinder unterwegs zwischen Wohnung und Schule und wiederum Wohnung anzieht und festhält, bewegt und bannt, auf Umwege lockt und zur Eile stößt – das ist kein Lehrplanthema. Wenn die Pädagogik sich den Schulweg vornimmt, scheint das Ziel zu sein, dass jedes Schulkind ihn möglichst rasch und reibungslos durchläuft, pünktlich an Start und Ziel. Wes Geistes Kind will das? Man braucht doch Muße unterwegs! Stephan Ci-

1 Karl-Hermann Koch: Der Schulweg als sozialräumlicher Lebensbereich. Neue Sammlung, 38.Jg., Heft 3, 1998, S.362

velli sagt, wenn er von den Schulwegen von PrimarschülerInnen in Zürich berichtet, unterwegs seien sie »in einer Art glücklichen Grauzone zwischen Eltern- und Lehrerkontrolle, einer Art ›Niemandsland‹.«[2]

Manchen Kindern ist es nicht gegönnt, die Freiheitsluft dieses kleinen Niemandslandes zu schnuppern. Meist haben sie sehr bemühte, sehr fürsorgliche Eltern, die nicht ahnen, was ihren Kindern entgeht, wenn sie nicht zu Fuß zur Schule gehen müssen, nicht allein draußen unterwegs sein dürfen. Sie wissen nicht, dass ihren Kleinen nicht nur morgendliche Bewegung, Luft und ungezwungene Kindergesellschaft entgeht, sondern auch reichlich Welterfahrung und Selbstgewinn. Mir haben solche Kinder immer leidgetan. Und als ich aufgefordert wurde, für eine Wochenzeitung etwas zu dem Thema zu schreiben, habe ich es gerne getan.[3] Darauf bekam ich Leserbriefe mit Schulwegerlebnissen, dazu zwei Dissertationen, die sich wissenschaftlich mit dem Schulweg befassen. Alles Botschaften von Gleichgesinnten, die mit Sorge sehen, wie unsere Kinder immer konsequenter verplant und sich selbst entfremdet werden.

Lange schon und oft ist von der Verinselung moderner Kindheit die Rede[4], wird das wegeblinde Pendeln der Kinder mit dem Mamataxi zwischen spezialisierten Räumen beklagt. Trotzdem ist das große, öffentliche Entsetzen ausgeblieben, das fällig wäre, sobald man realisiert, was den Kindern mit dem Schulweg genommen wird: Nicht nur Bewegungsfreiheit und Bewegungsaufgaben, Gegenstandsbezüge und Sozialerfahrungen, sondern

Gegenüberliegende Seite: aus Sempé's Volltreffer. © Diogenes Verlag ▶

2 Stephan Civelli: »… mehr Bäume, mehr Wiesen und mehr Menschen, die wir kennen …« Der Schulweg als Lernfeld. Schulwegerlebnisse und -erfahrungen von Zürcher Primarschülern. Diss. Zürich 1992, S. 10

3 Ute Andresen: Mein Schulweg. In: DIE ZEIT Nr. 45, 3.11.95

4 Helga Zeiher: Die vielen Räume der Kinder. Zum Wandel räumlicher Lebensbedingungen seit 1945. In: Ulf Preuss-Lausitz u.a.: Kriegskinder, Konsumkinder, Krisenkinder. Zur Sozialisationsgeschichte seit dem Zweiten Weltkrieg. Weinheim/Basel 1983

vor allem auch Möglichkeiten, sich selbst zu entwerfen, zu erfahren, zu erproben und zu üben im Bezug zu regelmäßig wiederkehrenden oder überraschenden Begegnungen und Erlebnissen. Unterwegs muss man sich als Kind den Gegebenheiten nicht anschmiegen und einfügen wie daheim oder in der Schule, man kann ihnen gegenübertreten, ausweichen oder sich aussetzen nach eigener Entscheidung und auf eigenes Risiko.

Manuels Alleingang

Manuel setzt einen Fuß vor den andern, ganz gemächlich, Schrittchen für Schrittchen – *Hennadappa, Hennadappa* – bewegt er sich von seiner Klasse über den leeren Gang zur Toilette, vorbei an drei großen, geschlossenen Türen. Hinter der ersten Tür ist es still, hinter der zweiten wütet schrill eine erboste Lehrerin, hinter der dritten Tür singen sie Kanon. In der Toilette ist niemand.

Als er zurückgeht – *Hennadappa, Hennadappa* – ist der Gesang verstummt, das Geschimpfe auch. Nur dort, wo vorher Stille war, hört man nun etwas: Sie lachen da drinnen! Dann ist es auch da wieder still. Auf dem Treppenabsatz drunten unterhalten sich zwei Frauen. Vorhin waren sie noch nicht da. Die eine Stimme klingt vertraut, aber sein Ohr erkennt sie nicht. Er schaut nicht über das Geländer. Er hat ja seiner Lehrerin versprochen, auf dem kürzesten Weg zur Toilette und zurück zu gehen, so mitten im Unterricht.

Als er die Tür zur 1a öffnet, die Tür seiner eigenen Klasse, sitzen alle andern noch genauso da, wie er sie verlassen hat. Die Kinder schreiben an ihren Tischen in die HSK-Hefte, blicken ab und zu auf, pflücken sich das nächste Stückchen aus dem Tafeltext. Die Lehrerin sitzt vorn, korrigiert Mathehefte und hat die Klasse im Blick. Sie runzelt die Stirn und schüttelt den Kopf, als sie Manuel sieht. Er huscht beflissen auf seinen Platz und schreibt eifrig weiter. Sie soll vergessen, dass er ein zu langes

Weilchen draußen war, allein und unbeobachtet auf seinem einsamen Weg durch das Schulhaus. Eigentlich hat er gar nicht wirklich rausmüssen. Aber das verrät er nicht.

Ein richtiger Schulweg draußen ist Manuel nicht gegönnt. Seine Mutter ist sehr besorgt um ihn, bringt ihn morgens mit dem Auto pünktlich bis vor die Schultür und erwartet ihn nach dem Unterricht vor dem Haus. Am liebsten brächte sie ihn morgens bis an seinen Platz in der Klasse, nähme ihm dort den Ranzen ab und rückte ihm den Stuhl zurecht. Das ist aber in dieser Schule nicht erlaubt.

Manche Mütter haben die Warterei vor der Schule längst schon satt. Sie jammern beim Elternabend: Die Kinder bummeln doch offenbar im Haus! Und sie können ihnen keine Beine machen! Dauernd müssen sie warten! Und dann müssen sie sich anhören, warum das angeblich wieder nötig war: Mütze nicht gefunden, Handschuh verloren, Schuhband verknotet, Reißverschluss verklemmt, Heft liegenlassen, Hausaufgabe nicht verstanden … Das schreit doch nach Mütterhilfe! Warum nur werden die Mütter ausgesperrt?

Es gibt gute pädagogische Gründe, die Mütter im Alltag aus den Klassen und dem Schulhaus rauszuhalten: Man lernt nur dann, auf Mütze und Handschuhe zu achten, verknotete Schuhbänder aufzunesteln, Reißverschlüsse sorgsam zu schließen, Hefte einzupacken, bei Erklärungen zuzuhören, also den eigenen Alltag zu bewältigen und möglichst selbstständig zu sein, wenn man allein für seinen Kram zuständig und damit richtig verantwortlich ist. Dafür braucht man vor allem Zeit, ohne gedrängt zu werden. Eine ungeduldig wartende Mutter drängt sogar, wenn man sie nicht sieht. Es ist schon zu viel, wenn man weiß, dass sie wartet. Außerdem braucht man auch das Recht, Fehler zu machen, ohne dass das gleich als Versagen oder Zerstörung einer quasi heiligen Ordnung bewertet wird, einer Ordnung, die Mutters Ordnung ist.

Manuels Mutter müsste lernen, ihn daheim schon loszulassen, schon bevor er die Wohnung verlässt. Der eigene Abschied mit vollständigem Gepäck sollte so bald wie möglich seine eigene Sache sein. Dies zu seiner Sache werden zu lassen, das ist ihre Aufgabe, die eher von ihr verlangt, zurückzutreten, als einzugreifen. Das scheint sie nicht zu wissen, sie verfolgt ihn mit ihrer Sorge, so weit sie kann, und erst jenseits ihres Einflusses kann Manuel gelegentlich aus dem Futteral schlüpfen, das ihm aus den Privilegien eines behüteten Kindes bereitet wurde. Erst dann kann er sich selbst spüren als ein Mensch aus eigenem Recht und auf eigenes Risiko inmitten und gegenüber der Welt – und sei es nur auf dem Weg zur Schultoilette. Das kostet er aus mit winzigen Schrittchen: *Hennadappa, Hennadappa, Hennadappa …*

Franzi und Max untendurch

Wenn es zur großen Pause geläutet hat, versuchen Franzi und Max, untendurch zu gehen, ihren Umweg. Sie gehen dann nicht wie alle andern aus der 2b geradewegs die große Treppe hinunter, geradeaus, linksum und zur Tür hinaus auf den Hof. Sie huschen gleich bei der Treppe um die Ecke, dann durch die graue Eisentür, eine kleine Treppe hinunter, durch den Kellergang und am Ende über eine kleine Treppe wieder nach oben. Wenn sie oben aus der Tür spitzen, ist der Gang im Erdgeschoss schon leer, alle Kinder und Lehrerinnen sind im Hof, und sie können rennen, dass sie auch rauskommen und niemand was merkt.

Im Keller war neulich, als sie den Umweg zum erstenmal gegangen sind, das Licht ausgeschaltet. Die Fenster dort sind klein, es war richtig unheimlich dunkel. Zwei alte Tische stehen am Gang, auf dem einen liegt ein kaputtes Xylophon. Als Franzi das grad ausprobieren wollte, hatte Max gesehen: Wo die Kulissen vom Weihnachtsmärchen an der Wand lehnten, da stand eine Tür halboffen. War dort der Hausmeister in seiner Werkstatt? Oder die Hausmeistersfrau? – *Bloß weg!* Aber auf Zehenspitzen!

Draußen im Hof dann fragte die Lehrerin, die Aufsicht hatte: *Wo kommt ihr jetzt noch her?* Franzi schnappte nur: *Ja mei!* und zuckte mit den Schultern. Dann hatten sie Fangen gespielt mit den anderen und nichts verraten.

Irgendwann bin ich als Klassenlehrerin dahintergekommen, dass da einige meiner Kinder öfter mal den gänzlich überflüssigen Umweg durch den Keller nahmen, statt geradewegs in den Pausenhof zu gehen. Ich hatte aber zufällig grad keine Zeit, zu schimpfen. Und nach Schulschluss waren die Missetäter verschwunden, eh ich's mich versah. Das gab mir Zeit, mich einzufühlen und nachzudenken, bevor ich reagiere. Zunächst bin ich mittags allein zur Tatortbesichtigung in den Keller gegangen.

Es war wohl das Dämmerlicht da unten, der geheimnisvolle Geruch und das Summen vom Heizungskeller her, was mich zurückversetzte in eigene Schulkindertage. Ich ahnte, wie aufregend der Umweg, dies Stückchen verbotenen Weges abseits der vorgesehenen Gänge, für die Kinder sein musste. Also habe ich keiner Aufsicht etwas von meiner Entdeckung verraten, auch am nächsten Tag die Abenteurer nicht geschimpft, nur leicht gewarnt. Es gab ja da unten auch keine großen Gefahren, dafür manch tolle Überbleibsel, Geheimnisse und Unheimlichkeiten. Und den Duft des Unerlaubten. Warum sollte ich den Kindern das nicht gönnen?

Beide Weggeschichten zeigen: Die Kinder erobern sich mit ihrer Bummelei zwischen Klasse und Wartemutter und auf ihrem Umweg durch den Keller ein kleines Stückchen wildes Eigenleben, ein bisschen Zeit zum Plaudern und Zanken und Stöbern und Quatschmachen im Unverplanten. Sie trödeln! Hier dasselbe Wort zu verwenden, wie für das Treiben auf Flohmärkten, hat seinen guten Sinn. Man trödelt und weiß nicht, was geschehen, was man entdecken wird. Man kann dies oder jenes tun, gucken und anfassen und reden und weiterschlendern. Man geht zusammen und trennt und trifft sich beiläufig. Man muss nicht etwas Bestimmtes in bestimmter Weise tun. Das ist eine Erholung, wenn man sich ausgiebig in die Pflichten des gutwilligen Mitspielens und Versorgtseins geschickt hat. Und die unauffindbaren Mützen und Handschuhe und verknoteten Schuhbänder der Schulkinder, die ihre Mütter haben warten lassen, sind wahrscheinlich nur Ausreden, kleine Notlügen, die das Trödeln bemänteln. Welche eilige Mutter könnte denn die Wahrheit, dass man als Kind noch unbedingt trödeln musste, ohne Zank annehmen?

Raupen brauchen ihre Zeit

Ich bin immer gerne zur Schule gegangen und wusste zu schätzen, was sie mir bot. Aber ich habe mehr Erinnerungen an die kurzen Zeiten der Schulwege, als an die langen Stunden des Unterrichts. Auf dem Schulweg habe ich mehr erlebt, was noch immer zählt, in mir lebendig ist und mir Zuversicht gibt, weil es das Leben war und mir unverhofft begegnete, mich anhielt und aufhielt, sodass ich stehenblieb und zusah, bis ich genug davon hatte.

Gute, geduldige Eltern, meistens wohl eher Großeltern, gönnen ganz kleinen Kindern beim Spaziergang solche langen, nachdenklichen Betrachtungen an Baugruben und Müllautos, an bemoosten Mauern und Ameisenstraßen. Neulich hat man mir von einem Kind erzählt, dass auf einer Bergwanderung mit den Eltern eine Raupe entdeckte, die von unten her die Blätter abfressend an einer Pflanze emporkroch. *Wie kommt sie zum nächsten Blatt? Was macht sie, wenn sie satt ist?* Das Kind sah der Raupe zu und wollte bleiben, bis sie oben wäre. Die Eltern legten sich ins Gras und ließen der Tochter die zwei Stunden Zeit ihres Lebens für die Betrachtung dieser Raupe. Das Kind tat, was es tun wollte, mit der gebotenen Gründlichkeit. Die Eltern gaben ihm durch ihre Anwesenheit einen Raum der Geborgenheit, in dem es sich ganz dem fremden Leben widmen konnte. Ihre Geduld bekräftigte, dass solche Hingabe wichtig ist. Das Kind wurde nachhaltig gestärkt, auch seine Beziehung zur Welt, auch Liebe und Respekt zwischen Eltern und Kind, und sicher auch das Interesse der Erwachsenen für Raupen, für die sie vielleicht im Laufe der Jahre blind geworden waren.

In der Schule bekommen unsere Kinder in einem guten Unterricht mancherlei gezeigt, was sie interessiert. Aber kaum einmal dürfen sie so lange bei der Sache bleiben, bis sie sie auf ihre Weise erkannt haben und satt davon sind, weltsatt. Sie sollen meistens nur soviel und soweit sehen, wie es von LehrerInnen und Lehrplänen vorgesehen ist. Wenn sie aber unbeaufsichtigt und ungestört unterwegs sind, können sie verweilen, mit ganzem Interesse, ganzer Person und in selbstbemessenen Zeiträumen den Dingen der Welt begegnen – natürlich auch Menschen und Tieren – und sich auf die eigene Weise zu ihnen in Beziehung setzen. In einem Schulwegbrief war zu lesen: »Der Sohn von Freunden kam von der Schule auch in Stunden nicht nachhause, bis man ihn suchte. Man fand ihn auf halbem Weg, er ging mit einer Schnecke!«[5]

Ein kleiner Trupp meiner Schulkinder, der allein heimgehen durfte, hatte eine Zeit lang die Gewohnheit, am Zaun zum Kindergarten anzuhalten. Da gab es kleine Bekannte, Zaunbekannte, die hatten Spaß daran, Sachen von drinnen nach draußen zu stecken. Die Großen nahmen alles in Empfang, sagten *Dankeschön!*, als wollten sie es behalten, und steckten nach einem Weilchen alles wieder zurück. *Dankeschön!* Dann trollten sie sich winkend. Das dauerte nicht lang, aber es dauerte. Die passende Zeit für alle, die mittaten.

Heutiges Glück

Wenn im Winter mittags frischer Schnee liegt, kommen manche Kinder der Haimhauserschule in Schwabing spät zum Mittagessen, weil sie unterwegs am Baronbergl mal mal eben etwas ro-

5 Gisela Skibowski, pers. Brief, 1995

deln müssen, ohne Schlitten, einfach auf dem Hosenboden oder auf dem glatten Rücken des Anoraks. Soll man so etwas verbieten, unterbinden? Oder soll man ihnen eine Plastiktüte mitgeben, damit sie sich da draufsetzen und ihre Kleidung schonen können? Sie könnten sich auch zum Rodeln verabreden, nach der Schule heimrennen, essen und wiederkommen, dann mit einem richtigen Schlitten. Aber weiß man, ob die Mama nicht zum Zahnarzt strebt oder sonst eine Wichtigkeit vorhat? Und außerdem ist der Schlenker über den Rodelberg heimzu besonders gewürzt, das fetzt anders als nachmittags. Wir sind seinerzeit in Zeven auf unseren Holzschuhen hockend gerodelt, bis die Sohlen ganz dünn waren. Ich kann mich nicht erinnern, dafür gescholten worden zu sein, obwohl Schuhe kostbar waren. Entweder hat es niemand gemerkt, oder meine Erinnerung hat nur das bewahrt, was wichtig war, lebenswichtig.

Damals haben sich unsere Eltern wohl keine Gedanken darüber gemacht, ob der Weg zur Schule zu anstrengend wäre für unsere kleinen Füße. Wenn wir irgendwo hinwollten, gingen wir los. Und irgendwann kamen wir an. Wenn ich mich an jene Zeit erinnere, dann sind all die Bewegungen durch den Ort wie ein weiträumiges Schwingen, am klarsten in einem Erinnerungsbild an Herrn Awe, meinen ersten Lehrer. Manchmal hatte er, wenn er die Schule verließ, quer über den Zevener Kirchplatz und noch ein Stückchen weiter eine ganze Kette Kinder an jeder Hand. Nach und nach klinkten wir uns ab und bogen auf unseren Heimweg, der uns gehörte mit Aufenthalten und Umwegen, wie es sich ergab. Irgendwann trudelten wir zu Hause ein. Manchmal war das Essen inzwischen kalt, manchmal auf dem Herd noch warmgehalten, manchmal der Tisch grad gedeckt.

Einmal waren die jüngsten Geschwister, Zwillinge, die in Lüneburg einen sehr weiten Schulweg hatten, nicht daheim angekommen, als alle miteinander essen sollten. Die große Schwester wurde ausgeschickt, sie zu suchen. Sie fand die beiden auf halbem Weg. Dierk saß auf einem Mäuerchen und sah Frauke zu, die einen neuen, weiten Rock anhatte, der in Wellen um sie abstand, wenn sie sich drehte. Immer wieder sagte er: *Mach nochmal!* Gab es Geschrei oder Haue, als sie heimgebracht wurden? Ich weiß es nicht mehr. Aber die Geschichte ging in die Familienlegende ein, weil wir andern sie zugleich verblüffend und typisch für die beiden fanden, die beiden Kleinen, die sich Zeit genommen hatten, ausgiebig zu genießen, was heute grad so schön war.

Schrammen und Beulen

Der Schulweg gehörte uns Kindern, mit allen Gefahren auch, die da lauerten, Lämmermanns Kinder zum Beispiel, mit denen die Kinder aus unserem Haus zeitweilig verfeindet waren. Dann wollte es der Hang zum Drama, dass wir uns nicht an ihrem Haus vorbeitrauen konnten, sondern einen großen Bogen schlagen mussten. An wirkliche Überfälle aus dem Gebüsch, wie wir sie uns ausmalten, kann ich mich nicht erinnern. Nur an die weiträumigen Ausweichmannöver, gewürzt mit leichtem Schauder. Ob man sich Sorgen gemacht hat um uns, wenn wir nicht pünktlich daheim waren? Mittagessen gab es, wenn alle zu Hause waren. Was wir seit dem Schulende getan hatten, war unsere Sache, einschließlich der Wunden, die wir uns unterwegs zuzogen. So lang noch alles an uns dran war, hat sich unsere Mutter wohl kaum Sorgen gemacht. Wenn es nötig war, hat sie das Jod aus dem Schränkchen geholt, hat vielleicht auch ein Pflaster geklebt. Gelegentlich mit Wunden oder Beulen heimzukommen, war normal.

Heute sind Kinder, die nicht grad als verwahrlost gelten, viel besser behütet, lähmend und erbitternd überbehütet. Während das Fernsehen uns mit abstumpfender Regelmäßigkeit Nachrichten von unfassbaren Unglücken und Katastrophen auf den Abendbrottisch legt und der Umgang mit schneller Technik immer waghalsiger wird, sollen Kinder sich auf gebahnten Wegen so einhegen lassen, dass ihnen nichts geschehen kann. Und die

Eltern merken nicht, dass sie ihre Kinder von den Strategien der Versicherungen, von Verkehrsexperten und Pädagogen mit zwanghaftem Regelungs- und Kontrollbedürfnis um etwas bringen lassen, was ihnen unbezweifelbar zusteht: Bewegungsfreiheit in einer vielfältig belebten Welt, Aufenthaltsrecht im öffentlichen Raum, Teilhabe am Leben als Spiel und als Ernstfall.

Kinder wissen, dass sie das brauchen! Ein Brief erzählt von Gonzalo, jüngstes von zwölf Kindern einer spanischen Familie: »Eines Tages besuchte er mich, wollte auf einen Berg hinter meinem Haus kraxeln zwischen pieksenden Kakteen und losen Steinen – mit offenstehenden Turnschuhen ohne Schnürsenkel. Ich: *Gonzalo non – es peligroso, por favor non!* Darauf Gonzalo, sich energisch vor mir aufbauend, mit großen, schwarzen Augen mich anblitzend: *Has aventuras son peligrosas!*«[6] Wir können es schwer ertragen, Kinder so zielsicher blutigen Schrammen entgegenstürmen zu sehen. Aber wollen wir Duckmäuser um uns haben?

Einmal hab ich einen der Jungen aus unserer Schule beobachtet, wie er durch den sechsspurig fließenden Verkehr auf der Leopoldstraße tänzelte. Mir blieb fast das Herz stehen, aber er kam heil und strahlend auf meiner Seite an. *Warum tust du das? – Weil es Spaß macht! – Aber es ist gefährlich! Und gleich da ist der Zebrastreifen mit Ampel! Hast du nicht in Verkehrserziehung …? – Aber es ist so spannend!* Die Lust am Spiel mit dem Risiko stand ihm ins Gesicht geschrieben. Und hatte er nicht recht, weil gar nichts passiert war? Ich will beileibe nicht vorschlagen, daß wir unseren Kindern solche Spiele erlauben sollten. Auch Radfahren im allgemeinen Verkehr habe ich keinem Kind erlaubt, bevor es Vorsicht und Respekt vor der in fahrenden Autos gebündelten Gewalt gelernt hatte und wirklich umsichtig genug war. Aber wir dürfen Kinder Erfahrungen und Risiken auch nicht vorenthalten, nur weil wir unsere Ängste nicht beherrschen können.

---

6 a.a.O.

In seiner Magna Charta Libertatis für Kinder hat *Janusz Korczak*, von dem wir lernen können, wie man ein Kind lieben soll, dreierlei gefordert:[7]

Das Recht des Kindes, so zu sein, wie es ist.
Das Recht des Kindes auf den heutigen Tag.
Das Recht des Kindes auf seinen Tod.

Er hat dies letztgenannte, uns verstörende Recht sogar vorangestellt. Jedes dieser Rechte ist ein Stachel im Gewissen des sorgenden und erziehenden Erwachsenen. Er will verstanden werden mit den Schmerzen, die er uns macht.

Ich möchte Korczaks erstes Kindergrundrecht hier abmildern, es verstehen und verteidigen als ein Recht auf eigene Schrammen und Beulen. Man lernt mit jeder Schramme, jeder Beule, sich zu hüten. Und man lernt etwas über die Ecken und Kanten der Welt und die Stöße und Stürze des Lebens. Auch über die Abgründe, wie Astrid Lindgrens Ronja Räubertochter beweist, die sich vor dem Abgrund hütet, indem sie übt, hin und her über ihn zu springen. Zwei meiner Schulkinder kamen einmal ziemlich zerkratzt in die Schule. Ich fragte, was passiert sei. *Wir sind heute gradeaus gegangen! – Wie gradeaus? Das geht doch nicht! – Immer, wenn es ging, sind wir gradeaus gegangen. Und auf der Biedersteinwiese ist mittendrin ein Gebüsch. – Da seid ihr durch? – Klar! Gradeaus!* – Ich wußte, daß es auch Heckerosen gab in dem Gebüsch. Mittags verabschiedeten sie sich laut von der Tür her: *Tschüß! Wir gehn wieder gradeaus!* Sie waren weg, bevor ich etwas dazu sagen konnte.

Man lernt so, vor allem aber spürt man sich selbst, wenn man sich Gefahren, auch Verletzungen aussetzt. Wer sich als kleines Kind kleinen Gefahren aussetzen darf und sie besteht, oder doch übersteht, kann später auch mutig und selbstgewiss größeren, gewichtigeren Gefahren begegnen. Und braucht vielleicht kein

7 Janus Korczak: Wie man ein Kind lieben soll. Vandenhoeck & Ruprecht, Göttingen 1972, S. 40

Abenteuer als Fußgängerkind im fließenden Verkehr. Und noch später kein Bungee-Jumping und keinen motorisierten Imponierschlitten.

Manche Kinder werden allerdings schon früh auf Luxusautos geprägt. In München gibt es Schulen, da werden Kinder mit Chauffeur gebracht und abgeholt. Wenn eine Mutter, die ihr Kind laufen lässt oder mit ihrem kleinen Auto bringt, plötzlich gedrängt wird, doch Papas großen Wagen zu nehmen, wird offensichtlich, wie der Lebensstil der reichen Kinder im Einklang mit der Werbung auf die Wirklichkeit der bescheidener lebenden Kinder drückt. Soll man dann dem eigenen Kind helfen, beim Protzen mit teuren Attributen und dienstwilliger Mutter zu konkurrieren? Wenn wir unserem Kind nicht einmal zutrauen und zumuten mögen, solcher kleinen Not ohne flinke Anpassung standzuhalten, wie soll es sich gegenüber größeren Nötigungen behaupten können?

Im Schwarm

Bei mir klingelte es einmal an der Haustür, als ich noch beim Frühstück saß. Vor der Tür standen fröhlich drei meiner Schulkinder. *Wir wollten dich abholen!* sagten sie. Ich mußte tief Luft holen, um gute Laune zu bewahren. Der kurze Fußweg zur Schule war für mich eine Zeit, den kommenden Unterricht zu bedenken und mich einzustimmen auf die Zeit des intensiven Zusammenseins mit mehr als zwanzig Kindern. Wollten sie mich jetzt schon an der Haustür mit ihren Ansprüchen fesseln? Ich war noch nicht bereit! Aber ich packte meine Schulsachen und ging mit. Von da an wurde ich fast jeden Morgen abgeholt. Und bald wartete ich auf das Klingeln. Denn auf dem Schulweg im Schwarm der Kinder fand ich das gelassene Trödeln aus Kinderzeiten wieder. Sie wollten mich unterwegs gar nicht als Lehrerin beanspruchen. Sie ließen mir mein Eigenleben. Ich hatte wie alle andern im Schwarm das Recht, dabeizusein und dazuzugehören, stehenzubleiben und zu schauen, weiterzugehen, zuzuhören, zu plaudern und zu schweigen, zu albern und zu lachen. Man war beieinander, ohne einander zu bedrängen. Wir waren gemeinsam unterwegs zur Schule, wo wir dann unsere Geschäfte – miteinander und auch getrennt – erledigen würden. Ich fühlte mich ganz bei mir und gut aufgehoben im Schwarm.

Kinder brauchen die Geborgenheit und Anregung des Schwarms, wenigstens gelegentlich. Im Schwarm sind sie überall zu Hause, auch dort, wo sie eigentlich kein Bleiberecht haben sollen. Das zeigt uns Martha Muchow mit den Großstadtkindern in einem Arbeiterbezirk Hamburgs, sogenannten Straßenkindern, denen das Warenhaus zur Abenteuerwelt wird[8], dessen Portale beschlichen und dessen Treppen anmutig erobert werden. Wenn ich lese, wie Muchow all die Kinder beschreibt, die ihren je eigenen Dialog mit der Rolltreppe beginnen, schüchtern zunächst, unermüdlich Neues wagend, schließlich souverän das Zusammenspiel beherrschend[9], beobachtet unmittelbar vor der braunen Machtergreifung, wird mir die sterile Kinderarmut mancher heutiger Kaufhäuser unheimlich. Und ich wünsche, alle besorgten Eltern von Grundschulkindern läsen das und wünschten sich nun, auch ihre behüteten Kinder könnten täglich die Wonnen des Schwarms genießen, wenigstens morgens vor und mittags nach der Schule. Es ist ja für viele Kinder die einzige Zeit, zu der sie zuverlässig und beiläufig viele andere Kinder auf der Straße treffen können, oder doch treffen könnten.

8 Martha Muchow/Hans Heinrich Muchow: Der Lebensraum des Großstadtkindes. Originalausgabe 1935, Neuausgabe Weinheim 1998, S. 137ff
9 ausführliches Zitat s. S. 327ff

Mäander und kleine Buchten

Ein Forschungsprojekt der Universität Dortmund stemmt sich den konzertierten Bestrebungen entgegen, Kinder verkehrsgerecht zu trimmen. Karl-Hermann Koch, Leiter des Projekts, schreibt: »Eine Schulentwicklungsplanung, die die Bewegungs- und Entdeckungsfreude von Kindern nicht behindern will, muss bei der Standortbestimmung und Dimensionierung der Schule zugleich von der stadträumlichen Umwelt ausgehen und das reale Erlebnisangebot auf den Schulwegen aufnehmen.« Um das tun zu können, muss man aber die Kinder selbst beobachten und befragen, da »sie als Fußgänger nicht in der gleichen Regelmäßigkeit wie Erwachsene gehen, sondern zeitweise rennen, hüpfen, balancieren und sich von vielfältigen Ereignissen auf der Straße ablenken lassen. Kinder laufen nicht fluchtpunktbezogen linear, sondern zwischen Orten mit sozialen Kontakten und verweilen an Plätzen, wo es etwas zu sehen gibt.« Sie mäandern zwischen Baustelle, Büdchen, Container, Sonnenstellen … Das zeigen sie uns auch in ihren Schulwegzeichnungen, die als kognitive Karten, nicht wie ein normaler Stadtplan zu lesen sind.[10]

Zum Symbol der tauben Ohren, von denen diese Gedanken Gehör verlangen, gerät der Zeitschrift, die sie druckt und verbreitet, ein Foto, mit dem sie den Artikel illustriert: Ein einzelner Junge schaut besorgt sichernd hinter einem Auto vor auf eine leere Straße. »Auf dem Schulweg lauern Gefahren.« Das steht darunter.[11] Die Bildredaktion hat das letzte Wort und verdreht die Botschaft des Autors.

Jahrzehntelang wurden überall im Land Bäche begradigt und sogar in Betonbetten gezwungen. Widerstand dagegen war meist ohnmächtig. Nun werden mit großem Aufwand Bäche renatu-

10 Karl-Hermann Koch: Ist der Weg zur Schule heute noch kindgerecht? Grundschule 2/1999, S. 43

11 a.a.O, S.44

riert, manche dürfen sogar wieder mäandern. Erzwungen wurde diese Umkehr durch nervtötende Ödnis und gewaltige Hochwasser. Schulwege werden weiterhin unter dem Diktat von Verkehrsexperten und Sicherheitsfanatikern begradigt, denaturiert. Welche Versteppung der Seelen das nach sich ziehen muss, will die Pädagogik noch nicht sehen.

Zwar warnt Jürgen Zinnecker schon 1978 davor, das Großstadtkind unter dem Einfluß von Verkehrspsychologie und Unfallforschung wesentlich nur als Verkehrsteilnehmer zu sehen[12], aber inzwischen scheint es, als hätten machtbewusste Gremien, die sich alljährlich zu Schuljahrsbeginn mit neuen Konzepten zur Verkehrserziehung in Szene setzen, bald gewonnen: Der Schulweg gehört nicht mehr den Kindern, ist nicht mehr ihr Lebens- und Erlebnisraum, sondern Transportstrecke, auf der das Kind nicht von Neugier, Sehnsucht und Lebenslust bewegt werden soll, sondern von didaktischen Impulsen. Da man auch damit die Verkehrsunfälle der Kinder nicht zum Verschwinden bringt, dreht sich die Regelungs- und Didaktisierungsschraube immer weiter.

Elke Krüger-Hespe befragte Kinder, Verkehrsexperten, Schriftsteller, Psychologen, Pädagogen und Soziologen zum Thema Schulweg und bezog deren breitgefächerten Aussagen aufeinander[13]. Damit promovierte sie als Architektin. Sie erzählt: »Besonders stark ist mir eine Epoche meiner Schulzeit in Erinnerung, in der ich überhaupt keinen Schulweg besaß. Ich wohnte in einem an das Schulhaus angebauten Lehrerhaus. Der Eingang zum Wohnhaus lag direkt neben dem Eingang zur Schule. Wollte ich zur Schule gehen, lief ich eine Treppe hinunter, durch die Haustür hinaus und gleich wieder zum Schultor hinein. Dieses Fehlen eines Schulweges muss mir damals als verpasste Gelegenheit erschienen sein, denn so oft ich konnte, versteckte ich nach dem

12 Jürgen Zinnecker, in: Muchow/Muchow, a.a.O., S. 41
13 Elke Krüger-Hespe: Der Schulweg. Seine Umstände in ihrer Wirkung auf die Erfahrungsräume der Kinder. Diss. Hannover 1985

Unterricht meinen Ranzen im Eingang unseres Hauses und verschwand, um meine Klassenkameradin nach Hause zu begleiten oder allein in die freie Natur zu entkommen ...«.[14]

Nach dem Unterricht muss sie, denke ich, auspendeln, um den ganz eigenen Takt, die ganz eigene Haltung zur Welt, zu den Menschen, zu sich selbst wiederzufinden, um seelisch gesund bleiben zu können. Nach dem Unterricht mit seinen objektiven Forderungen gewinnt sie in der Freiheitszone vor dem Eintauchen in die Ordnung des heimischen Haushalts ihre klare, unbedrängte Subjektivität zurück. Dafür braucht man die Zeit und die Ungebundenheit eines richtigen Schulweges. Und daraus erklärt sich, dass Schulwegerinnerungen fast immer sehr persönlich und lebhaft, stark gefühlsgefärbt, oft auch poetisch verklärt sind. Sie sind bedeutsam, sind personales Leben.

»Hätten wir noch den alten Schulweg, brauchten wir keine Psychotherapie in der Schule.« Das hat eine Schulpsychologin gesagt.[15] Und die Architektin macht sich daran, Elemente einer Schulweg-Utopie zu formulieren. Die Kinder »müssen selbstständig und ungezwungen durch die Straßen streifen können, ohne ständig vom Auto gefährdet oder beeinträchtigt zu werden. ... Vor sich hinträumen oder sich auf ein wildes Spiel einlassen darf nicht zur Bedrohung des eigenen Lebens werden.« Autoverkehr soll entmutigt werden, Fußgänger sollen breitere Wege bekommen... Über viele Seiten sprudeln die Ideen, und zeigen, wo wir hinkämen, wenn wir herzhaft kindlich träumten.[16] Eine Elternrunde oder ein Schulforum, die sich so weit über jedes erreichbare Ziel hinausschießend in Schwung phantasieren, werden bestimmt beginnen, die Schulwege der Kinder zu renaturieren. Schließlich war es auch möglich, den Asphalt vieler Schulhöfe aufzuhacken!

---

14 a.a.o. S.2
15 a.a.O., S. 3
16 a.a.O. S.222ff

Wer Mühe hat, seine Sorge zu beherrschen, wenn das Liebste morgens allein aus dem Haus geht oder mittags auf sich warten lässt, und dringend etwas tun will, der schließe einen Bund mit allen im Viertel, die gerne Kindern begegnen. Wenn die Schulwege im Viertel nicht so sind, dass man Kinder auf ihnen trödeln lassen kann, müssen die Wege geändert werden, nicht die Kinder! Die Schule könnte Veränderungen einläuten mit einem Projekt zur Schulwege-Erkundung: Tu dich um!

Man muss mit dem beginnen, was schon da ist, was gleich morgen schon wahrgenommen, geschätzt und genossen, gehütet und gestärkt werden kann. So gewinnt man eine gemeinsame Basis und Stärke für größere Pläne. Zur Anregung folgen hier einige Projekt-Aufgaben. Den eigenen Schulweg als Umwelt-Aufgabe zu entdecken und gemeinsam zu renaturieren ist buchstäblich naheliegend und sinnvoll in jedem kleinen Schritt. Lehrreich natürlich auch, eine Schule der Demokratie.

Tu dich um!

Aufgaben wie die Folgenden kann man auf Karteikarten setzen und im Kreis der Kinder als Hausaufgabenauswahl anbieten, um so den Schulweg zum Gegenstand selbstständiger Erkundung zu machen. Die Erkundungen sind Sache der Kinder. Die Lehrerin muss Raum, Zeit, Hilfestellung und Kritik für die fälligen Berichte und Dokumentationen bereithalten und vielleicht beim Kontakt zu Experten und Institutionen helfen. Ein Elternabend oder eine geführte Wanderung durch den Schulsprengel, vielleicht gar eine Veranstaltung für eine größere Öffentlichkeit könnte das Projekt abschließen. Vorläufig! Denn wenn der Impuls zündet, wird es nicht nach kurzzeitiger Aktion enden. Und damit es so kommt, könnten die Eltern mit Hilfe der Karteikarten auf einem Elternabend vorab schon mit dem Projekt der Kinder vertraut gemacht und als Unterstützer einbezogen werden. Vielleicht bieten sie dann gleich einen Abend mit eigenen

Schulwegerinnerungen an. Natürlich kann, soll, muss das hier gebotene Aufgabensortiment ergänzt werden um das, was jeweils am Ort geboten ist oder sich anbietet.

Wie lang? – Sooo lang!

Wie lange dauert dein Fußweg von der Schule nach Hause?
a) in Eile b) gebummelt c) mäandert
Schätze die Zeit! Dann prüfe an mehreren Tagen!

•

Wege und Umwege

Wieviele Schulwege gibt es für dich?
Welche Vorteile, welche Nachteile hat jeder davon?

•

Hüte dich!

Manchmal wird es unterwegs gefährlich.
Hast du gelernt, dich zu hüten?
Entwirf eine Prüfung für deinen Schulweg!
Errechne, was man sparen könnte!

•

Verweile doch!

Gibt es Plätze auf deinem Weg, wo du gerne bliebest?
Lass dich von ihnen zum Verweilen einladen!
Bring deine FreundInnen mit!

•

Interviews unterwegs

Gehst du auf deinem Weg regelmäßig
an bestimmten Menschen vorbei?
Bitte sie um ein Interview!

•

MillionärIn

Gibt es Geschäfte auf deinem Schulweg?
Was würdest du dir kaufen, wenn dein Geldbeutel
unerschöpflich wäre?
Schätze die Preise und erkundige dich, ob du getroffen hast!

•

Unter meinen Füßen

Dein Weg führt über allerlei Böden.
An welche Böden erinnern sich deine Füße?
Notiere die Reihenfolge, dann prüfe sie unterwegs!

•

Interessant!

Kannst du auf deinem Weg Menschen bei der Arbeit zusehen?
Was weißt du von ihrer Arbeit?
Schau ihnen ausgiebig zu und dann befrage sie!

•

Schwere Last

Manchmal ist dein Ranzen sehr schwer.
Wiege ihn an mehreren Tagen!
Vergleiche mit dem Gewicht der Ranzen der anderen Kinder!
Ergibt sich daraus eine interessante Tabelle?

•

ABC am Schulweg

Suche für jeden Buchstaben des Alphabets
ein bedeutsames Element am Rande deines Weges.
Gestalte das Weg-ABC in einem Leporello.

•

Nasenspaziergang

Erinnere dich, wonach es unterwegs riecht.
Notiere die Gerüche, und dann
geh den Weg mehrmals mit offener Nase.
Dokumentiere deine Forschungsergebnisse – riechbar!

•

Mathematik ist überall

Klemm dir einen Rechenblock unter den Arm
und notiere unterwegs,
in welcher Weise die Mathematik auftritt.

•

Namensgeschichten

Wie heißen die Straßen, durch die du gehst?
Erkunde die Geschichte ihrer Namen.

Lang, länger, am längsten

Welches Kind hat den längsten Schulweg?
Schätzt und notiert!
Dann findet eine praktische Messmethode und prüft nach.

•

Schulwegbegleiter

Organisiert für die Kinder der Schule,
die noch nicht allein zur Schule gehen können,
einen Abholdienst.
Sie werden sehr stolz sein, mit euch zu gehen.

•

Schilderweg

Welche Schilder begleiten deinen Weg?
Dokumentiere sie umfassend.
Erkunde, was es gekostet hat, sie anzubringen!

•

Eindrucksvoll

Das Stadtbild bestimmen.
Markante Merkzeichen, Wege, Grenzen, Bereiche, Knotenpunkte – findet sich dergleichen auf deinem Weg?

•

Das hab ich ja noch nie gesehen!

Schau dich um unterwegs!
Lass deine Augen gemächlich umherwandern!
Du wirst vieles sehen, was bisher für dich unsichtbar war.

•

Horch!

Notiere aus dem Gedächtnis, was unterwegs zu hören ist!
Dann sammle Hörbares mit einem Tonbandgerät.
Lässt sich daraus etwas zaubern?

•

Zähl mal!

Weißt du, wieviel Schritte du bis daheim brauchst?
Versuche, sie zu zählen!

•

Im Trockenen

Wo kann man sich unterstellen bei einem Wolkenbruch?
Kann man da auch ein Weilchen spielen?
Probiert es aus!

•

Sehenswürdigkeiten

Welches Gebäude unterwegs ist besonders groß, hoch, winzig,
niedlich, schäbig, alt, bunt, monoton, interessant …
Sammle die Sehenswürdigkeiten und zeige sie anderen!

•

Vergangenheiten

Befrage Menschen, die älter sind als du
und in früheren Jahren deine Schule besucht haben.
Welche Erinnerungen an ihren Schulweg damals haben sie?
Frag sie ordentlich aus!

•

Botenwege

Frag PostbotInnen oder ZeitungsbotInnen,
ob du sie mal auf ihrer Tour begleiten darfst.
Unterwegs hilf mit und frag sie aus!

•

Lebendige Begegnungen

Wo triffst du Tiere unterwegs?
Was kannst du über sie in Erfahrung bringen?
Beachte auch die ganz, ganz kleinen Tierchen!

•

Kleine wilde Pflanzen

Erkundet und kartiert die Schulwegflora.
Entwickelt ein ortsgemäßes Bestimmungsmäppchen.

•

Schulweg-Rondo

Beginnt eine Woche lang jeden Morgenkreis damit,
dass reihum jeder eine Winzigkeit vom Schulweg berichtet.

•

Große kognitive Karte
Klebt mitten auf ein großes Blatt ein Bild der Schule.
Klebt ringsum ein Haus für jedes Kind der Klasse oder Schule.
Zeichnet all die vielen Schulwege ein
und fügt Tag für Tag Einzelheiten hinzu.
Lasst eure LehrerInnen mittun!

•

Da muss sich was ändern!
Findet Schulwegstellen, die nach Veränderung schreien!
Entwerft ein passendes Plakat und
bringt es an Ort und Stelle an!

Das sind Entwürfe zur Anregung. Sie können nach Belieben geändert werden. Allerdings muss es wie bei jedem Projekt zu geeigneter Zeit einen verbindlichen Entschluss geben, welches Ziel miteinander bzw. mit jeder einzelnen Aufgabe erreicht werden soll, sonst verläppert sich anfänglicher Eifer allzuleicht. Auch freigewählte Erkundungen durchlaufen Durststrecken! Wird das Ziel aufgegeben oder verschoben, muss das begründet werden. Das hilft, durchzuhalten!

Umdenken in Nüziders

Nicht nur die großen Städte leiden an Schulwegauszehrung. Sogar auf dem Land, wo noch vor wenigen Jahren Kinder zu Fuß in nahegelegene kleine Grundschulen tippeln konnten, muss nun gefahren werden. Mittelpunktschulen und vermeintlicher Fortschritt haben es erzwungen. Aber grad auf dem Land kündigt sich auch Umdenken an, etwa in Österreich, wo vielerorts der Hausverstand noch ganz lebendig ist.

In Vorarlberg gibt es die Klimabündnisgemeinde Nüziders, und die hat 1998 ein Pilotprojekt begonnen: Um langfristig umweltverträgliches Verkehrsverhalten zu begründen, wurde gründlich und öffentlich bedacht, ob der von Eltern gewünschte

Kindergartenbus wirklich sinnvoll wäre. Man diskutierte nicht nur Verkehrstechnik, sondern tauschte auch Schulwegerinnerungen. Und die Zeitung berichtete: »In der Erinnerung sind Kindergarten- und Schulwege, die früher mit wenigen Ausnahmen zu Fuß zurückgelegt wurden, verbunden mit Eindrücken von Wind und Wetter, Jahreszeiten, Gerüchen, Geräuschen, mit Stolz, weil man allein oder mit anderen Kindern gehen durfte, aber auch mit lästigen Pflichten, wenn man Kleinere mitnehmen musste. Die Eltern waren sich einig: *Es ist schön gewesen. Wir haben bis zu einer Stunde für einen halben Kilometer gebraucht. – Erst später erkennt man die Vielfalt und Bedeutung der Eindrücke.* Heute können Kinder öffentliche Räume zum Teil bis ins Volksschulalter nur noch bedingt unbeaufsichtigt nützen. Die jahrelang am Auto orientierte Verkehrspolitik hat uns in schwer umkehrbare Abhängigkeiten gebracht.« Nun spart man nicht nur einträchtig die vielen PKW-Fahrten durch einen Bus. »Überdies wurden im Sommer unter Einbindung der Eltern und Kinder die Schwachstellen im Fußwegenetz flächendeckend erhoben. … Verbesserungsmaßnahmen sollen schrittweise umgesetzt werden. Zusätzlich werden 20 Holzfiguren ›Spielende Kinder‹, die noch vor der Sommerpause von Eltern, Kindergärtnerinnen, Jugend am Werk und der Gemeinde selbst hergestellt wurden, aufgestellt und die Bevölkerung im Gemeindeblatt auf kindgerechtes Verkehrsverhalten hingewiesen.« [17]

So ein Prozess könnte doch auch von der Schule aus in Gang gesetzt werden! Die Frauen in der Grundschule sind berufen, das Schwungrad anzuwerfen, weil mit den Kindern auch vor allem Frauen die Opfer des Schulwegeklaus sind. Das Verkehrswesen ist immer noch eine Männerdomäne, und da Männer selten die Servicefahrten erledigen, werden sie von der Verkehrswissenschaft meist auch übersehen, obwohl sie etwa so häufig sind wie Geschäftsfahrten. Verborgen bleibt, »dass jeder zehnte Weg da-

17 Ottilie Hutter: Zu Fuß in den Kindergarten? VCÖ-Zeitung 10/11, 1998, S. 4

mit verbracht wird, Kinder vor den Gefahren des Verkehrs zu schützen, was wiederum dazu führt, dass mehr Kinder begleitet werden müssen – ein Teufelskreis.«[18] Und schließlich sind die Kinder, die noch zu Fuß gehen, nicht mehr von Menschen umgeben, die sie auch um Hilfe bitten könnten, sondern nur noch von taubem, sausendem Blech. Dann wird es wirklich gefährlich!

Zerschnittenes anknüpfen

Warum ist das alles nicht längst zum Gegenstand des Unterrichts geworden – überall? Wir lassen uns lähmen vom starren, anmaßenden Blick der Scheinwerfer, die nichts zwinkern macht, vom machtstolzen Prunken der Automobilwerbung, von der eigenen Bequemlichkeit und dem Missverständnis, der Auftrag der Schule sei Sozialisierung, und das hieße, Kinder die gegebenen Verhältnisse so zu zeigen, dass sie sich ihnen anpassen, auch wenn ihnen das gar nicht bekommt und aufs Ganze gesehen sinnlos ist. Dem dient: Jeder, wirklich jeder Gegenstand wird didaktisch so gezähmt, dass er nach Abwicklung des Unterrichtsplanes wieder in der Versenkung, in den Tiefen der Lehrpläne verschwindet. Erledigt! Kratzt uns nicht mehr! Wie der Gegenstand sich unversehens auch dagegen sperren kann, zeigt ein Unterrichtsbeispiel in einer Pädagogischen Zeitschrift.[19]

Ganz schulbrav haben die Kinder eine Art Fragebogen entworfen, mit dem sie sich gegenseitig Informationen über ihren Schulweg abverlangen sollen. Irgendwie fad liest sich der. Der letzte Punkt: »Erzähle ein besonderes Schulwegerlebnis aus deiner Grundschulzeit!« Spricht so Kind zu Kind im vierten Schuljahr? Hinzugesetzt ist pingelig: »Schreibe deine Geschichte auf

18 Anja Simma: Servicewege – die unsichtbare Arbeit im Verkehr. CCÖ-Zeitung, 10/11 1997, S. 3

19 Ute Berse: Schulwege unserer Eltern und Großeltern. In: Unterricht Biologie 217/20. Jg./ Sept. 1996, S. 15–18

ein großes Blatt in Schönschrift und lass an jeder Seite 3 cm Platz!« Wird Kindern damit die Schreiblust nicht ganz und gar verhagelt? Katrins Bericht, den wir zu lesen bekommen, ist denn auch nicht lesenswert. Sie gibt nichts von dem preis, was sie unterwegs erlebt, sie zeigt sich uns als irgendeine Verkehrsteilnehmerin.

Die didaktische Absicht der Lehrerin ist offenbar, die heutigen Kinder den eigenen Schulweg mit dem früherer Kinder vergleichen zu lassen, um historische Unterschiede zu erfassen. Das geschieht, nachdem »Zeitzeugen«, d.h. ehemalige Schüler, einen parallelen Fragebogen beantwortet haben. Was dann als Ernte des Vergleichs lediglich aufgezählt, nicht bewertet wird, ist merkwürdig leblos, kittelgrau. Aber dann zeigt sich, dass der Gegenstand des Unterrichts diesen längst entmachtet hat, weil die Kinder ihn ringsum ins Gespräch gebracht haben. Die Lehrerin wäre fertig mit dem Thema, aber der Hausmeister schlägt vor, die Klasse solle den ehemaligen Rektor besuchen! Ein Vater bringt zwei Grundkarten vom Katasteramt, eine von 1987 und eine von 1958! Jetzt wird es spannend: Zuerst auf dem Blatt, das den Kindern ganz ohne didaktische Zurichtung vor Augen kommt, und dann draußen, wo der Weg zur alten Schule zu suchen ist, und der Rektor sie erwartet.

»Auf dem Weg zu ihm machen wir unter der hallenden Schnellstraßenunterführung einmal richtig Krach und benutzen die gebogenen Rohre des Bachgeländers von allen Seiten als Flüstertelefon.« So muss es gehen auf dem Schulweg: Gelegenheiten werden beim Schopfe ergriffen! Und da die Lehrerin für diesmal keinen Plan hat, lässt sie sich vom Übermut der Kinder anstecken. Der alte Rektor hält sich an keinen Fragenkatalog, lässt Erinnerungen sprudeln, erzählt vom Barfußlaufen und von Holzschuhen, vom Kanonenofen und vom Kohlenklauen, von Pumpe und Plumpsklo. »Besonders die Geschichte vom Kohlenklauen hat es allen angetan«, schreibt die Lehrerin. Das kann kein Lehrplan wollen.

Auf dem Heimweg entdecken die Kinder von einer Brücke

über die Eisenbahnlinie aus die zerschnittenen Reste des alten Schulweges. Nun ist das für sie, da sie erfüllt sind von den Erinnerungen des alten Rektors, wohl wie eine Spur von Kindern, die sie eben noch gesehen haben. Sie sind zu treffen in den alten Leuten daheim, den Großeltern. Die heutigen Schulkinder werden selbstständig weiterfragen. Und sie werden den eigenen Schulweg wacher gehen. Sicher würden sie eifrig ihre Erkenntnisse und Wahrnehmungen dokumentieren im Blick auf spätere Kinder. Dafür brauchen sie aber Anregung, Unterstützung, auch fordernde Aufgaben von ihrer Lehrerin. Die müsste bereit sein, die Kinder wirklich forschen zu lassen.

Irgendwann müsste ihnen dann auch zum Problem werden, dass der alte Schulweg nicht mehr zu gehen ist, weil die Bahnlinie ihn zerschneidet, und sicher ist mehr zerschnitten worden im Ort. Wahrscheinlich ist dieser Schnittpunkt, der den alten Schulweg in zwei Sackgassen trennt, eine Wunde im Ort und der neuralgische Punkt des Gegenstands, bei dem der Unterricht beginnen müsste, wenn er denn durchgeplant sein soll, und nicht sich im Rhythmus eigenständiger Forschungen der Kinder entwickeln darf.

Dass aber dieser im konkreten Ort entscheidende Punkt im berichteten Unterricht nur ganz am Rande und bloß zufällig gestreift wird, ist Folge einer unheilvollen Entwicklung, die von den Grundschulzeitschriften angetrieben wird. Sie beglücken uns mit kopierbaren Rastern für alle Unterrichtsthemen. Die lassen in der doch jeweils besonderen Unterrichtssituation nur das gelten, was ins Raster passt, weil es überall gleich ist. Die Kinder werden angeleitet, in ihrer Lebenswelt wahr- und wichtigzunehmen, was sozusagen Standard ist, und darum von fernen Schreibtischen aus vorausgesetzt werden kann. Im didaktischen Käfig ernährt man die Kinder mit Bildungspellets und Wissensriegeln. Wird der Schulweg zum Gegenstand, ist das besonders widersinnig, weil er als lebendiges Gewächs die Schule umgibt und naturfrisch aufgelesen werden kann. Damit das für den Unterricht gelingt und LehrerInnen mit den Kindern sehend werden, müssen sie den Kindern erlauben, ihre Schulwege unter dem die Sicht der Erwachsenen und damit den Unterrichtsplan prägenden Straßenplan und Verkehrserziehungskonzept hervorzuziehen. Kinder brauchen neugierige LehrerInnen, die keine Lust haben, ihre Welt zum Maß für die Welt der Kinder zu machen, sondern den Dialog zwischen den verschiedenen Eigenwelten suchen.

Klettern in Eigenwelten

An der Ampel steht eine junge Mutter und erklärt ihrem Söhnchen, dass es nicht mit dem Fahrrad lebensfroh durch Pfützen fahren solle; da würden die Hosen vollgespritzt. Auf dem Schulhof scheucht der Hausmeister gemütlich hoch sitzende Kinder vom Kartenspiel auf; das sei ein Tisch zum Tischtennisspielen, nicht zum Draufsitzen. Vor dem Schulhaus pflückt eine Lehrerin kletternde Kinder vom Gitter; das Gitter sei zu ihrer Sicherheit dort aufgerichtet und kein Turngerät. Dann schickt man die Kinder in Kurse zur Kreativitätsförderung oder in die Spieltherapie, um die Verstörung ihres Weltbezugs zu heilen.

Je seltener wir Kindern mitten im erwachsenen Alltag begegnen und zusehen können, desto mehr schwindet unsere Fähigkeit, ihnen ihre Eigenwelt zu lassen, in der sie sich selbst klug und tüchtig machen können. Am Beispiel des Gitters, das Martha Muchow uns zeigt, können wir ahnen, was da zu retten wäre. Es ist das ein 1,15 Meter hohes, dreisprossiges Holzgitter.

> »Hier beginnt der Platz, mit diesem Gitter ergreift er die Kinder, die vorübergehen, reißt sie gleichsam in seinen Bann hinein und zwingt sie, ihn zu verwirklichen.
>
> In der Welt der Erwachsenen kommt diesem Gitter eine doppelte Aufgabe zu: einmal markiert es die Grenze zwischen Straße und Platz, es wirkt also raumgliedernd; zum andern soll es als eine Art Brüstung die Vorübergehenden vor dem Hinabstürzen auf den tiefer gelegenen Platz bewahren: es wirkt dementspre-

chend geradezu bewegungshemmend. Als taktiles Merkzeichen kommt es in der Welt der Erwachsenen kaum vor (wann etwa kämen wir mit ihm in Berührung?). Vielmehr stellt es in unserer erwachsenen Merkwelt in erster Linie ein optisches Merkzeichen dar, und als solches ist es auch optisch-ästhetisch ausgestaltet (Farbgebung, Formgebung der Pfähle und Sprossen, proportionierter Abstand der Sprossen voneinander usw.).

Sicher werden nun auch die Kinder einen optischen Eindruck von dem Gitter haben. Aber sie werden von ihm (wahrscheinlich) weder ästhetisch affiziert, noch werden sie – und das zeigt die Beobachtung – vom ihm in ihrer Bewegung begrenzt und gehemmt. Vielmehr versucht die überwiegende Zahl der Kinder … zu dem Gitter in unmittelbare Beziehung zu treten. Das Gitter trägt geradezu Aufforderungscharakter. Kaum ein Kind zwischen drei und dreizehn Jahren geht auf dem Gehsteig der Osterbeckstraße an dem Gitter entlang, ohne es zu berühren. Mögen sie nun die obere Sprosse, mit der Hand auf ihr entlanggleitend oder mit einem Stock, einem Ball oder gar einer Akten- bzw. Einholetasche sie berührend, erwählt haben oder die mittlere streifen, oder mögen sie – nur die Pfeiler schlagend, berührend oder betupfend – gleichsam ›skandierend‹ ihren Weg am Gitter entlang ziehen; eine Berührung, ein Tasterleben wird gesucht, und zwar, wie es scheint, zwangsläufig.

Anderen Kindern, und zwar nicht nur solchen, die auf den Platz gelangen wollen, scheint es so zu gehen, wie dem leidenschaftlichen Bergsteiger (oder geht es diesem wie den Kindern?): sie können die ragende Höhe nicht unbezwungen lassen.

Obwohl zwei breite, bequeme Treppen und eine sanft geneigte Fahrbahn gemütliche Auf- bzw. Abstiegsmöglichkeiten bieten, werden fast ausschließlich die Gitter und die dahinterliegende Böschung für diesen Zweck benutzt. Man klettert entweder drüber weg oder – wenn man noch zu den kleineren gehört – zwischen den Sprossen hindurch, manchmal zu keinem anderen Zwecke, als um auf dem gleichen Wege zurückzukehren, manchmal, um dann über die Böschung auf den Platz zu gelangen, und manchmal, um an dem Gitter herumzuturnen.

Und welche Fülle von Verwendungsmöglichkeiten des Gitters gibt es! Schon für das Sitzen bzw. Hocken auf dem Gitter gibt es mehrere Möglichkeiten: frei sitzend mit baumelnden Beinen oder Hocken mit Stütz auf oder hinter einer der Sprossen. Beide Male gilt es, das Gleichgewicht zu bewahren, und schon der Aufstieg und das nachher nötige Herumwenden geht vielfach über das Können der Kindergartenkinder hinaus. Ihnen wird dabei von Größeren geholfen, während die Sechsjährigen das Klettern und Herumdrehen ›trainieren‹ und es bald können. Volle Meisterschaft gehört dazu, hier oben zu sitzen, zu ›dösen‹ und auszuruhen, mit Kameraden zu klönen oder gar Bilder zu besehen und zu tauschen. Man kann sich auch bäuchlings über das Geländer legen, mit oder ohne Aufstützen der Füße auf den Erdboden, um dann eine (reizvollere?) Aussicht auf den Platz zu genießen. Eigentliche Balancierübungen wagen nur wenige und zumeist ältere Jungen: wir sahen nur zweimal zehnjährige Jungen bei diesem Kunststück. Die Fallhöhe nach der Straße beträgt zwar nur etwas über einen Meter, aber zum Platz hin könnte man drei Meter tief abstürzen, und das zu riskieren braucht's schon einigen Mut.

Blicken wir noch einmal zurück, so sehen wir das Gitter in der Welt der Erwachsenen als raumgliederndes, Bewegung hemmendes und Schutz gewährendes, optisch erfaßtes Element, das den Bewegungsraum des die Osterbeckstraße passierenden Erwachsenen begrenzt. In der Welt des Kindes stellt es ein taktiles Merk- und Wirkbild dar. Mit stärkster, fast unwiderstehlicher Gewalt scheint es einen Berührungszwang auszuüben, vielfach sich sogar ›unter der Hand‹ in eine Art Turngerät zu verwandeln, das mannnigfache Bewegungsreize aussendet. So wird ein uns Erwachsenen belanglos und geringfügig erscheinendes Stück der Umgebung, das in unserem Bewegungsraum nur peripher ›mit darin ist‹, zum Greif-, Sprung-, Kletter-, Sitz- und Hock-Ding in der Welt des Kindes.«[20]

20 Muchow/Muchow a.a.O., S. 106f.

Unterricht als Dreifacher Dialog ist darauf angewiesen, dass Kinder ihre Fähigkeit, sich selbst zur Welt in allen ihren Aspekten in Beziehung zu setzen, außerhalb der Zonen des Reglements und der Bevormundung immer wieder erneuern, üben und stärken können. Paradox ist, dass die Möglichkeiten zu solch spielerischem Griff nach Weltverstehen immer mehr eingeschränkt wurden, je gängiger die Rede vom spielerischen Lernen und je bunter das Angebot an Lernspielen wurde. Paradox ist auch, dass nun GrundschullehrerInnen für das freie Spiel der Kinder sorgen müssen, damit das gemeinsame, auch planvoll Kultur tradierende Lernen in der Schule möglich bleibt oder wieder möglich wird.

Eine große Amnestie

Der Schulheimweg von Wachwitz bis zum Dorfplatz Niederpoyritz dauerte ungefähr eine halbe Stunde. Mit der Straßenbahn wären wir in zehn Minuten dort gewesen. Manchmal haben wir sie auch benutzt, bei Schneetreiben oder wenn es stark regnete, aber meistens sind wir an der Elbe entlang heimgegangen. Wir waren zu zehnt oder zu zwölft und blieben beisammen, bis wir aus Wachwitz, dem fremden Ort, hinaus waren. Wir sind immer gerannt, und in den Ranzen rappelten und tschackerten Schiefer, Holz und Blech.

Es war, als würde jeden Mittag eine große Amnestie verkündet, die erst mit dem Moment in Kraft trat, wenn man die Weißdornhecke erreicht hatte, die sich als Barriere zwischen der Fahrstraße und den Elbwiesen hinzog bis Niederpoyritz. Von der Hecke ab wurden wir ruhiger und fingen an, zu zweien oder zu dreien zu gehen. Die Weite des Niemandslandes zwischen den beiden Dörfern hat uns sofort besänftigt. Wir verließen die Straße und stiegen in die Elbwiesen hinein, die vom Hochwasser struppig waren, bis hinunter zum Treidelpfad, über dem unsichtbare Vögel trillerten. Es hat damals einen zeitigen Frühling gegeben, denn ich kann mich sehr gut an das Gezwitscher erinnern und daran, dass die Vögel sehr weit oben gewesen sein müssen, da man sie nur hörte, aber nie sehen konnte. Möwen gab es hier nur wenige; die meisten Möwen fand man weiter elbaufwärts, in der Nähe der Schiffswerft. Sonst ist es immer ganz still über den Wiesen gewesen. Ab und zu eine Straßenbahn, oben, hinter der Hecke.

Der breite Fluss und der Schlammgeruch hatten etwas an sich, das wie eine Vergesslichkeitsdroge auf uns wirkte. Anstatt eilig heimzulaufen, besonders wenn es alarmfrei gegeben hatte, sind wir auf den Elbwiesen augenblicklich in Gemächlichkeit verfallen. Steckbücher wurden aus dem Ranzen gekramt; das waren alte Hefte mit umgeknickten Seiten, zwischen denen Bildchen versteckt waren, ausgeschnitten aus Glückwunschkarten oder Zeitschriften oder von Reklamezetteln.

Einige Jungen kontrollierten regelmäßig den Lauch, der zwischen den Flusskieseln wuchs, und fraßen ihn, wo sie ihn entdeckten. Nachbarn und Hausbewohner, die sich nach unserer Ansicht sonderbar benahmen oder uns bloß lächerlich vorkamen, wurden hier in einem Arbeitsgang denunziert und verurteilt. Wir haben ihren Ruf auf Jahrzehnte hinaus ruiniert, weil wir alles an der Elbe Erfahrene brühwarm an unsere Mütter weitergegeben haben.

Das Geheul beschränkte sich bald nicht mehr nur auf die Nächte. Es hat uns schon am Mittag aus der Schule abgeholt, wo die Töchter des Direktors uns lange Geschichten vorlasen und im Schulhof Kreisspiele mit uns machten. Auch in anderen Klassen haben die Lehrer gefehlt. Von manchen wusste man, sie waren ausgebombt.

Immer knapper wurden die Empfehlungen, mit denen wir, manchmal schon vor der Hofpause, nach Hause geschickt wurden. In der Schule haben sie uns eingeschärft, was wir machen sollten, wenn wir es nicht mehr von der Schule bis nach Hause schafften. Wir sollten uns platt auf den Bauch werfen, sobald das Brummen lauter würde, und nicht erst warten, bis wir die Flieger sehen könnten.

Natürlich haben wir uns nie daran gehalten. Wir sind stehengeblieben und haben geschaut und mit den Fingern hinaufgezeigt.

Die Punkte sind aus den Wolken herausgefahren wie Stecknadelköpfe aus dem Nadelkissen. Im Herunterkommen haben sie sich verwandelt, bis man deutlich ihre breiten Flügel sehen konnte. Erst dann haben wir uns hingelegt und den Ranzen über Genick und Kopf gezogen und auf das Dröhnen gehorcht, das über uns hinwegzog. Zweimal ist es vorgekommen, dass sie auf komische Art zu spucken anfingen. Sie spuckten in die Elbe und auf die Wiesen, und das getroffene Wasser hat geplätschert wie beim Butterbemmenwerfen, wenn die flachen Steine übers Wasser flutschen. Auch auf der Wiese, um uns herum, sind die Grasbatzen gesprungen. Ich habe aber keine besonders große Angst gehabt, weil ich ja wusste, dass mir nichts passieren konnte, wenn ich mich ordnungsgemäß auf den Bauch gelegt hatte. Ein paarmal habe ich seitlich unter dem Ranzen hervorgeschielt und gesehen, wie sie über die Dächer gedonnert sind, ganz tief, und ich habe den Kopf hinter dem Fenster gesehen.

Angst hatte ich bloß in der Nacht. Nachts war ich ja in einem Raum eingesperrt. Aber auch das Niemandsland am Fluss war in der Nacht gefährlich. Denn während die Flieger bei Tag die Bauchlage respektierten, rannte ich nachts, im Traum, einsam wie der Fliegende Robert über die Elbwiesen, rannte unter einem Himmel dahin, der sich bedenklich verfinsterte. Sie haben mich gejagt, und ich wusste, dass die in der Luft es auch wussten: war ich bei Eintritt der Dunkelheit nicht zu Hause angekommen, würde es aus sein mit mir.

Einmal kam meine Mutter uns entgegengelaufen, weil wir so langsam gegangen sind und die Flieger schon zu sehen waren. Sie hat mich an der Hand gerissen, mit der anderen Hand die Tamara Brod gepackt, und Böhmes Annelie sollte mich anfassen, dann sind wir zu viert in einer Kette gerannt, durchs Dorf, und haben nicht angehalten, bis wir in dem Raum im Erdgeschoss links waren, wo schon die anderen Leute aus unserem Haus auf ihren Stühlen saßen.[21]

Karla Schneider

21 aus: Karla Schneider: Kor, der Engel, Zürich 1992, S. 37ff

Nachwort

Lange Jahre war ich Lehrerin an einer Grundschule, und habe nebenbei Bücher geschrieben. Die tägliche Arbeit mit Kindern war nicht nur geliebter Brotberuf, sondern auch Quell des Schreibens.

Seit 1992 arbeite ich an der Pädagogischen Hochschule in Erfurt, bewege mich im Reich der Erziehungswissenschaften, und das Schreiben ist schwierig geworden. Ich erfuhr verwirrend und schmerzlich, dass die pädagogische Praxis, die ich so oft als gelingend und beglückend, oder auch als lebensentscheidend verderblich erlebt habe, dort kaum eine theoretische Entsprechung findet, nicht viel gilt, wenig interessiert.

Theorie und Praxis der Pädagogik sind einander weitgehend fremd, sprechen unterschiedliche Sprachen und haben Orientierungssysteme entwickelt, die nicht aufeinander rückführbar sind. Ob das so sein muss, will ich nicht entscheiden. Dass die gegenseitige Missachtung unfruchtbar ist, sogar schadet, den LehrerInnen und den Kindern, aber auch den Wissenschaften, das weiß ich.

Wo in der Praxis der Anblick ernsthaft in ihre Arbeit versunkener oder eifrig fachsimpelnder Kinder als Beweis für die Angemessenheit des Unterrichts genügt, will die Theorie Argumente hören, Konzepten verpflichtet, die die Wahrnehmung des Unterrichts verfremden, weil sie seine Wirklichkeit in wissenschaftlicher Spezialisierung segmentieren. Wo Wissenschaft kritisch und rational zweifelt, braucht Praxis entschiedenes, im pädagogischen Augenblick oft nur intuitiv gesichertes Handeln aus einer einfachen, allgemeinen Orientierung heraus, die aber kritische und genaue Überprüfung im Abstand erlaubt. Nach dem entsprechenden Grundgedanken habe ich die letzten Jahre gesucht, eigene und fremde Erfahrungen prüfend, mit StudentInnen deren Unterricht planend und durchdenkend, zuletzt schreibend. Das Konzept des Dreifachen Dialogs hat sich dabei bewährt, es sollte nun von anderen geprüft werden. Sein Gegenprinzip ist das Konzept der Konkurrenz um Leistungen, das vielfach den Unterricht tabugeschützt regiert.

Auf dem Weg bis hierher habe ich vielen Menschen für Unterstützung zu danken: FreundInnen, KollegInnen und StudentInnen für Hilfe durch Geduld und Vertrauen, Zuhören und Erzählen, Mit- und Gegendenken. Detlef Zöllner für philosophische Ermutigung zu eigener Theoriebildung. Die »Akademie für Bildungsreform« und die »Stiftung für Bildung und Behindertenförderung« haben mir die Zeit zum Schreiben finanziert. Claus Koch hat als mein Lektor dieses Buch so unbeirrbar gewollt, dass es endlich doch fertigwerden konnte. Und er hat mir meinen Willen in Bezug auf die Rechtschreibung gelassen: alte Formen bei ehrwürdigen Zitaten und keine Computer-Korrektur, also keine Trennung von Wörtern nach neuer Regel, wo ein Gedanke seinen Ausdruck im zusammengewachsenen Wort verlangt.

Ute Andresen
München, im Dezember 1999